シェリング政治哲学研究序説

反政治の黙示録を書く者

Einleitung in die Untersuchung von Schellings politischer Philosophie:

Ein Apokalyptiker der Antipolitik

Norihito Nakamura
中村徳仁

人文書院

シェリング政治哲学研究序説　目次

凡例

一．シェリングの著作からの引用にかぎり文献情報を本文中に示した。略号については巻末の参考文献一覧を参照。なお邦訳を参照した場合でも、原文に照らし合わせて文意や表現を変更した。

二．「　」は基本的に著作からの引用を表わし、引用文中の〔　〕は筆者（＝引用者）による補足や省略を表わす。〈　〉は基本的に筆者による強調や補足である。（　）は引用文中の場合は引用先の著者が用いているのをそのまま転記しているが、それ以外の場合は基本的に筆者による補足である。

三．引用文中の強調傍点が付されている部分は、基本的に原文でイタリック斜体の箇所である。

シェリング政治哲学研究序説——反政治の黙示録を書く者

NAKAMURA Norihito
Einleitung in die Untersuchung
von Schellings politischer Philosophie:
Ein Apokalyptiker der Antipolitik

まえがき　反政治神学としての哲学と宗教──なぜいまシェリングか？

哲学はあらゆる存在を未来のものとみなすことによってのみ、自らを将来的な存在との自由な関係におくことができる。

──シェリング『啓示の哲学初稿』

本書の主人公フリードリヒ・ヴィルヘルム・ヨーゼフ・フォン・シェリングは、一七七五年にドイツ南西部の小さな街レオンベルクに生まれた。本年（二〇二五年）はその生誕からちょうど二五〇周年にあたる。かれが生きた時代からはすでに二世紀以上の時が経ち、文明と世界の姿はすっかり様変わりしている。かれが見ていた景色と、わたしたちの見ている景色は明らかに異なっている。にもかかわらず、この難渋な哲学を、それも「政治」というアクチュアルさを求められる主題において、読み継ぐことにどれほどの意義があるのだろうか。

シェリングに対しては様々な評価がある。いわゆる「ドイツ観念論」の王者であるヘーゲルが哲学史に登場するお膳立てをしたという見方や、現代の科学からすれば奇怪で神秘的なロマン主義的自然

晩年のシェリング

哲学を展開した謎の哲学者であるという見方など、様々だ。これらはいずれも長らく定着してきた低い評価だが、ここ四半世紀のあいだに、シェリングへの評価は一変しつつある。最も興味深い評価の一つが、現代を代表する哲学者であるスラヴォイ・ジジェクによるものだ。かれは、シェリングという「古典的な哲学者」のある種の現代的な亡霊性を次のように説いている。

シェリングは三つのまったく別々の領域に属している――いわば、三つの言語を同時に話しているのだ。思弁的観念論の言語、擬人的でかつ神秘的な神智学の言語、そして偶然性と有限性のポスト観念論的な言語である。[1]

あまり知られていないが、このような評価は今から一世紀も前に、ヴァルター・ベンヤミンによっても示唆されていた。かれはかならずしもシェリングについて多くを語らなかったが、『写真小史』のなかで老シェリングを「史上はじめて複製された人間たち」の一人として取り上げている。[2]かれにとって、シェリングというゲーテ時代の古典哲学者が写真という現代的メディアに映っていることのある種の時代錯誤性は、興味をそそるものだったのかもしれない。

もう一人、ナチズムに立ち向かった稀有な政治哲学者であるエリック・フェーゲリンも、いっそう力強い筆致でシェリングの「はざま性」について述べている。

わたしたちは、ある時代の終焉におけるシェリングの位置について、そして危機以前の調和としてかれの著作がゆうする特徴についてはっきりしておかなければならない。〔…〕シェリングの後には、かれの魂の強靭さによって結び合わされていた諸要素が暴力的に切り離されることとなる。(3)

具体的には、ショーペンハウアー、キルケゴール、ニーチェ、フロイトなどの思想が、シェリングにおいて一つに束ねられていたと、フェーゲリンはいう。シェリングはいわば、一九世紀後半に訪れた西洋の精神的危機の手前にあって、ゲーテ時代を生きた最後の巨人として、まさに「世界霊」のようにすべてを有機化し、束ね上げようとしていたのだ。

時代が危機に瀕して思索が試され、新しいかたちに転ずるよう求められるときに、シェリングは何度も歴史上召喚されてきた。前世紀の実存主義ブームのときもそうであり、ポスト構造主義が台頭してきたときもそうであった。このことと、シェリングの時代錯誤性あるいは、独自の「はざま

(1) Žižek (1996, 8 = 1997, 21).
(2) Benjamin (1977, 372-4 = 1998, 20-4).
(3) Voegelin (1999, 241).

性」ないし「亡霊性」はおそらく関係している。最近の例では、やはり広義の現代実在論が挙げられる。その重要な担い手であるイアン・ハミルトン・グラントやマルクス・ガブリエルが、シェリング哲学研究からみずからのキャリアを開始したことは有名だろう。

なかでも、現代の多くの思想家の目を引いているのは、その自然哲学である。かれの自然哲学はいまだなお西洋ヒューマニズムの全盛だった時代にあって、別の時代から突如届いた「モノリス」のように、人間中心主義の世界観を根底から問い直していた。ジジェクであれば、精神分析としての先駆性、グラントであれば、そのポストヒューマニズムとしての先駆性を掘り起こしており、それらのおかげで様々な方面でシェリングの再評価がここ四半世紀で進んでいる。

ところが、このような活況を経てもなお、まったくといっていいほど未開拓の研究領野がある。いや、未開拓というよりも、その領野の存在はそもそも研究の地図のなかに書き込まれてすらいない――それが、本書が論じる「シェリングの政治哲学」である。「シェリングは政治思想家ではない」[4]、かつてハーバーマスはみずからのシェリング論のなかでそのように断じた。それに対して筆者は、シェリングの政治哲学という「未踏の地」を地図に書き込むことで、シェリング研究の全体像の見え方ががらりと変わるはずである、と述べたい。

はるか昔の世界地図には、未発見の大陸が書き込まれていなかった。しかし、いまではアメリカ大陸が丸ごと書かれていない地図は、世界地図と呼ばれない。現状のシェリング研究はいまだ、そのような古い地図を頼りにしているといっても過言ではない。よって、シェリングの政治哲学は存在する、このささやかなテーゼを示すことができたならば、本書の試みは一定成功したといえるだろう——もちろんその評価は読者に委ねられるわけだが。

とはいえ、新大陸の発見が一人の航海者だけによってなされたわけではないように——原理上二人以上の航海者が同じ場所を見つけなければ「発見」は証明できない——、これまでの研究史においても「新大陸」の存在を間接的にではあれ、示唆してきた先人たちはいる。その航海の軌跡については後ほど詳述するが、おそらく最も有力な証言者の一人はまたしてもフェーゲリンであろう。かれいわく、「実存における観念というシェリングの哲学は、西洋思想史一般において、なかでも政治思想の歴史において新たな意識水準を打ち立て(5)」たのだ。

「シェリングは政治思想家ではない」という評価が一方にあり、他方には「シェリングは政治思想の歴史に新境地を拓いた」という評価がある。このギャップは、まさに亡霊の目撃証言のようである。ある人は「はっきりと存在する」といい、別の人は「存在しない」と証言しているのだ。このような矛盾した状況はなぜ生まれるのか。

たしかに、シェリングは一般的な意味でいう「政治」にかんする著作をのこしていない。よく並べられるフィヒテやヘーゲルが熱心に、ドイツ民族の行く末やナポレオン戦争以後の法体制のあり方を論じたのに対して、シェリングは政局や法について各所で断片的な省察を記しているだけである。しかし、そのことがすぐさま、シェリングが政治的に無関心だったことやかれが非政治的な思

(4) Habermas (1978, 72).
(5) Voegelin (1999, 236).

想家であることを意味するわけではない。よって、これまでシェリングの政治性を見落としてきた論者たちは、法や政治について直接論じる姿勢の有無でしか、かれを判断してこなかったのではないだろうか。

シェリングは時代の大変換期にあたって、かれなりの仕方で時代に政治的に介入したのだ。本書では、かれの特異な政治性を「反政治 Antipolitik」と呼びたい——これは「非政治的 unpolitisch」と区別される。その含意については本書の序論で詳しく述べるが、さしあたり重要なのは、法や国家による支配が人間生活に浸透していくことを積極的に制限しようとする営為である、ということだ。そしてそれは、政治に支配されないための（メタ）政治とも言い換えられよう。

シェリングが敏感に感じ取っていたのは、そのような法や国家の拡大は議会や行政だけでなく、宗教や神学をつうじても遂行されるということだ。古来より、神のことばを司る僧侶と現世の法を司る統治者は互いに手を結ぶことで神権政治《テオクラシー》をしいてきた。かれにとって、哲学や学問はそのような「政治神学」に抗するための武器であった。しかし、かれの批判の仕方は、「宗教は大衆のアヘンである」と言って、宗教そのものを否定するような、外からの批判ではない。宗教の歴史と体系化、制度化のメカニズムの内部に入り込んで、内側からその神権政治化を牽制するような内在的批判である。

このような特徴が明瞭に表われているのは、たとえば次の箇所である。シェリングは次のように述べる。

道徳から神を導き出そうとするのは、忌むべきことである。神という仮定が道徳のための手段として有用であると考える人がいるだけではない。そのような人びとは、すべてを経済的にみることをつねとしており、かれらにとって神は、誰もが自分自身のために利用できる自家薬籠なのであって、それによって、多大な労力を要する道徳において自らを強化することができるのだ。この考え方は、とりわけ偉人たちや政治家とされる人たちが抱いている意見となんら変わらない。かれらによれば、神への信仰は、民衆を抑え込み、すでに長きにわたって腐敗し脆弱である国家機構にその土台として仕えさせるのに良い。〔…〕しかし、神に由来するものは、単なる道徳（これはつねに服従の関係を伴う）ではなく、道徳以上のものである。〔…〕神はすべての思考と行為そのものの実体でなければならず、帰依であれ、単なる信念であれ、誤解された認識であれ、単に対象であってはならない。〔…〕宗教は直観よりも感情よりも高次のものなのだ。(SW VI, 557f.)

神を道徳のために利用する――このような姿勢が神権政治の根本にはある。本書の第二章でも詳しくみていくように、それは、当時の「正統派神学者」たちによって、みずからの言説や営為を権威化するために用いられた。しかし、そこから世俗的な支配の正統性を引き出すことはあってはならない。そこでシェリングは、神や絶対者を語ること自体を古びた蒙昧な学として拒否するのではなく、それらについて真っ向から語ることで、敵対者たちから絶対者の像を奪還しようとしたのだ。(6)

(6) シェリングが既存の宗教（とりわけ制度的なキリスト教）に対してどれほど批判的でかつ挑発的だったかは、かれの詩「ハインツ・ヴィダーポルストのエピクロス主義的告白」(Plitt 1, 282-9) にも明瞭に表れている。

シェリングにとって、「絶対者」や「無制約者」について思考することは、何ものにも縛られない人間の自由な生を証立てることでもある。かれはみずからの「絶対者」の哲学を構想するにあたって、次のように述べていた。

あなたは自分の救いを、ただ逃げ場を先延ばしにすることに求めているに過ぎないのです。どこかで立ち止まることがないように注意しなさい。〔…〕わたしたちの一歩一歩には破壊が先立ち、前には楽園が、後ろには砂漠と荒廃が広がっているのです。(SW I, 289)

「絶対者」ないし「神」は、人間にとっての「逃げ場」ではない。絶対者を彼岸化し、それを逃げ場とするかぎり、人間はその奴隷となる。シェリングが思い描くに、人間はつねにすでに自由である、しかし、その圧倒的な事実に目を向けることができない。人間の弱さは不自由である点にはなく、むしろ、みずからの無条件なる自由つまり強さを認めることができない点にある。その弱さのゆえに、人間は法や国家、そしてときには宗教による支配を必要とするのだ。

*

本書の副題について述べるために、二〇世紀後半に少しだけ目を向けたい。ナチスの桂冠法学者カール・シュミットにとって最大の友でありかつ敵でもあった、「弟子」のヤーコプ・タウベスは、シュミットが没した際に、「カール・シュミット——反革命の黙示録を書く者」という追悼文を発表した。[7] そのタウベスは、シュミットの立場を「上からの」政治神学と、対してみずからの立場を「下からの」政治神学と規定している。この対比は大胆に言い換えると、神権政治に服する神学か、それとも、脱 - 神権政治を志向する神学かの違いである。

この世界には無慈悲な暴力が存在する。暴力から身を守ってくれるはずの法であっても、所詮は別のかたちの暴力を後ろ盾にしているにすぎない。重要なのは、人間の共同体にまとわりつく根源的暴力を隠蔽したり正当化したりするために思考するのか、それとも、その暴力に抗するために思考するのか、という生の決断である。元来、哲学と宗教は、そのいずれの方向にも仕えることができる。その両義性に、シェリングは自覚的であった。というのも、かれはまさに、フランス革命と啓蒙主義が進展するなかで、古き伝統的な学問に仕える神学徒として育ったがゆえに、伝統的な宗教と学問の生き残りをかけた反動的な闘争を目の前でみていたからである。

このような事態はフランス革命前後のドイツにかぎられた話ではない。「政治と宗教」という問題は、いつの時代のどこの地域でも、ひょっとすると、うんざりするほどありふれている。現代日本とて例外ではない。一九九〇年代以降、オウム真理教事件などを機に、ますます人びとは「宗教」という言葉を聞くだけでアレルギー反応を示すようになった。しかし他方で、世俗化を経て伝統的な宗教が衰退したとはいえ、何かにすがるといった広義の意味での「信仰」がなくなったわけ

（7）タウベス（1994）と（2010）を参照。

ではまったくない。信仰があるところにはつねに神権政治化の契機がある。神権政治ということばは一見あまりに熾烈かもしれないが、とはいえ、現行の政治体制が宗教との繋がりをもはや特段隠してすらいないことも承知のとおりである。

本書は現代の諸問題について直接論じるわけではない。しかし、このような現状に鑑みても、シェリングの政治哲学を論じることは、いわゆる「絶対観念論」に由来する重厚でかつ古めかしくもあり、神秘的でもあるその特異な語り口と文体にもかかわらず、あまりにもアクチュアルなのである。

序論　正統と革命のはざまに立つシェリング――先行研究の整理

第1節　シェリングにとって「政治」とは？

「シェリングは政治思想家ではない Schelling ist kein politischer Denker.」[1]。ハーバーマスのシェリング論はこのような一文からはじまる。哲学史や政治・社会思想史に明るい読者であれば、このような断定にはあまり驚かないかもしれない。フリードリヒ・ヴィルヘルム・ヨーゼフ・フォン・シェリング（一七七五～一八五四年）といえば、ドイツ観念論の形成史をふりかえるにあたって、フィヒテとヘーゲルのあいだに一時期活躍した脇役的な哲学者として語られることが多い。

もう少し背景に詳しい読者であれば、シェリングがヘーゲルとヘルダーリンの神学院時代の同級生であったことや、思弁的な自然哲学を展開してロマン派をはじめ多くの詩人や思想家に影響を与

（1）Habermas（1978, 72）.

えたこと、そして、自由と根源悪について深遠な哲学を展開した神秘的な人物であったこと、さらにいえば、死後しばらくその名前は忘れられていたが、ハイデガーやヤスパースたちによって再評価されたことがきっかけで、前世紀に思想の表舞台に浮上した思想家であることなどを知っているかもしれない。しかし、そのような再評価を経てもなお、シェリングが「政治哲学」や「社会思想」の文脈で論じられることは、しばらくなかった。

ただし、ハーバーマスによるこのような評価から六〇年が経った現在は、そのような状況とは打って変わって、シェリングを政治思想の文脈で論じる研究が英語圏を中心に見られるようになった。たとえば、二〇二〇年に刊行された『シェリング読本』（シェリングの重要な記述を項目ごとに並べて英訳したレファレンスブック）では、「自由」や「芸術と神話」などに並んで、丸々一章分が「政治」に割かれている。(2) ほかにも、後でみるように、とりわけここ数年で、かれを政治哲学者として扱う研究は数を増している。

ところが、そうしたシェリングの政治哲学を論じるにあたって本書がまず投げかけたいのは、そうしたときに言及される「政治思想」や「政治哲学」とははたして、そもそも何を意味しているのか、(3) という問いである。たしかにシェリングは、ヘーゲルやフィヒテなどと比べると、法や国家について直接論じることが、相対的に少なかった。またかれには、フィヒテの『ドイツ国民に告ぐ』やヘーゲルの『法の哲学』にあたるような、政治を正面から扱った講演や著作があるわけでもない。しかし、そのことがすぐさま、「シェリングは非政治的である unpolitisch」という結論を導くのだろうか。より一般的な問いに敷衍すると、もしある思想家や著述家が国家や法について直接論じていなければ、その人物は「非政治的」であることになるのだろうか。

そもそも「政治思想家」ということばの意味は一義的ではなく、まして共通の了解があるわけでもない。テクストを解釈する上では、このことばには少なくとも以下の三つの意味が含まれていることに留意しなければならないようにおもわれる。

（1）政治や法、国家などについて、テクストのなかで直接記述している思想家
（2）テクストのなかでは直接言及せずとも、テクストに政治的意図がある思想家
（3）本人の意図に関係なく、テクストが結果的に政治的影響を及ぼした思想家

このように「政治思想家」や「政治哲学者」ということばには様々な意味が含まれており、それらを整理することなくこの問題系を論じることは、いっそうの混乱を招くだろう。[4] にもかかわらず、これまでの研究史を振り返ってみたときに明らかなのは、研究者たちがそうした多義性に無自覚な

（2）Whistler et al.（2020）.
（3）『シェリング読本』の場合、基本的にはシェリングが法や国家について直接的に述べている箇所がドイツ語原文から訳出されている（『自然法の新演繹』など：Whistler et al., 2020）。
（4）本文にて後述するように、研究史においてこの違いは意識されてこなかった。たとえば、最近の中村（2020）にしても、ここでの（1）から（3）の区分を整理しないまま、シェリングの政治思想を（1）の意味に限定して論じている。

まま、漠然と「政治思想」や「政治哲学」という切り口でシェリングを論じてきたことである。

こうした問題を踏まえると、本書ではまず、「政治思想」や「政治哲学」という語がはらむ多義的なニュアンスを切り分けたうえで、テクストにあたることが求められるだろう。つまり、わたしたちがまず精査すべきは、「シェリングが政治思想家であるか否か」という直接的な言明を性急に下すことではなく、そうした判断がこれまでの研究史においてどのような基準に基づいて為されてきたのかということなのである。そのうえではじめて、シェリング政治思想研究へとわたしたちは歩みを進めることができるだろう。

このような問題意識を踏まえて、まず以下では、シェリング政治思想という研究領域の成り立ちと、これまでの研究史ないし解釈史を再構成する。とはいえ、たとえ「政治思想」という限られた枠組みではあるにしても、長年様々な国で蓄積されてきた研究のすべてを本序論のなかだけで総覧することは困難なので、考察の対象をひとまず二〇世紀後半[5]のドイツ語圏での研究成果と、ここ十数年ほどの英語圏での研究に絞ることとする。[6]これらの分析を踏まえたうえで、さしあたり本書ではシェリングにとっての「政治」が何であるかを提示したい。

本序論においては、これまでの研究史を四つの時期にわけて考察する。[7]第一期：シェリングが非政治的思想家ないし反動保守的な思想家として評価されていた時期（一九五〇年代から六〇年代前半：「第2節」）。第二期：シェリングの思想が唯物論や青年ヘーゲル派に対する影響関係でもって評価されていた時期（一九六〇年代後半から八〇年代後半：「第3節」）。第三期：神学院時代や三月革命期に執筆された文献を用いて、シェリング思想の根本モチーフが精査された時期（一九九〇年代：

「第4節」）。第四期：英語圏を中心にシェリングの政治哲学が積極的に論じられるようになった時期（二〇〇〇〜一〇年代：「第5節」）。以下では基本的に、これら四つの時期の動向を節ごとに概観していく。そして最後に、本研究の位置づけと全体の主張を提示する（「第6節」）。

（5）本序論では取り上げないが、二〇世紀前半には例外的な単著として、Jäger（1939）の『シェリングの政治的直観』が刊行されていた。そのほかにもパウル・ティリッヒやエルンスト・ブロッホのシェリング研究は、本書の枠組みには収まらない独特の広がりをもっているが、本論では取り上げることができない。

（6）ところが、このように範囲を限定してもなおすべてを網羅することは困難である。そもそも「政治」に関係する研究か否かを判断すること自体に、ある程度の恣意性が入り込まざるをえない。よってここでは、ドイツ語圏の研究にかんする基準としてはひとまず、ザントキューラー編の *F.W.J.Schelling* に所収されている巻末の文献目録において、シェリングを「政治」の文脈で取り上げたとされている一二の研究文献を中心に分析する（Sandkühler 1998 =2006）。またシュラーヴェンはほんの四頁ほどではあるが、シェリングにかんする政治思想解釈史を概観している（Schraven 1989, 12-15）。ただしシュラーヴェンは、本書のように解釈史の変遷を時期に分けて段階的に再構成してはいない。

（7）当然ながら、二〇世紀後半の研究史が、ここで示されるような、単線的な発展を遂げてきたわけでは必ずしもない。ホラーバッハをはじめ、各時期の特徴からは漏れ出るような例外的な研究はあるかもしれないが、そういった詳細な議論を準備するためにも、まず本書では各時期の特徴を範例的に再構成することとしたい。

第2節　非政治的思想家、あるいは反動保守的な思想家としての評価
（一九五〇年代～六〇年代前半）

一九五四年は、シェリングにかんする組織的かつ体系的な研究がはじまった記念すべき年にあたる。没後一〇〇周年を記念して催された国際会議では、フーアマンスやシュルツなどの著名な研究者はもちろん、当時すでに国際的に有名であったカール・ヤスパースやパウル・ティリッヒが記念講演を行った。(8) この会議が前世紀のシェリング・ルネサンスの先鞭をつけたことは間違いない。しかし、そうした功労者の一人であるヤスパースのシェリング解釈は、こと政治思想的解釈史においては必ずしも評価が容易ではない。

というのも、ヤスパースはまさにその翌年に刊行した『シェリング』（一九五五年）のなかで、シェリングの実存主義的な側面について高い評価を下しつつも、他方で、シェリングには社会的現実を捉える能力が欠如しており、かれは「夢見がちな性格」の持ち主で「理念の世界へと逃避している」と厳しく批判しているからである。(9) ここには、現在まで続くシェリングに対する「非政治的である」という印象の原型がみられる。

ヤスパースによる「非政治的である」という評価に対して、これとほとんど同時期に刊行されたルカーチの『理性の破壊』（一九五四年）には、「反動保守的である」というもう一つのシェリング像が踏襲されている。(10) ここで「踏襲されている」と述べたのは、そうした印象が、一八四一年頃に

老シェリングがベルリンに着任したときからすでに、青年ヘーゲル派のあいだで共有されていたからである。かれらにとって、プロイセン王に推薦されてその任に就いた老シェリングは、政府の手先にみえたのだった。ところが、ルカーチのこの著作は、その副題が「シェリングからヒットラーへといたる非合理主義の道」となっていることからもわかるように、二〇世紀に起こったナチズムの蛮行の哲学的な源泉がシェリングにまで遡れるとみなしており、青年ヘーゲル派よりもさらに踏み込んだ根本的な批判であったといえよう。

以上でみたような、ヤスパースやルカーチに代表される評価は、昨今においても必ずしも撤回されたわけではなく、ある点ではシェリングの哲学のエッセンスを描き出しているのかもしれない。たとえば「国家は、率直に言ってしまうと、人類に宿る呪いの帰結である」(SW VII, 461)[11]というシェリングの有名なことばは、国家廃絶を提唱していた初期のころからは打って変わって、保守化

(8) この会議の具体的な内容報告については、西川 (1960)を参照。
(9) Jaspers (1955 =2006, 346-7)を参照。
(10) ルカーチ (1968)を参照。なお、シェリングが反動保守的であるという評価にかんしては他に、批判のトーンは弱められてはいるが、バーリンの「反啓蒙思想」という論考を参照。そこでシェリングは、「反合理主義思想家の父」(バーリン 2021, 24)であるとされている。
(11) 以下、シェリング全集からの引用にかんしては、本文中に括弧内に略号と共に、巻数、頁数を記す。息子版全集は「SW」と、歴史批判版全集は「AA」と略記する。なお訳出にあたっては原文に依拠しつつ、既訳があるものについてはそれを参照した。ただし既訳を参照した場合でも、必要に応じて手を加えた。詳しい文献情報については、本書の参考文献を参照されたい。

しているようにも一見して読める。しかし、これらの評価が問題なのは、そうした論者たちがシェリングのテクストをごく一部だけ参照して、そのような評価を下している点である。これらの研究に対して、ほとんど同時期に刊行されたホラーバッハの研究は、様々な時期のシェリングのテクストを検討することで国家観の変遷やかれの生涯を丹念に追っており、きわめて画期的であった[12]。にもかかわらず、ホラーバッハの研究はながらく顧みられなかったのである[13]。そのような軽視の背景には、それを評価する素地自体が五〇年代当時にはいまだ整っていなかったことが挙げられるだろう。

こうした閉塞を打ち破って研究史の第二段階を準備したのが、ハーバーマスやザントキューラーの研究である。かれらの研究は（1）政治に対するシェリングの直接的な言及に加えて、（3）後世に対する結果的な影響、具体的にはマルクス主義に与えた影響を評価しようとした点が特徴的だった（ここで（1）～（3）の表記は、「第1節」の意味を踏襲。以下、同様）。かれらの研究が実質的に準備されたのは一九五〇年代半ばから六〇年代にかけてのことであったが、それらが実際に七〇年代以降の研究動向に多大な影響を与えることになった。

第3節　唯物論や青年ヘーゲル派との関係で見た評価
（一九六〇年代後半～八〇年代後半）

ザントキューラーの単著『自由と現実性――F・W・J・シェリングにおける政治と哲学の弁証

法のために』（一九六八年）は、シェリングの国家論や自然法論を前期・後期問わず体系的に概観した記念碑的な研究である。ただし他方でかれは、シェリングの特徴を、現実の政治に対しては形而上学的な立場から一貫して否定的な関係に立っていた点にみており[14]、シェリングの政治思想にかんして最終的には肯定的な評価を与えていない[15]。ただし重要なのは、この研究がレーヴィットの先駆的な分析を引き受けたうえで、シェリングと青年ヘーゲル派との複雑な関係に注目している点である[16]。レーヴィットは『ヘーゲルからニーチェへ』（一九四一年）のなかで、従来対立的に考えられていた青年ヘーゲル派と後期シェリングのあいだの関係に分け入り、実際のところは青年ヘーゲル派によるヘーゲル批判がシェリングの哲学から強い影響を受けていることを先駆的に示してみせた[17]。

（12）Hollerbach（1957）を参照。
（13）シュミリュンは、ホラーバッハのような体系的な研究が顧みられず、むしろヤスパースやルカーチにみられる一面的な評価の方がながらく影響力をもちつづけてきた、これまでの解釈史を概観している（Schmiljun 2015, 8-15）。なおそこでは、ヤスパースにみられる一面的な評価に対して、シェリングを政治哲学として真っ向から捉えようとした系譜として、ホラーバッハ、ザントキューラー、シュラーヴェンの名前が取り上げられている。
（14）Sandkühler（1968）を参照。
（15）マルクス・ガブリエルは博士論文を基にした『神話のなかの人間』のなかで、ザントキューラーのこうした読解を批判している。もしザントキューラーがいうように、シェリングが「非政治的である」理由が形而上学に固執した点にあるとするならば、すべての形而上学が「非政治的である」ことになってしまう、というのがガブリエルによる批判の要諦である。Gabriel（2006, 330）を参照。
（16）Sandkühler（1968, 25-9）を参照。

なおハーバーマスもまた、かれの博士論文『絶対者と歴史』（一九五四年）の時点でまさにこの点を主題化していたことを喚起しておきたい[18]。ヤンツェンも指摘しているように、ハーバーマスもまたレーヴィットから受け継いだ「シェリングとマルクス（あるいは青年ヘーゲル派）」という問題圏を存分に展開した立役者の一人である[19]。たとえば、現代を代表する研究者の一人であるマンフレート・フランクも、ハーバーマスの示唆を受けて、『存在の無限なる欠如』（初版一九七五年）のなかでフォイエルバッハやマルクスとのシェリングの哲学的親和性を解明した[20]。そのことからも、シェリング研究に果たしたハーバーマスの影響が多大なものであったことは明らかである[21]。

一九七〇年代頃のこうした盛り上がりは、当時世界的におこった学生運動とその余波とも関係していようが、おそらくより直接的には、シェリング自然哲学の再評価に触発されていたものだといえよう。マルクス主義との関係でシェリングの重要さを指摘するのではなく、これまで実証科学の観点からつねに批判されてきたシェリングの自然哲学に科学史的な観点から直接取り組む動きが、この頃から本格的にみられるようになった。そうした動向を決定的なものとしたのが、シェリング没後一二五周年にあたる一九七九年に開催された国際会議である。

この国際会議の記録は、ハスラーによる編集を経て一九八一年に刊行されている[22]。それによると、当日の会議は三つのコロキウムで構成されていたという。一つは、自然哲学や医学とのシェリングの関係について。第二には、シェリングの歴史哲学について。そして第三に、シェリングとヘーゲルの初期政治哲学である。つまり、自然哲学・歴史哲学・政治哲学、これら三つが当時の研究においては最も取り上げられるべき課題だとみなされていたのである。とくに本書の文脈でいうならば、それまでシェリング研究においては周縁的な領域であった政治思想が、一つの自律した領域として組織的研究のなかで取り上げられたことの意義は大きい。

なおこのコロキウムには、ヤーコプスなどの有名なシェリング研究者だけでなく、ヘーゲル研究の泰斗であるジープも登壇しており、そのセッションは実践哲学を論じるにあたって当時の最も有力なメンバーによって構成されていたといえるだろう。[23] とくにヤーコプスの発表「シェリングの政

(17)レーヴィット(2015, 273-88)を参照。

(18)ハーバーマスは『絶対者と歴史』の第一部「自由と現実性」のなかで、ヘーゲルに対する同時代的な批判の例としてバウアーやシュティルナー、マルクス、キルケゴールを検討したうえで、かれらのヘーゲル批判がとりわけ後期シェリングのそれと相似していることを指摘している(Habermas 1954, 15-119)。なお、この博士論文においてレーヴィットの議論が果たした役割については(同, 399-400)を参照。

(19)ヤンツェン(1997, 147-56)を参照。

(20)Frank(1992)を参照。

(21)他にもシェリングとマルクス主義の関係について論じた当時の研究者としては、ハーバーマスから「マルクス主義的シェリング」と称されたブロッホ、そして『理性の要求』を発表したブールとイルリッツの名前が挙げられよう(ヤンツェン 1997)。それに加えて、ハーバーマスの影響を受けたシェリング研究といえば、代表的なものとしてはヴェルナー・マルクスの著作も挙げられよう。Marx(1977, とりわけ Kap. I)を参照。またマルクヴァルトのように、シェリングの神話論のなかに政治的多元主義の可能性をみた独創的な論者もいる。Marquard(1981)を参照。

(22)Hasler(1981)を参照。なおこの会議について報告した邦語文献としては、松山(2004b, 73)を参照。

(23)ただし残念ながらザントキューラーは、第二コロキウムに登壇していたためか、こちらのコロキウムには不参加であった。

治哲学」は、このコロキウムの標題が指す「政治哲学」という語彙自体を取り上げ、そこには二つの意味が混在していることを鋭く指摘している。かれによると、「政治哲学」とは第一には政治について直接扱っている思索のことを意味しているが、他方で（たとえ直接それを論じておらずとも）「政治的志向」がある思索のことも意味しているという。[24] この区別はおおよそ、本序論の冒頭でとりあげた三区分のうちの（1）と（2）に対応している。

こうした区分が一度でも主題にあがっていたことは、それ以前あるいはそれ以降の研究者たちが意識していたか否かによらず、ここで再構成している研究史や解釈史において画期的な意義をもつ。というのも、たとえば、「シェリングが非政治的である」というヤスパース的な評価にしても、それが（1）の観点（政治についてシェリングが取り上げなかった）からしてそうなのか、（2）の観点から（シェリングには政治的意図がなかった）してそうなのかといったように、論点が整理されるからだ。

ところが、やはりヤーコプスが不十分だったのは、そこからさらに（3）の観点（政治的影響）を区別しなかった点であろう。本節で取り上げた「シェリングとマルクス主義の関係」といった場合には、（1）や（2）よりも（3）の観点、つまり、シェリングが青年ヘーゲル派たちにどのような影響を結果的に与えたのかということが重要になるからである。積極的なかたちで言い換えれば、（1）（2）（3）を区別しながら論じることで、ようやくヤーコプスたちの取り組みとハーバーマスたちの取り組みを合わせて論じることができるのではないだろうか。

第4節　シェリングそれ自体へ！――神学院時代と三月革命への注目（一九九〇年代）

以上のような動向を経て、一九八九年頃からはシェリング政治思想にかんする画期的な研究がいくつも登場する。代表的なものとしてはヤーコプスとシュラーヴェンの研究が挙げられよう。まずはヤーコプスの『革命と正統のはざま？――シュティフトとテュービンゲン大学におけるシェリングとその学友たち』（一九八九年）について取り上げたい[25]。前節でも取り上げたヤーコプスは、一七九〇年前後のテュービンゲン神学院にかんするかねてからの研究をこの著作にまとめ上げた。そこでは、旧態依然とした神学院の伝統主義と、フランス革命に熱狂する学生たちの急進主義という二つの全く異なる思潮に包まれた当時の異様な雰囲気が描かれており、そのなかで若きシェリングが自らの思想を形成したことが詳細にまとめられている。この著作を皮切りに、フランス革命とのシェリングの関係がより綿密に研究されるようになったといえるだろう[26]。

もう一方の記念碑的な研究としては、同年に刊行されたマルティン・シュラーヴェンの著作『哲学と革命――一八四八年革命におけるシェリングの政治的なものとの関係』（一九八九年）が挙げら

（24）Hasler（1981, 289）を参照。
（25）Jakobs（1989）を参照。
（26）ヤーコプスによる本研究を取り上げて、最初期のシェリングが当時のテュービンゲンの正統神学とどのような対抗関係にあったのかをまとめている本邦の研究としては、久保（2012, 248-9）を参照。

れる。[27] シュラーヴェンのこの研究は、その副題が示す通り、一八四八年の三月革命をベルリンでまさに直に体験したシェリングが、その際に何を日記に綴っていたのかということに注目してまとめた文献学的な成果である。この著作によって、「フランス革命に熱狂していた若きシェリングは晩年になって隠遁し、政治的関心を失っていった」という従来の捉え方は疑問視されるようになった。

最初期のシェリングにかかわるヤーコプスの研究や、最晩年にかかわるシュラーヴェンの研究に触発されるかたちで、前節でとりあげたザントキューラーはこの時期から、従来の自身の見解を訂正してシェリングの政治哲学を論じ直すようになる。たとえば、ヤーコプスやシュラーヴェンの著作とまたしても同年に刊行された論集『シェリング実践哲学と現代の法哲学』（一九八九年）のなかでザントキューラーは、四八年の日記をはじめとした新しい文献研究状況に照らし合わせて、自らの研究が部分的に古くなったことを認めている。[28]

こうした研究者たちの取り組みの成果が、ザントキューラーによって編集された論集『F・W・J・シェリング』（一九九八年）[29]には大いに反映されている。この論集はシェリング研究のための手引きとなることを意図して編まれており、とくに後半では「自然の哲学」や「芸術哲学」、「歴史哲学」などのテーマを基に各執筆者がシェリング哲学の根本モチーフを再構成している。本書の文脈にとって重要なのは、シェリング研究にとっての要である「自然の哲学」や「神話の哲学」などと並ぶかたちで、「シェリングにおける法、国家、政治」という論考（執筆者はシュラーヴェン）が所収された点である。このことが示しているのは、それ以前には必ずしも中心的ではなかった「シェリングの政治思想」という一つの自律した問題領域が研究の手引書のなかでも明確に場所を与えられたことである。こうした動きが一九五四年頃の状況からみると大きな変化と革新であったことは、本書が論じてきたこれまでの歩みからも明らかだろう。

以上でみてきたように、「第三期」においては、従来には顧みられてこなかったテクストや新史料が取り上げられることで、[30] シェリング政治思想の研究は一気に進展したといえるだろう。[31] このことを本書の図式でまとめるならば、史料状況が刷新されたことで、（1）の領域、すなわちシェリングが直接政治について論じたとされる箇所自体がそもそも拡大されたということになる。以下でも少し取り上げるが、二〇一〇年代に現われた政治思想にかんする最新の研究も、基本的にはこの

（27）Schraven（1989）を参照。

（28）Pawlowski et al(1989, 200-1, Anm. 4)を参照。またそれに加えて、ザントキューラーはこの論集のなかで、シェリングが当時のフランスで勃興しつつあったサン＝シモンなどの初期社会主義をどのように受容していたのかというテーマに取り組んでいる（Pawlowski et al. 1989, 208-213）。このテーマは、管見のかぎり、現在のところもなお十分には研究されていない。

（29）この論集はそもそも一九七〇年に刊行されたザントキューラーによる同名の単著『シェリング』を基にしているが、それぞれの項目をほかの執筆者に任せてザントキューラー自身は編者の立場に回っており、内容はまったくの別物となっている。

（30）こうした変化の背景には、現在もなお進行中の『歴史批判版全集』（AA）の編纂があったことは言うまでもないだろう。

（31）ほかにもこの時期には、ホフマンの研究などもある。ホフマンは、「新しい神話」構想と『最古の体系綱領』における国家廃絶のテーゼがシェリングの哲学には時期を問わず一貫していることを強調している。Hofmann（1999）を参照。

第三期に整えられた新しい史料状況を基にして展開されているといえる。

第5節　シェリング政治思想の「固有性」について
——反政治と政治神学（二〇〇〇〜二〇一〇年代）

スラヴォイ・ジジェクの『割り切れることのない残余』（一九九六年、邦題は『仮想化しきれない残余』）やアンドリュー・ボウイの『シェリングと近代ヨーロッパ哲学』（一九九三年）などの刊行を機に、英語圏では二〇世紀末から徐々に「シェリング・ルネサンス」が巻き起こりつつあった[32]。二〇二〇年代の今となっては、毎年のようにシェリングの論集やモノグラフが刊行されている英語圏の動向は無視できない。以下では、三つの潮流にわけて概観したい。

まずはドイツ語圏の動向から確認しておこう。本書の視座にとって最も重要なのは、アンドレ・シュミリュンの学位論文『近代主義と保守主義のはざまで——F・W・J・シェリングにおける反政治概念にかんする研究』（二〇一五年）である[33]。シュミリュンはこの論文のなかで、シェリングの政治思想全体を「反政治 Antipolitik」という独特な表現によって総括した。

「反政治」とはそもそも、「第三期」のザントキューラーが、ヘーゲルなどとは異なるシェリング独自の政治姿勢を特徴づけるために用いたことばである[34]。ザントキューラーは、シェリングの哲学が社会や政治にたいする否定的かつ消極的な関係として構想されていたとして、そうした特徴を言い表すために「反政治」というキーワードを案出した。

しかし、そこには「非政治的である」という古くからあるヤスパース的な評価の残滓がいまだに見て取れる。それに対してシュミリュンは、ザントキューラーのそうした見解を踏まえつつも、この「反政治」という立場にいっそう広範でかつ積極的な意味を付与しようとする。[35] シュミリュンが考えるに、シェリングの「反政治」は「個人の自由の保証といった主要な課題へと国家を制限すること、そして、「最大限の自由を可能にするために、人間のあいだにある政治的なものを最小限に制限する」ことを目指しているという。[36] つまり、シュミリュンにとってシェリングは、政治的なものを忌避してそこから距離を取っている「非政治的 unpolitisch」な厭世家というよりも、政治的なものが人間の生活に及んで、わたしたちの自由を蝕むことがないように積極的な抵抗をする

（32）Žižek（1996）と Bowie（1993）を参照。
（33）この研究を取り上げた本邦の論考として、浅沼（2017）と（2024, 265-284）を参照。なお浅沼はここで、ヤスパース、シュラーヴェン、シュミリュンの三者を取り上げて、これまでのシェリング政治思想研究の流れを概観している。
（34）ザントキューラーの規定は次の通りである。「シェリングの哲学において、政治的なものは反政治というかたちをとる。たとえば、まさにかれの「積極哲学」とは社会運動や市民社会の発展全体に対する否定のことであり、反政治は哲学的な存在史によって基礎づけられている」（Pawlowski et al. 1989, 201）。
（35）なおシュミリュンは「反政治」ということばをハンガリーの作家ジョルジュ・コンラッドから借用してシェリングに適用している。シュミリュンの説明によると、コンラッドの考える「反政治」とは、単に政治に無関心である（非政治的 unpolitisch）わけではなく、個々人の自由を実現するために積極的に政治に反抗していく姿勢のことであるという（Schmiljun 2015, 17）。
（36）Schmiljun（2015, 17）を参照。

「反政治的 antipolitisch」な闘士なのである。

シュミリュンのこうした分析は、『ドイツ観念論最古の体系綱領』におけるシェリングの「国家廃絶」のテーゼや、晩年の『神話の哲学』における「政治からの解放」というテーゼとも一致しており、シェリングの生涯にわたる根本モチーフを見事に描き出しているといえる。とくに、シェリングの哲学が政治からの「退却」ではなく、政治を積極的に「制限」しようとしたという視座は、かつてホラーバッハがフンボルトの『国家活動の限界』との関係でシェリングを読むように示唆したこと[37]とも照らし合わせると、展開の可能性をいまだ秘めている[38]。

ところが、シュミリュンの研究にはそれでもなお問題がある。それは、シェリングがそのような姿勢を獲得するにいたった思想形成史や時代背景との関係が見落とされているという点である。たしかにシュミリュンは、シェリングが政治や法、国家にたいして言及した箇所を手紙や日記にまで遡って体系的に網羅しているが[39]、同時代との関係が捨象されているために、それらが、シェリングなりの同時代への応答ないし反抗であったこと——とりわけ宗教的独断主義との戦い——が見通しづらくなっている。本研究では、「第1章」と「第2章」にかけてその不足を補うこととする。

続いて第二の潮流としては、自然哲学のなかに政治的モチーフを見て取ろうとする動きが挙げられる。ここには、イアン・ハミルトン・グラント[40]やジェイソン・ワース[41]などが含まれよう。かれらはシェリングの自然哲学ないし自然観のなかに、人間中心主義的な世界観とそれに由来する自然支配・破壊を批判する別の見方を見出そうとする。これはおそらく、本書の図式では、(3)「シェリングの意図によらず、そのテクストがもたらし得る政治的影響」にいっそう特化したものである。

本研究では、シェリングの自然哲学にほとんど立ち入らないこともあって、この動向にはあまり目を向けないが、かれらの挑戦は、シェリングに触発されながら、自然にたいする理解の刷新を企図するものであり、現在なお進行中の気候変動や環境危機を生きるわたしたちにとって、きわめてアクチュアルである。

たしかに、シェリングをラディカル・エコロジーの文脈で読解する動きは、元をたどれば、「第二期」に興隆したマルクス主義的なシェリング研究に起源を見出すことができるかもしれない。しかし、かつてのマルクス主義的な読解は、「マルクス主義」というフレームをまずもって設定してシェリングを読み解こうとするのではなく、シェリングのテクストそのものにそなわる「人間中心主義批判」のポテンシャルを展開しようとするものであり、その点で以前の動向とのあいだには断絶と発展も目立つ。

（37）Hollerbach（1957, 211）を参照。

（38）残念ながら、シュミリュン自身はフンボルトについてはわずかに触れるのみだが。

（39）シュミリュンの研究は、バイエルン王マクシミリアン二世との手紙に多くの分析を割いている点がとりわけ画期的である。たとえば、Schmiljun（2015, 32-36）を参照。

（40）Grant（2006 = 2023）を参照。ただし、グラント自身の記述のなかに環境危機や政治にかんする直接的な言及や応答があるわけでは必ずしもない。むしろ、グラントに触発された論者たち――たとえばピーター・グラトン――が、かれの新唯物論との共鳴のなかに「政治的含意」を見て取っているといったほうが正確であろう（Gratton 2014, 116）。この動向については、浅沼（2017）と（2024）も参照。なお最新の研究であるStojkovski（2023）もこの系列に含まれるだろう。

（41）Wirth（2016）を参照。

むしろ、マティアス・マイヤーによるドイツ語圏での最新の研究『客体‐主体——物象化批判への寄与としてのF・W・J・シェリングの自然哲学』（二〇一四年）[42]などは、マルクス主義的なシェリング読解との連続性と伝統を強く意識している。マイヤーはこのなかで、アクセル・ホネットの物象化批判を用いて、シェリングとエルンスト・ブロッホの自然哲学を読み直すという野心的な議論を行っている。ところが、そこで取り上げられるシェリングのテクストは自然哲学の一部に限定されており、シェリング自身の政治的意図（2）や政治にかんする記述（1）はほとんど取り上げられない。

最後の第三の動向は、シェリングを宗教哲学ないし政治神学との関係のもとで読み解こうとする動きであり、主にサイティヤ・ブラータ・ダス（とりわけ『シェリングの政治神学』二〇一六年）[43]やショーン・ミグラー[44]などによって牽引されている。かれらはいずれも、一九九〇年代以降たかまっている、広義の「宗教的なものの回帰」という現象とそれにかんする言説を強く意識している。タウベスやデリダ、ベンスーサン、アガンベンなどによる「終末論」ないし「メシア主義」にたいする原理的洞察、そして、ナンシーやヴァッティモ、バディウ、ジジェクなどによるキリスト教の遺産にたいする再評価、ハーバーマスとテイラーのあいだでなされた「ポスト世俗の時代」をめぐる議論など。これらの議論は二一世紀初頭よりこのかた、いわゆるアメリカ同時多発テロをはじめとする実際の様々な事件とも相まって活発に展開されてきた。

こうした現代の思想家たちのなかでも、最もシェリング研究に直接的な影響を及ぼしているのが、ジェラール・ベンスーサンであろう。かれはシェリングのフランス語訳を熱心に手掛けているだけでなく、『メシア的時間』(二〇〇一年)[45]などの著書においても、シェリング哲学に新たな視点からアクチュアリティを吹き込んでいる。[46]ベンスーサンとかれに触発されたダスらによるシェリング読解については、本書の「第4章」でも直接取り上げるが、さしあたりおさえておくべきは、かれらがシェリング哲学のなかに、ヘーゲルとはちがう宗教と政治の関係を見出そうとしている点である。かれら曰く、シェリングの哲学は、宗教や神学といった「超越的なもの」を司る審級が、国家や政治といった「内在的なもの」を正当化するメカニズムにたいして、終始、批判的な視座を提供していたのだ。

以上までが、二〇一〇年代末までの動向である。[47]この「第四期」に特徴的なのは、やはりシェリングの哲学がかれに「固有の仕方で政治的である」ことを見て取ろうとする点である。それ以前の

(42) Mayer (2014) を参照。
(43) Das (2016) を参照。
(44) McGrath (2021) を参照。
(45) Bensussan (2001=2018) を参照。
(46) なおこのような示唆的なシェリング研究がフランス語圏から出てくる背景には、ドイツ語圏や英語圏とは別の固有な研究蓄積がある。本書では扱うことができないが、フランスのシェリング受容は、ヴィクトール・クーザンにまで遡ることができ、そこから二〇世紀にかけては、ガブリエル・マルセルやウラジーミル・ジャンケレヴィッチ、メルロ＝ポンティ、ドゥルーズ、クサヴィエ・ティリエットなどに影響が広がった。なおドゥルーズへのシェリングの影響については、中島・中村(2021)を参照。そして二一世紀現在でも、ベンスーサン以外にマルク・リシールやジャン・フランソワ・クルティーヌなどの仕事も画期的であり続けている。

動向では、「シェリング哲学は非政治的である」という消極的な従来の評価にたいして、「シェリング哲学には政治的な側面がある」ことを示さんとしてきた。しかし、二一世紀に入ってからの動向では、そこからさらに一歩踏み出して、「シェリングの政治哲学には独自性や固有性、アクチュアリティがある」ことを積極的に特徴づけようとする向きが強くなっている。たとえば、シュミリュンであれば「反政治」、グラントたちであれば「人間中心主義批判」、マイヤーであれば「物象化批判」、ダスたちであれば「政治的終末論」がそうである。これらはいずれも――もう一度筆者が冒頭で示した区別に即すると――各々の仕方で、（1）シェリングのテクストに内在して、（2）シェリング自身の意図にも目を向けつつ、（3）そのテクストから発せられる時代批判的なモメントを掬い出そうとしているようにおもわれる。

第6節　三つの主要テーゼと本論の全体構成

以上までの研究史を踏まえたうえで、本研究の位置づけと目的について述べたい。これまでの研究において、シェリング政治哲学の（1）テクストに基づいた文献学的な成果や（3）アクチュアルで批判的な読解が様々なかたちで提出されてきた。しかし、シェリングというひとりの人間とその哲学を理解するというそもそもの目的に立ちかえってみたときに、やはり見落とされるべきでも、過小評価されるべきでもないのが、（2）かれ自身がどのような「政治的意図」でもって、それらを語っていたのかという点である。

いうまでもなく、「政治的意図」は、自らの生きる時代に対する批判的応答と切り離すことができない。その営為に光をあてるためには、シェリングがどのような時代に生き、何に苦悩し、そしてそれにいかに答えようとしていたのかという点が欠かせないはずである。ところが、前節でも指摘したように、この点はシュミリュンによる現時点でもっとも詳細でかつ最新の政治哲学研究においても必ずしも焦点化されていない。

その点について詳しくは本論でみていくが、まずここではじめに確認しておきたいのは、シェリングが様々な「はざま *Zwischen*」を生きざるを得なかったこと、そしてそれを積極的に生きようとしたことである。かれの生きた時代は、フランス革命と産業革命という「二重の革命」に接し、中世以来の古い秩序が根本的に否定され崩壊しつつあった時期にあたる。しかし、そうしたモデルネを新たな前提として生きることができるほど、かれの心性や価値観は新時代に属していたわけではなく、かといって、それ以前の秩序を復古的に唱えるほど古き時代に固執していたわけでもなかった。このような「はざま」性は、老シェリングが、ゲーテやヘーゲルが死んだ後も二〇年以上生き永らえたことで、いわゆる「複製技術時代」に間に合い、写真に収められていることなどが象徴的に物語っていよう。

シェリングが生きたのは、旧時代と新時代との「はざま」だけではない。様々な革命に揺れる動

(47) もっとも最新の動向としては、シェリングの国家理解に焦点を当てたHühnによる最新の論集（2022）が挙げられる。そこではシェリングの国家論が多様な論者によって多角的に論じられているが、本書がこだわるシェリングに固有の政治性という論点は、かならずしも取り上げられていない。

乱の時代にあっては、人びとが各々の信じる道へと追従して極端な方向へと互いに引き裂かれていることをかれは何度も目の当たりにしたが、かれ自身はそのいずれの方向にも付き従いはしなかった。一方には、自らの信じる正義や理念を信じて疑わない、あるいは、否定されつつある旧秩序をただ頑迷に擁護するだけの「独断主義＝教条主義 Dogmatismus」が、他方には、当時台頭しつつあった科学技術の枠組みにすべてを還元するか、あるいは、理性のみを頼りにすることであらゆるものを懐疑にさらそうとする「批判主義 Kritizismus」が台頭していた。しかし、シェリングの眼はあくまで、「信 Glaube」と「知 Wissen」という両極の「あいだ」に横たわっているはずの、人間存在の広大な活動領域にあったといえよう。それはときに、「生 Leben」といわれたり、「個性 Individuum」と名指されたり、「意欲 Wollen」と呼ばれたりもする。危機と不安の時代においては、そうした「はざま」が社会から追いはらわれ、解消されることで、人びとは最終的にみずからの「生」や「自由」を手放してしまうのだ。シェリングにとって、「思考の自由」が何にも増して優先されているのは、「思考」がまさにそのような「はざま」を切り拓くためのオルガノンであったからである。

したがって、シェリングの政治哲学はまさに、このような「はざま」の喪失に抗うことに主眼を置いているのではないか。とりわけ、一般的な意味での政治や国家というものは、人びとにある方向へと向かうよう駆り立てることで、人びとが「はざま」で揺蕩《たゆた》うことを許容しない傾向にある。ただし同時に、そのような方向づけや命令――「律法 Gesetz」――があるからこそ、それに反発する力――「心術 Gesinnung」――も働くのであって、シェリングはそのような揺蕩いが可能となるための「条件」として、あるいは、いわば「重力」のようなものとして、政治や国家を「必要悪」

として認めてもいたのであった。

しかし、そのような見解はすぐさま、現状追認の保守主義を招くようにおもわれるかもしれない。つまり、政治や国家は変えようのないものなのだから、わたしたち人間はそれらと上手く付き合っていくしかないのだとして、シェリングは現状と妥協しているだけなのではないか。先述したように、かれは実際のところ、ながらくそのように批判されてきたわけだが、こうした嫌疑に対しては、明確に「否」と応えるべきだろう。というのも、かれは、現状の〈いま・ここ〉を一時しのぎの仮初めの状態として思考し、そのなかに潜む「いまだなきもの Noch- Nicht」を喚起しつづけたからである。かれが様々にかたちをかえて、歴史三段階論（「新しい神話」や「哲学的宗教」など）を展開したことなどがその証である。

ただし、未来を素朴に語り、それを安直に実体化しようとする動きに対しても、かれはつねに批判的であった。このような未来への両義的な立場は、数々の革命とその動乱の経験にも裏打ちされているのであって、そのような進歩とアイロニーの絶妙なバランスは、「悲劇的意識」ともいえるだろう。

こうしたシェリング政治哲学の両義的な特徴を明確化するためには、シュミリュンがザントキューラーから受け継いだ「反政治」という枠組みが役に立つであろう。先述の通り、ここでいう「反政治」とは、単に政治に無関心であるという「非政治的」とは区別されており、法や国家による支配が人間生活に浸透していくことを「制限」しようとする積極的な姿勢のことを意味している。そしてその抵抗姿勢のためにシェリングが掲げたのが哲学と宗教である、というのが本書において示さんとする端的な視座である。すなわち、シェリングにとっての「(反)政治」とは、一般的な意味での政治——人びとのあいだの利害や信条の対立——が人間の生を支配しないように、哲学と宗教によってそれを抑制するという、より高次の意味での政治、いわば〈政治に支配されないための政治〉なのである。

以上より、本書が明らかにせんとするシェリングにとっての「(反)政治」の基本的特徴は、以下の三つのテーゼに集約される。いずれのテーゼも、本論全体にわたって展開されているが、おおまかには各章に対応している。

【A】シェリングにとっての「(反)政治」は、「独断主義(信)」と「批判主義(知)」とのあいだには広大な余地 Spielraum があり、そのはざまにこそ「人間的自由の本質」が存在することを喚起する。(この点は、本論の「第2章」で主に論じられるが、【B】と【C】のテーゼのための重要な下敷きとなっている。)

【B】シェリングにとっての「(反)政治」は、国家の存在を必要悪の装置として認めつつも、「思考の自由」の絶えざる行使によって国家秩序の神権政治《テオクラシー》化を牽制することを意味する。(この点は、本論の「第3章」で主に論じられる。)

【C】シェリングにとっての「(反)政治」は、悲劇的意識に根差しながらも、〈いま・ここ〉のなかに潜む、未来へといたる「道」をつねに哲学的に模索し、その「道」を探求することで人格の完成へとむかう、人格主義とユートピア的終末論を特徴とする。（この点は、本論の「第2章」と「第4章」で主に論じられる。）

これら三つのテーゼからも分かるように、本書はシェリングの思想や立場を何らかの「主義」に還元することを回避しようとしている。本書の表題には「政治哲学研究」と掲げられていることもあって、その字面からして、多くの読者はこの研究にシェリングの哲学は結局のところリベラリズムなのか、あるいはコミュニタリズムなのか、それともアナーキズムなのか等と、具体的な規定を求めるかもしれない。しかし、何よりも留意されるべきなのは、シェリング自身は当時、そのような枠組みや分類法を知らず、それゆえに意識もしていなかったということである。そのような後世に編み出された枠組みでもってシェリングを評価する動きは、右でもみたように研究史上も幾度かあったわけだが、それらがかれ自身の意図や時代との格闘を浮き彫りにすることに成功したとは必ずしもいえない。

よって、本書では、シェリングの思想を何かしらの枠組みでもって前もって縁取り、それに合致するように矯正するのではなくて、シェリング自身が生きた時代背景や置かれていた状況、そして何よりもかれ自身のテクストに沿って可能な限り、思索の軌跡を追うように心掛けたい。その道筋は、次の通りである。

まず「第1章」と「第2章」では、シェリングの国家論や政治論を論じるための前提を確認し整理するために、かれの思想形成史をたどる。「第1章」では、一九世紀のより広い思想史的文脈のなかにかれを位置づけ、つづく「第2章」では、かれが同時代人との対話を経ながら自らの思想を彫琢していく時期にあたる、初期から中期にかけてのテクスト（一七九五〜一八二〇年）を時代順に読解していく。具体的には以下の通りである。

「第1章　新しい神話とその前史——若き日のシェリングを取り巻く言説状況」では、シェリングの思想形成に時代が与えた影響を考察する。そこでは、かれが生きた一九世紀前半の時代を、産業革命やフランス革命といった政治史・社会史的背景と啓蒙主義やロマン主義・敬虔主義といった思想史的背景をもとに特徴づける。なかでも重要なのは、この時代にはまさに、宗教をはじめとする中世以来の権威が根本から否定されると同時に、それに対する反動も激しく起こっていたということである。シェリングはそのような時代の揺れ動きを、敬虔主義を信じる家系とテュービンゲンの神学院において実体験しながら、みずからの思考の根本を育んだのである。

次に、「第2章　ラディカルに開かれた「同一性」をめぐる思考——完成と個性とのあいだの葛藤」では、『独断主義と批判主義にかんする哲学書簡』（一七九五年頃）や『哲学と宗教』（一八〇四年）、『人間的自由の本質』（一八〇九年）、そして「学としての哲学の本性について」（一八二〇年頃）といった主要な仕事を時代順に概観することで、シェリングの哲学がいかに両義性に開かれていたのかを再構成する。そこでは、啓蒙主義的な進歩（完成）とそれには還元されない唯一性（個体性）とのあいだに、あるいは、批判主義と独断主義とのあいだに、知と信仰とのあいだに、哲学と宗教とのあいだに深まった諸対立を架橋する、自由な思索の可能性が試みられている。そうした企ては、シェリングによる「同一性」モチーフの絶えざる彫琢を通じて為されていることが明らかとなるだろう。この同一哲学的発想は、ヘーゲルによる批判をはじめ、哲学史上も批判されることが多いが、それは対立する両者のあいだの交渉を可能とするための条件であることがここでは喚起される。

以上の二つの章で確認するシェリングの哲学的前提を踏まえたうえで、続く二つの章では、かれがより直接的に法や国家について論じている箇所（第3章）と、かれがそれらへの対抗として引き合いに出す「哲学と宗教」のあり方について論じている箇所（第4章）を読解する。

「第3章　国家の中の居心地悪さ——必要悪としての法と政治」では、シェリングが国家や政治について一定の分量で論じた箇所を、様々な著作を横断しながら網羅的に読解していく。具体的には、『自然法の新演繹』（一七九六／七年）、『超越論的観念論の体系』（一八〇〇年）、『学問研究の方法にかんする講義』（一八〇三年）、『シュトゥットガルト私講義』（一八一〇年）、『神話の哲学』（一八四〇年代以降）が順番に検討される。シェリングの政治論ないし国家論は、時期が経つにつれて保守的になっていったとして、「断絶」や「変化」によって特徴づけられることが多いが、本書ではむしろ、かれのモチーフの「連続性」に目を向けたい。その変わらざるモチーフとは、政治や国家を完全に克服することはできない「必要悪」として認めつつも、その影響力が野放図に人間の生に浸透してくることにかんしては抵抗しようとする姿勢である。

「第4章　ケノーシス的終末論としての哲学的宗教——『啓示の哲学』の「未来」」では、後期を代表する『啓示の哲学』について読解する。後期のシェリングが完成させようと取り組んだこのテクスト群は、青年ヘーゲル派による当時の批判もあいまって、ほかとおなじく、シェリングの保守化を象徴する思索だとされてきたが、本書は、それに反批判を試みる昨今の研究（ダスの『シェリングの政治神学』など）に示唆を受けている。それらの研究は、後期シェリングに潜むユートピア主義ないし終末論的発想のなかに、政治からの解放のモチーフを見て取っている。ただし本書では、そうした評価に影響を受けつつも、かれの晩年の構想である「哲学的宗教」とかれが用いた「ケノーシス」という概念に注目して、従来の研究があまり注目してこなかった『啓示の哲学』の箇所を読解していく。

そして最後に「結論」では、以上の内容を振り返った上で、先述の三つの根本テーゼ（【A】【B】【C】）について改めて検討する。そこでは、シェリングが若き日にヘーゲルへと宛てた手紙のなかにある「思考の自由 Denkfreiheit」ということばに注目することで、シェリングにとって「思考」が、閉塞した現状のなかに「いまだ‐なきもの」へといたる「道」を見出すための「理性の冒険」であったことが示される。

第1章　新しい神話とその前史——若き日のシェリングを取り巻く言説状況

本章では、シェリングの政治哲学を再構成するための準備として、若き日のかれが置かれていた時代状況と社会背景を確認する。

まず「第1節」では、シェリングの生涯を大まかに四つの時期（最初期・初期・中期・後期）に分けて(1)、必要最低限の範囲で概観する。次に「第2節」では、かれが自らの思想を形成した一八世紀末から一九世紀初頭にかけての状況が、近現代の社会思想史のなかでどのような特徴をもつのかを説明し、そしてそこでの宗教や神学の位置づけについて確認したい。つづく「第3節」では、シェ

（1）シェリングは長らくのあいだ、たえず関心や思考の道筋を変え続けた思想家として「プロテウス」とも称されてきた。しかし、一九七六年より刊行中の『歴史批判版全集』（AA）が進むにつれ、エアハルトをはじめとした論者から「唯一のシェリング Nur ein Schelling」という標語のもとに、むしろその連続性や一貫性が強調されるようになってきた。本書もどちらかといえば、その一貫性の方に重きを置くが、生涯を振り返るうえでは便宜的に四段階に分ける。このような論争史については、浅沼（2014, 7-13）を参照。

リングが自らの思想を形成するにあたって直接影響を受けたであろう当時の主要な思想潮流について概観する。なかでも本書は、信仰とのあいだに独特の関係を築いたドイツの啓蒙主義を深いところで規定している「敬虔主義」の伝統に注目する。「第4節」では、シェリングが生まれ育ったヴュルテンベルク地域に根付いていた「敬虔主義」の一潮流とその代表的な人物の一人であるフィリップ・M・ハーンからの影響、そしてシェリングが思春期を過ごしたテュービンゲン神学院の当時について再構成する。最後に「第5節」では、神学院時代のおそらく最終時期に執筆に加わったとされる『ドイツ観念論最古の体系綱領』草稿を読解し、そこで提示された「新しい神話」のモチーフをかれの政治哲学の出発点とみなす。

第1節　シェリングの生涯小史(2)

1　最初期：誕生からテュービンゲン神学院時代まで（一七七五～一七九〇年頃）

シェリングは、一七七五年にドイツのレオンベルクという街で生まれた。レオンベルクはドイツ南西部のヴュルテンベルク地域の一部で、シュトゥットガルトの近郊に位置する。後述するが、この地域には、独特なかたちで成長したプロテスタント宗派の「ヴュルテンベルク敬虔主義」が根付いており、シェリングの一家はまさにその潮流に影響を受けた由緒正しき牧師の家系であった。

父のヨーゼフ・フリードリヒ・シェリング（一七三五～一八一二年）も牧師をつとめていたが、(3)その傍らでオリエント学者として教鞭もとっており、多才な人物として知られていた。なお牧師にならなかった兄フリードリヒに代わってか、弟のアウグストが牧師となった。またその下の弟カールは医学を修めたといわれている。

一七八四年、九歳になったシェリングは、父の強い勧めで、ニュルティンゲンのラテン語学校に通うこととなる。通常よりも三歳若くして入学を果たし、修学には通常四年を必要とするところを三年で終えている(4)。そのとき共に学んだ仲間のなかには、五歳年上のフリードリヒ・ヘルダーリンがいたという。晩年のシェリングが振り返るところによると、当時ほかの学生よりも年少であったシェリングは、よく同級生からいじめに遭っていたが、それを助けてくれたのがヘルダーリンだったそうだ(5)。

一七八七年にシェリングは、父が教鞭をとっていたベーベンハウゼンの修道院付属の神学校に入学し、そこでおよそ三年の間、父から直接教えを受けた。そこでの一般カリキュラムはきわめて厳格で、朝の五時や六時から夜の八時まで、古典語の授業(ラテン語、ギリシア語、ヘブライ語など)、個人研究、宗教訓練などが詰まっていたという(6)。なおこの頃にはすでに、父の豊富な蔵書を読み漁

---

(2)なお本節を書くにあたっては、とりわけ以下の文献を参照した。①クサヴィエ・ティリエットによる伝記(Tilliette 2004)、②中央公論『世界の名著』に収められた岩崎武雄(1980)による解説、③バウムガルトナー『シェリング哲学入門』所収のヴァルター・シーヒェによる年譜(バウムガルトナー 1997)。他に参照したものは、その都度注釈にて挙げていく。

(3)シェリング家のメンバーの経歴については次に収められた一覧が役に立つ。Tilliette(2004, 570-5)を参照。

(4)Jacobs(1989, 25)を参照。

(5)Tilliette(2004, 14)を参照。

り、ギリシアやローマの古典はもちろん、イギリスの文学、そしてライプニッツなどの近代哲学にも触れていたとされ、かれの早熟のほどが見て取れる(7)。

一七九〇年、飛び級を重ねたシェリングは、普通よりも三歳若い一五歳にして、名門テュービンゲン神学院に特別入学する。そこでの同級生にヘーゲルやヘルダーリンがいたことはよく知られている。一七九〇年から九五年まで滞在したこの神学院においてかれは、後にみずからが展開することとなる思想の原モチーフの多くを彫琢することとなる。たとえば、そこで仕上げられた学位論文が『悪の起源について』（一七九二年）であったことなどは、その証である。当時の神学院は封建的で保守的な雰囲気を色濃く残していたものの、そうであればこそ、そのような伝統主義的な風潮に激しく反発する学生たちも多くいた。

依然として正統主義的で厳格な宗教教育が為されていたが、他方、同級生や先輩たちのあいだで渦巻いていたのは、フランス革命への熱狂と共和主義への渇望であった。若き日のシェリングが、伝統と革新の両極に挟まれながら自らの思想を形成していったことは、以下でも何度も繰り返されるように、本書全体にとって最も重要な背景である。

2　初期：論壇デビューから自然哲学・同一哲学の構築まで（一七九五〜一八〇九年頃）

テュービンゲン神学院を修了するためには、学位論文を提出して哲学部を卒業した後に、そこからさらに神学部に進学して博士論文を執筆しなければならない。一七九二年にシェリングは『悪の起源について』を提出して哲学部を卒業し、一七九五年には博士論文『パウロ書簡の改革者としてのマルキオン』を提出して神学課程を修了した。その頃イエナでは、当時カント哲学の後継者として脚光を浴びていたフィヒテが教鞭をとっており、そこではヘルダーリンをはじめ多くの友人たちが共に学んでいた。当時最先端の思想である「フィヒテ知識学」に関心をもったシェリングは、それを自分なりの仕方で展開した『哲学の原理としての自我』（一七九五年）を発表する。それがフィヒテの目にとまり、称賛をもって迎え入れられたことは、哲学史上も広く知られている——なおこの時期までの思想内容は、本章の後節と「第2章第1節」で詳述する。

ところが、鮮烈なデビューを飾ったばかりのシェリングは、フィヒテ知識学の後継者たることに満足しなかった。というよりも、シェリングは同時に、フィヒテ哲学とは対立していたスピノザ主義の哲学やヤコービの思想にも傾倒していたのであって、[8] かれのフィヒテ哲学への共感の内実は評価が難しい。フィヒテの後継者と目されつつも、シェリングがすぐさま自然哲学の構築へと向かったことは、その証であるようにもおもわれる。翌九六年にかれは、当時最先端の自然科学が研究されていたライプチヒ大学に赴き、物理学や化学などの研究に勤しんだ。そこでの集中的な成果が、

（6）Jakobs（1989, 25）を参照。

（7）松山（2004a, 10）を参照。

（8）この頃のシェリングに対するヤコービの影響については、松山（2006, 17-20）を参照。なおこの時期のシェリングによる有名な文言に、一七九五年二月一四日付の手紙のなかでヘーゲル宛てに書かれた次のことばがある。「正統派の神概念はもはやわたしたちにも関係ありません。——わたしの答えはこうです。わたしたちは人格神的存在者以上のものにたどり着くでしょう。わたしはこの間に、スピノザ主義者になりました」（AA III, 1, Briefe I, 22）。なおこの箇所については松山（2006, 18）を参照。

一七九七年以降矢継ぎ早に発表される、自然哲学にかんする一連の論考である。シェリングのその後のキャリアを考えるうえで重要なのは、やはりゲーテによる称賛であろう。シェリングの『世界霊について』（一七九八年）に感銘を受けたゲーテは、当時まだ二三歳のシェリングをイエナ大学の員外教授として特別に迎え入れたのであった。(9)

フィヒテの自我哲学と自らが構築した自然哲学、この二つをいかにして一体的に語ることができるのか。シェリングにとって次に取り組むべき課題は、そのようなものであった。それをかれなりにまとめたのが、一八〇〇年に発表された主著の一つ『超越論的観念論の体系』である。かれはそこで、「主体の内なる自己意識」と「客体の側の能産的自然」とのあいだにある分裂と葛藤を統合する道筋を模索し、いわゆる「オルガノン・テーゼ」を唱えるにいたった（「芸術とは、哲学の唯一にして真正なる器官であると同時に記録である」（SW III, 627））。その時点でのシェリングにとって、精神と自然とのあいだの同一性を回復させるのは「芸術」の役割であった。こうした洞察には、前後数年のあいだ盛んにおこなわれた、初期ロマン派の面々（シュレーゲル兄弟、ノヴァーリスなど）との交流の影響が如実に表れている。(10)

自然哲学構想から派生した医学研究、自然哲学についての雑誌『思弁的自然学雑誌』の編集作業、ロマン派との交流から結実した芸術哲学など、これらの様々な研究が一八〇〇年以降も同時並行してめまぐるしく行われていたが、そのなかでもやはり、かれにとって問題意識の中心にあったのは、「精神と自然の同一性」をめぐる問いである。この時期を代表する『私の哲学体系の叙述』（一八〇一年）と『哲学体系の詳述』（一八〇二年）で展開された思索は、一般に「同一哲学」と呼ばれている。なおこの頃には、対話篇『ブルーノ』（一八〇二年）や『学問論』（一八〇三年）といった、本邦でも比較的知られている著作が発表されている。

一八〇三年、シェリングはヴュルツブルク大学に正教授として迎えられる。そこで講じられた講義の一部が、いわゆる『芸術哲学』である。こうして振り返ると順風満帆にみえるシェリングの人生だが、他方で当時は多くの論敵からの批判にもさらされており、かれらとの論争につねに巻き込まれていたこともまた事実である。なお、この頃にはフィヒテとの関係も悪化し、『改良されたフィヒテ説の自然哲学に対する真の関係について』（一八〇六年）の発表によって完全に決裂してしまう。

重要なのは、一八〇六年という節目である。[11]「イエナの戦い」でプロイセン軍がナポレオン軍に対して敗れたこの年は、ドイツ近代史全体にとっても大転換点にあたるが、シェリングの個人史

（9）ただしゲーテは当初、シェリングの『自然哲学への諸考察』には感銘を受けなかったとシラーに伝えている。しかし、一七九八年五月末にゲーテはシラーの家でシェリングと直接交流し、さらにシェリングの『世界霊 *Weltseele*』を読んだ後には、評価を一転させたという。この時のエピソードについては、フェルスター（2021, 358-40）を参照。

（10）ロマン派との軋轢と離反にはいくつかの原因が考えられる。たとえば、シェリングの初期論考『独断主義と批判主義にかんする哲学書簡』に好意的な書評を書いたFr・シュレーゲルは、シェリングと一八〇〇年頃までは交友関係を続けていた。しかし、シェリングとカロリーネが親密になったことや、カロリーネの娘であったアウグステが病死したのをきっかけに関係が崩れた。とりわけ後者の出来事については、シェリングがジョン・ブラウンの理論に則った治療法を提案したことに、フリードリヒが不信感を抱いたといわれている。これについては伊藤（1997）を参照。

（11）たとえば、ハーバーマスは先駆的にもこの一八〇六年の転機に注目している。Habermas（1954）を参照。

にとってもそれは例外ではない。このときプロイセンは首都ベルリンを占領されるほどの憂き目にあったわけだが、その混乱のなかでシェリングが暮らしていたヴュルツブルクはオーストリアに帰属することとなり[12]、そこから急遽ミュンヘンに逃れざるを得なかった。これによってシェリングは一時職を失ってしまうが、そうした混乱のなかでも熱心な著作活動を依然として継続していた[13]。触れておかなければならないのは、そこで始まったフランツ・フォン・バーダー達との交流であろう。この変化は、シェリングがこの時期から、神学院時代に取り組んでいた「根源悪」にかんするテーマに立ち戻ったことや、ヤーコプ・ベーメの神秘主義思想に接近していったことに、多かれ少なかれ影響をおよぼしている——その内容については、「第2章第3節」でみていく。

もう一つ、この時期について取り上げておかなければならないのが、やはりかつての同級生であるヘーゲルとの関係であろう。神学院を卒業して数年を経た一八〇一年に、シェリングとヘーゲルはイエナで再会を果たし、共同研究をするようになった。その成果が、共同編集で刊行された『哲学批評雑誌 *Kritisches Journal der Philosophie*』（一八〇二～三年）[14]であり、ヘーゲルが初期に書いたいくつかの主要な論考はこの雑誌に掲載された。このように蜜月に思われた両者の仲だが、亀裂を決定的にしたのは、ヘーゲルが『精神現象学』（一八〇七年）においておこなった有名なシェリング批判であろう。この批判については、研究史上でこれまで繰り返し言及されてきたテーマであるので詳細は省くが、やはりそこでの批判に応えることが、これ以降のシェリング哲学にとっての主要なモチーフの一つになったことはいうまでもない。

この頃のシェリングの状況を振り返るうえでは、比較的よく取り上げられるフィヒテとの決裂やヘーゲルとの不和にくわえて、シュレーゲル兄弟やヤコービ、エッシェンマイアーとの緊張関係なども念頭に置かれねばならない。とりわけ、エッシェンマイアーとの論争については本書の「第2章第2節」で詳述するが、こうした様々な批判に一挙に応えようとするなかで、かの有名でかつ難解な『人間的自由の本質』（一八〇九年、いわゆる『自由論』）は執筆されたのであった。なおこの論文は、シェリング自身が監修した『シェリング哲学著作集』第一巻に収められ一八〇九年に世に出たが、この著作集の続巻は以後刊行されることはなかった。『自由論』の最後では、種々の論争にさらに応答していく旨が述べられるが、これ以降かれはほとんど著作を刊行しなかったため、その宣言した内容は結局のところ実現しなかった。

カントやフィヒテに始まり、ヘーゲルで完成するといったような「ドイツ観念論の単線的発展史」という枠組みでシェリングが論じられる際にはたいてい、一八〇九年頃までの思索が取り上げられる(15)。しかし、シェリング自身の生涯に焦点を当てた場合には、かれはそれからさらに四五年も

(12)『シェリング著作集4a』に収められた藤田正勝による「解説」（藤田編 2018, 282）を参照。

(13) ヘーゲルがこの歴史的瞬間において、「解放者」であるナポレオンの姿に「世界精神」を見たことは有名である。他方、フィヒテの歴史的な講演『ドイツ国民に告ぐ』は、ナポレオン軍の占領に抗してなされたこともまた周知のところである。両者はナポレオンに対照的な態度を示したわけだが、その歴史的意義の大きさを認めている点では同じである。この点については、細見（2009, 35-8）を参照。ところがシェリングの場合には、ナポレオンとその軍隊にかんする特別な感情や、期待と失望もそれほどみられない。

(14) この雑誌を刊行している際のシェリングとヘーゲルが、周囲の哲学者や言論人に対して挑発的であった様子については、松山（2006, 4-25）を参照。

の長い年月を生きたのであって、これでまだ前半生にも達していない。

3　中期：『諸世界時代』の挫折から積極哲学の開始、そしてベルリンへ（一八〇九～四〇年）

『自由論』を発表した後、シェリングが長い沈黙に入ったことは思想史でもよく取り上げられる。若くして鮮烈なデビューを飾ったシェリングよりも、むしろこの頃からは、後追いで活躍し始めたヘーゲルのほうが、世の中の脚光を浴びることとなる。

なぜシェリングは沈黙に入ったのか。この問いには容易に答えることができないが、ここではひとまず二つの事情を取り上げておこう。第一には、妻カロリーネの死が挙げられる。かつて初期ロマン派サークルの中心にいたカロリーネは、A・W・シュレーゲルの妻としても知られているが、彼女はのちに若き天才シェリングと恋に落ちて離婚をはたすことになる。(16) その後一八〇三年に、シェリングとカロリーネのあいだの結婚は認められた。しかし、そのカロリーネが、『自由論』を執筆した直後の一八〇九年九月に病でこの世を去ってしまったのである。(17)

失意のなかにありながらも、シェリングは『諸世界時代 *Weltalter*』という主著の刊行にむけて準備を進める。それが最後までかたちにならなかったことが、シェリングの沈黙を説明する二つ目の事情である。この未刊行の著作は刊行寸前まで行き着いてはその度に破棄され、最終的に公にされることはなかった。

ただし、この時期を振り返るうえでは、たしかにそれ以前のあまりに多産な時期に比べればおとなしさが際立つが、沈黙や挫折ばかりを強調しすぎると、当時のシェリングの状況を見誤るようにもおもわれる。[18] たとえば、この時期にシェリングは、老ヤコービとのあいだで活発な論争を繰り広げてもいた。[19] きっかけとなったのは、一八〇七年にシェリングがバイエルン科学アカデミーでおこなった講演『自然との造形芸術の関係』である。その講演自体は当時のミュンヘンで反響を呼んで大成功に終わったが、当時ミュンヘン科学アカデミーの長を務めていた老ヤコービは、その内容に強く反発することとなる。

---

(15) そのようなヘーゲル中心主義の歴史観を批判した先駆者がヴァルター・シュルツである（Schulz 1955）。しかし、シュルツの仕事もいまだ単線的な発展史観に規定されてはいた。それを相対化せんとして、シェリングとヘーゲルとフィヒテの思想発展の平行性を研究したものとしては、ヤンケの研究がある（Janke 2009）。なお、特定の固有名に思想を還元するのではなく、「コンステラツィオーン」という標語でもって、周囲の人びととの相互作用と影響関係に注意を向けた先駆的な研究がヘンリッヒによるものである（Henrich 1992）。

(16) カロリーネがイエナ・ロマン派のなかで果たした重要な役割については、伊藤（1997）を参照。また石原（2017）も参照。

(17) 失意のなかでシェリングは、一八一〇年頃に『クララ』という対話篇を執筆した（ただし、シェリングの生前には刊行されなかった）。そこでは、おそらく妻のカロリーネを念頭に置いた人物とのあいだで、この世（物質界）とあの世（霊界）の連続性についての対話が進められている。

(18) 破棄された肝心の『諸世界時代 *Weltalter*』構想のほうも評価は難しい。たしかに著作としての刊行は挫折したが、たとえば後年の一八二七年／二八年には、「諸世界時代の体系」という名前で講義をおこなってもいるので、そうした構想を単に失敗とみなすだけでなく、その後の思想展開への橋渡しとみることもできるのではないだろうか。

(19) ヤコービとシェリングとのあいだの論争にかんしては、後藤（2010, 35-44）とバウムガルトナー（1997, 140）を参照。

その講演のなかでシェリングは、自然のなかに神的な契機を見いだしており、ヤコービはそのなかにニヒリズムや無神論へと至るネガティヴな可能性があることを強く警戒した。ヤコービによるそうした批判の書が『神的な事物とその啓示』（一八一一年）である。翌一二年に、シェリングは『ヤコービ氏の著書「神的な事物」著作およびそのなかで行われた、意図的に欺き虚偽を弄する無神論であるとの告発についてのF・W・J・シェリングの記念碑』のなかで、そのような理解は誤解であると応戦した。なおこの論争はあまり振り返られることがないものの、思想史家のラヴジョイが両者のやり取りのなかに進化論の萌芽という思想史上の転換点をみている[20]。

ここまでが第一次ミュンヘン期（一八〇六〜二一年）といえるだろう。転機となったのは、エアランゲン大学への招聘（一八二一年）である。シェリングはそこで、名誉教授として一八二六年まで哲学講義をおこなった。この頃にはすでに「神話の哲学」についての講義も実施されており、広い意味での「後期思想」への助走が開始されていたようである。

一八二六年、新設されたミュンヘン大学に正教授としてシェリングは招聘された。この時点から第二次ミュンヘン期（一八二〜四〇年）が始まる。そこではもうすでに、ベルリン期の後期哲学と一般的にはみなされがちな『啓示の哲学』や『神話の哲学』の一部が講じられていた。またこの時期には『哲学的経験論の叙述』も準備され、初期にも劣らない比較的多産な時期だといえるだろう。何より重要なのは、一八三七年の冬に『積極哲学の基礎』が講じられていたことである。そこでシェリングは、これまでの哲学（そこにはヘーゲルや初期のシェリング自身も含まれる）は、対象が「何であるのか（本質存在 Was）」しか論じない「消極哲学 negative Philosophie」だったことを批判するようになる。それに対してシェリングは、対象「があること（事実存在Daß）」それ自体を問う別の哲学のあり方が、「積極哲学 positive Philosophie」という名で模索されねばならないと提起した。このモチーフは、それ以降のシェリング哲学体系の根底をなしている。ちなみにこの頃刊行されたほとんど唯一の文章が、ヴィクトル・クーザンの著作のドイツ語訳に寄せた序文（一八三三年）である。

なお第二次ミュンヘン期を振り返るうえで、もう一点触れておかなければならないのが、シェリングがバイエルン宮廷において家庭教師として仕え始めたことである。かれは、一八三五年からベルリンに移る一八四〇年までのあいだ、皇太子で後の国王となるマクシミリアン二世（一八一一～六四年）に哲学を講じていた[21]。マクシミリアン二世との関係はその後も親密で、シェリングがベルリンに移った後も、とりわけ一八四八年革命の際には、手紙などで意見交換をつづけていたという[22]。なおマクシミリアン二世は一八四九年にシェリングへバイエルンの第十字勲章を与え、五三年にはかれのことを貴族に列している[23]。

（20）Lovejoy（1936=2013）のとりわけ「第一一講」を参照。ここでのシェリングの歴史的功績は、古代以来の流出論的な「存在の大いなる連鎖」を否定し、そこに進化論的な発想を画期的にも導入したことであるという。つまり、シェリングの宇宙論においては、「結果」は「原因」以上のものを含んでいるので、宇宙の形成には新たなモメントが絶えず導き入れられている。

（21）その授業内容については、Ehrhardt（1989）を参照。

（22）一八五一年の手紙のやり取りで、シェリングはマクシミリアンに「プロレタリアート」という階級がこれからの時代には支配的になっていくことを説いている（Ehrhardt 1989, 95-7）。かれの助言者としての活動にかんする分析としては、Schmiljun（2015, 32-6）を参照。

4　後期：ベルリンにおける『神話の哲学』と『啓示の哲学』の構築（一八四一～五四年）

少なからぬ成功を収めていたミュンヘンの地をシェリングは一八四〇年に離れることとなった。その理由としては主に二つが想定される。第一には、当時進行しつつあったバイエルンの反動化である。[24]この頃に教皇至上権論者が文部大臣に就任したことで、プロテスタントへの寛容策が撤回され、大学に対する統制も強まったと言われている。それによって、プロテスタントでかつ大学自治を重んじていたシェリングが——かれはカールスバートの決議にも抗議したといわれている[25]——ミュンヘンに居づらくなったことは想像に難くない。

もう一つ挙げられるのが、プロイセン政府が青年ヘーゲル派への牽制の役割を老シェリングに期待した（とされている）ことである。シェリングの存在は、一八〇九年以降主要な著作を発表しなくなったことで、当時の思想界では、一部の追随者たちを除いて、急速に忘れ去られつつあった。それとは対照的に、かつての同級生であるヘーゲルはというと、シェリングの後発としてデビューしたものの、一八二〇年代にはベルリン大学の教授として若い世代にも強い影響力を持つようになっていた。またかれの死後も、ベルリンではヘーゲル学派が一大勢力を築いていたことは周知の通りであろう。

そうした状況のなかで、ヘーゲルの死後空席となっていたベルリン大学の教授職に、当時すでに存在感を失っていた老シェリングが着任したことは一種のスキャンダルであった。特に体制批判を基調とする「青年ヘーゲル派」の面々にとって、旧世代の象徴である老シェリングを招聘したのがプロイセン王フリードリヒ・ヴィルヘルム四世であったことも相まって、かれはいっそう体制側からの手先として映ったのだった。そうした具体的な意図が政府や王の側にどこまで明確にあったのかは定かではないが、少なくとも青年ヘーゲル派たちには、そのように見えたのは当然であろう。

そうした緊張をはらんだなかで、一八四一年一一月一五日にベルリン講義『啓示の哲学』は開始された[26]——その具体的な内容については本書「第4章」を確認されたい。そこには国際的な報道陣、ベルリンの聴衆、そして大学の有名教授たちも参加していたが、それらに加えて思想史のドラマとして触れておくべきなのは、バクーニン、エンゲルス、キルケゴールといった後に歴史に名を残す若き哲学徒たちの顔ぶれであろう。最初は三五〇人ほどの参加者が、そしてその後もつねに二五〇人ほどの聴衆がいたといわれている。同時期にベルリン大学の教授であったトレンデレンブルクの報告によると、講義の終了後には、学生たちの主催で「たいまつ行列」がシェリングのためにおこなわれたほどであったという。しかし、その講義があまりにも難解であったためか、それともテーマの古臭さのせいか、回を重ねるたびに出席者は激減していったとも言われている[27]。

もちろんその内容には、当初から反発や批判もあった。体制変革や既存の宗教への批判を展開

(23) 岩崎（1980, 56）を参照。
(24) この点については、（バウムガルトナー 1997, 205）に収められた北村実による補足記述を参照。
(25) Sandkühler（1998, 205=2006, 285）を参照。
(26) ベルリンでのこの「第一回」講義は、息子版全集には、『啓示の哲学』の末部に特別に添えられている。（SW XIV, 357-67）を参照。
(27) このときの様子については、Sandkühler（1998, 33-4=2006, 50-2）を参照。

する青年ヘーゲル派を、神話や啓示について滔々と語る老シェリングの講義は苛立たせた。[28] 有名なのは、エンゲルスによる『反シェリング論』(一八四一～二年に発表された三つの文章の総称)であり、そこに収められた文章は、まさに毎回講義された内容を逐一批判するものであった。そのなかで一つの事件が起こった、いわゆる「パウルス裁判」である。老シェリングはベルリンでの講義内容を頑なに出版しなかったが、以前からの論争相手の一人であったハインリヒ・パウルスがシェリングに無許可で、学生たちの講義ノートを収録した『ようやく啓示された啓示にかんする積極哲学』(一八四三年)[29] を自費出版した。そのことに激怒したシェリングは、パウルスを相手取って裁判を起こしたが、結果は敗訴に終わった。

この敗訴を契機に、シェリングは一八四六年にベルリン大学での講義をきっぱり止めてしまった。それ以降は、自らが会員であったプロイセン科学アカデミーでの講演を時々おこなうだけで、実質的には隠居生活を送ることとなった。しかし、この時期の特徴に少し立ち入ると、この頃からかれは死ぬまで、三〇年代から取り組んできた「積極哲学」から少し距離を取り、「純粋合理哲学」の構築に専念するようになった。本書においては、この晩期思想にそこまで立ち入ることはできないが、最近のシェリング研究では、この最後の一〇年にもう一度シェリングは哲学体系の組み直しに取り組んでいたことが注目され始めている。[30]

なおこの時期にはヨーロッパを揺るがす大事件が起こっていたことにも触れておくべきだろう――一八四八年革命である。フランスでは七月王制が倒れて第二共和制が起こり、「ウィーン体制」の立て役であった宰相メッテルニヒがついに失脚した。その激動に触発され、ベルリンでも三月革命がおこった。こうした事態とシェリングの生涯が無関係でないことは強調されるべきである。というのも、この頃のシェリングはまさに、ベルリンのウンター・デン・リンデンにあった自宅から、革命の動向を逐一観察し、詳細な日記を遺していたからだ(31)。

老シェリングはこの革命に対して基本的には批判的であった。このことだけに着目すると、フランス革命を言祝いだ若き日のシェリングとの対比で、かれが保守化したという古典的な見解は外れていないようにおもわれるが、日記の内容やかれの革命にかんする記述をみてみると、事態は複雑であることがわかる——この時期の思索の両義性については、「第3章第5節」でみていく。

アカデミー講演以外には、ほとんど公衆のまえには姿をあらわさず隠遁生活を送っていたシェリングは、一八五四年八月にスイスのバット・ラガーツでの湯治中に没した。カロリーネの死後の再婚相手であるパウリーネもその年の一二月に死去する。そのパウリーネとのあいだには六人の子どもに恵まれた。その一人であるカール・フリードリヒ・アウグスト・シェリング(一八一五〜六三年)は、父の死後に編者としてシェリング全集(Sämmtliche Werke)を整え、一八五六年か

(28) 本文においても先述したが、老シェリングに対する青年ヘーゲル派の表面的な批判とは裏腹に、かれらが思想の上では実質的にシェリングから影響を受けていたのではないかと示唆する、古典的な研究としてはレーヴィット(2015, 273-88)を参照。
(29) パウルスによって刊行された版の『啓示の哲学』は現在、マンフレート・フランクが編纂した別編集版で読むことができる。Schelling(1993, 87-325)を参照。
(30) この時期の思索に注目した画期的な研究としては、Gabriel(2006)や García(2011)を参照。
(31) 日記については Schelling(1990)、その日記に対する分析は Schraven(1989)を参照。

ら六一年にかけて出版した——本書は基本的にこれに準拠している。このいわゆる「息子版全集」が現時点では最もよく参照されているが、二〇世紀後半から刊行が続いている「歴史批判版全集」(Historisch-kritische Ausgabe) が完成すれば、それにとって代わるかもしれない。シェリングにかんする伝記も、クサヴィエ・ティリエットによる一九九九年刊行(原著はフランス語)のものが最新でかつ最もまとまっているが、「歴史批判版全集」を踏まえたうえで、シェリングの生涯の全体像をつかむことができるのは、まだ先のことであろう。

第2節 シェリングが生きた時代——「長い一九世紀」と「神の死」

ここまでで、シェリングの生涯全体を俯瞰してきたが、それではかれの生きた時代は、近現代史という広い視野でみたときには、いかに位置付けられるのだろうか。

まずはドイツ近代史の視点から、当時の全体的な時代背景をみておきたい。ドイツ近現代史の大家ユルゲン・コッカは、ナポレオン戦争期から第一次世界大戦までの時期を「長い一九世紀」と呼んでいる(32)。この時期にドイツでは、身分制や領主制といった前近代的な秩序が急激に崩壊し、それらに工業社会と階級社会が取って代わった。また、その変化に合わせて中央集権的な国民国家が構築されていったが、その拡大志向はやがて帝国主義的政策を招き、帝政ドイツは第一次世界大戦へと突入していく。これがドイツにおける「長い一九世紀」のハイライトであろう。

ドイツ近現代史家の山根徹也と今野元は、コッカのこの枠組みを採用しつつ、そのなかの一八〇六年から七一年までを、つまりイエナの戦いでの敗戦からドイツ帝国の統一までの時期をとりわけ「長い一九世紀の前半」と呼んでいる。シェリングのとくに後半生は、まさにこの「長い一九世紀の前半」と対応している。このときにおこった重要な転換について、山根は四つを挙げている[33]。

①身分制や伝統的共同体が解体し、個人の独立と法的平等原理に基づいた市民社会が生まれた。
②産業革命に対応するかたちで、急激な工業化が起こった。
③近代的ナショナリズムの勃興によって、国民国家を形成するための統一運動が巻き起こった。
④文化や世界認識のための価値観や枠組みの構造転換が生じた。

①と②はよく言われることで、およそ歴史家のホブズボームがいうところの「二重の革命」(市民革命と産業革命[34])とおおむね対応している。つまり、シェリングが生きた時代は、フランスやアメリカでの革命に伴って「自由と平等」の理念が社会に浸透していく時期とおおよそ重なっており、さらにはイギリスに端を発する急速な産業化が社会の風景を一新した。また③については、B・アンダーソンらのナショナリズム論を引き合いに出すまでもなく、特に説明は要しないようにおもわれる。説明が必要なのは④であろう。山根はそこで、概念史家のコゼレックによる「はざま期」(鞍

(32) Kocka (2001)を参照。
(33) 山根・今野 (2014, 112)を参照。
(34) ホブズボーム (1968)を参照。

部期）Sattelzeit」という用語を参照している。

コゼレックは、一八世紀半ばから一九世紀半ばにかけてのこの時代に人びとの生活が激変したことで、かれらは世界を認識するための自らの枠組みや価値観、意味論の変容にさらされたという。たとえばかれは、「国民 Staatsbürger」や「身分 Stand」、「階級 Klasse」「民衆 Volk」といった旧来から用いられていた概念のニュアンスの変化について分析している[35]。ただしコゼレックの議論の妙は、かれが単に時代の断絶ばかりを強調するのではなく、同時にそれ以前との緩やかな連続性や伝統からの規定性にも目を向けている点である。

なおこうした変動には、当時生じていた出版物の急増と識字率の上昇も関係している。「インク染みの時代」ともよく形容されるように、この時代には民衆のあいだに読書習慣が急速に広まった。たとえば、ドイツで印刷された著作物は、一七世紀全体にはおよそ二〇万部であったのに対して、一八世紀ではおよそ五〇万部と倍以上になっている[36]。識字率にしても、正確な算出は困難なので、あくまで目安に過ぎないが、中央ヨーロッパの六歳以上を対象にすると、一七〇〇年頃には一五%、一八〇〇年頃には二五%、一八三〇年頃には四〇%と急激に上昇している[37]。こうした拡大と普及に際して、様々な語彙や概念が意味変容を被ったことはさほど不思議ではないだろう。

右でみたような連続と断絶による揺さぶり――あるいは「はざま期」――を生きたのがシェリングとその同世代の思想家たちであった。とりわけシェリングは、宗教的伝統に仕えることが約束されている「神学徒」として、こうした事態をねじれた仕方で経験したのである。かれらにとってこのことは、それ以前の価値観を根底から支える超越的な審級の失効、いわば「神の死」として感じ取られたわけだが、それを新しい時代の前提として超然と受け入れられるほど過去や伝統から解放されていたわけでもなかった。

ドイツ観念論とロマン主義を理解するうえで、この点を大胆な筆致で描いたものとして、テリー・イーグルトンの著作が挙げられる。イーグルトンは『文化と神の死』（二〇一四年）において、一八世紀半ばから二〇世紀末にわたる広大な西欧思想史の流れを、宗教が衰退してはやがて回帰するという一種の交代劇として再構成している。かれは大胆にも次のように総括している。

> 近代という時代の歴史は、とりわけ、**神の代理となるものの探求の歴史**である。理性、自然、精神 Geist、文化、芸術、崇高、ネイション、国家、科学、人間性、存在、社会、大文字の他者、欲望、生命力、人間関係——こうしたものすべてがしばしば置換された神性の諸形式として機能したのである。[38]

（35）Koselleck（1978）を参照。なおこの「はざま期」に用いられた「フォルク」概念の多義的なニュアンスについては、須藤（2019）を参照。そこでは、二〇世紀のファシズムに繋がっていくような民族主義的な意味だけには必ずしも限られない、「フォルク」概念の多様性が、クライストやゲレス、アイヒェンドルフの文章を手がかりに再構成されている。

（36）須藤（2019, 132）を参照。

（37）須藤（2019, 同）を参照。

（38）Eagleton（2014, 44 = 2021, 75）. 強調傍点は引用者。なおイーグルトンは、「世俗化」という語を用いることは避けている。

イーグルトンは、ここでいう「神の代理となるものの探求」が一八世紀の啓蒙主義にはすでに緩やかに遂行されたとみている。重要なのは、かれが、啓蒙主義によって宗教や神性が完全に始末されたとは考えていないことである。むしろ啓蒙主義による攻撃はいつの時代にも不首尾に終わり、攻撃された方の宗教は形をかえてつねに回帰してくるということこそが、かれの強調点なのである。こうしたここ数世紀の絶えざる交代劇を知るための、最も有力な参照点としてイーグルトンは一八世紀末に登場した「ドイツ観念論」と「ロマン主義」の動向をこの書のなかで大いに取り上げている。問題は、その時代に起こった「宗教の変質」である。イーグルトンによると、この時代に宗教が、「合理化された社会」に対して、①象徴としての力を弱めながらも適応するか、あるいは、②象徴としての力を他の領域に明け渡さずに強く反発するか、という二つの選択肢に迫られたという。シェリングが生きた時代を特徴づけるためにもきわめて重要なので、長めに引用したい。

〔一つ目の選択肢として〕合理化された社会における宗教は、おそらく、日常生活の物象化した論理を反映することによって生き延びることができる――まさに啓蒙の「自然」宗教とか「合理的」宗教がそうであったように。けれども、そうできるのも、それ自身の象徴的資源を削り取るという危険をおかしてのことだ。もうひとつの選択肢として、宗教は狂乱 Schwärmerei へと後退することがあり得る〔…〕。もし宗教がこの道を選ぶなら、それは象徴的資源を保存することになるが、そのぶん、社会存在全体との関連性をますます失うことに甘んじなければならない。

〔…〕合理化された社会は、その象徴資源を貧弱なものにしがちだが、それだけでなく、それを病的なものにもしがちである。もし理性に根拠をおく宗教が微温的なものであるならば、他方、そのような根拠をもたない宗教は灼熱的である。前者は、その権威を弱体化させるという危険をおかすことになるが、後者は、大衆のなかに危険なまでのアナーキーな「熱狂」をかき立てる。[39]

さて、このような強いられた選択のなかでシェリングはどのように生きたか。ヘーゲルによって為された、最も有名な批判（「ピストルから弾丸が飛び出したかのように、絶対知から無媒介に始まる高揚」[40]）からは、かれ自身の意図をもはや離れて、シェリングが、①宗教を世俗化に適応するかたちで弱体化させながらであっても残そうとしたというよりは、②宗教的熱狂の先導者であったかのような印象を受けるかもしれない。しかし本書はむしろ、シェリングという思想家を、これら二つの選択肢の「はざま」で生きることを積極的に選び取った稀有な人物であったことに注目する。すなわちかれは、①宗教の本質を理性や社会の言語によって翻訳可能なものとすることで、それを「合理化された社会」のなかに形骸化したかたちで生き延びさせようとしたのでも、あるいは、②進行する合理化のプロセスに対する「対抗力 Gegenspiel」[41]としての座を宗教に期待したのでもない。

（39）Eagleton（2014, 35-6 = 2021, 61-3）.〔　〕内は引用者。
（40）Hegel（1986ff., Band 3, 31）.
（41）Ritter（1974 = 2002）を参照。ただしリッターの場合は、近代における「対抗力」として「美的なもの」を念頭に置いている。

①の方向を選べば、宗教とは別の領域（芸術など）が象徴としての力を代理することを、そのままにしておくことになる。他方、②の方向を選べば、宗教が、他の領域を呑み込みながら、力を肥大化させていくことになる。たとえばナショナリズムも、イーグルトンにおいては、②の延長に位置するものだと考えられているようだ。そこで思い起こされるのが、二〇世紀最大の神学者であるカール・バルトやその仲間たちによって展開された「教会闘争」[42]である。かれらは、ナチズムのような世俗の権威が、世俗における自らの支配力を拡大させるために宗教的言説や権威を利用すること——ここでいう②と重ねることが可能であろう——を、徹底的に拒否したと言えるだろう。政治が宗教と一体化して野放図に拡大していくときには、〈神は人間には徹底して不可解である〉として、世俗と宗教を切り離そうとする一見して非政治的な営為こそが、バルトによる反ナチズム闘争の例のように、高次の意味で政治的な力をもつことになるのだ。

以上のような視点に立ったとき、シェリングが「非政治的である」とみなされてきたことには、別の側面や可能性が見えてくるのではないだろうか。たとえば、シェリング研究者のシュミリュンが、シェリングを「非政治的である」とみる消極的な評価を批判して、「反政治」という概念を提出したことは、先述の通りである[43]。かれがいう「反政治」には、政治的領域を積極的に制限するために活動するといったニュアンスが込められているが、シュミリュンは残念ながら、シェリングにおける「政治と宗教」の関係にまでは深く足を踏み入れてはいないので、本書ではその点からアプローチしたい。

シェリングがそのような問題圏に取り組まざるを得なかったことには、一定の必然性がある。

シェリングは、「二重の革命」をその震源地であるフランスやイギリスにはいなかったものの、若き日の原体験として肌身で感じていたはずだからだ。「宗教」は理性や科学によって取って代わられるのでも、独断論や伝統の墨守を潔しとするのでもないはずである。ここにこそ、本節でも後に取り上げる「新しい神話」構想へと結実していくかれらの原点がある。

第3節　前世代からの継承と断絶——啓蒙主義、ロマン主義、敬虔主義

前節では、シェリングの生きた時代が、広い近現代史のなかでどのように位置付けられるのかという点を概観してきた。続く本節では、そこからさらに焦点を絞って、シェリングが生まれる前後の時期や、一七九〇年にテュービンゲン神学院に入学するまでの周囲の状況について触れておきたい。

この時代のドイツ政治思想を論じるうえでの古典的研究の一つとしては、フレデリック・バイザーの大著『啓蒙・革命・ロマン主義——近代ドイツ政治思想の起源一七九〇〜一八〇〇年』（一九九二年）が挙げられよう。この書の内容は、まさに冒頭の数文に要約されている。

（42）古賀（2018, 189-93）を参照。
（43）本書の「序論第5節」。

近代ドイツ政治思想の起源を研究しようとするならば、一七九〇年代にこそ細心の注意が払われるべきである。その十年間に生じたフランス革命に対する反応こそが、自由主義・保守主義・ロマン主義という、ドイツにおける三つの対立する政治的伝統の形成へと導いたのである。これらの伝統のそれぞれが、一九世紀および二〇世紀における近代ドイツ政治思想の展開において中心的役割を演じてきたのである。(44)

このことば通り、バイザーは、「フランス革命に対する反応」の仕方に沿って、当時の思想家たちを三つの政治的潮流に分類していく。参考までに挙げておくと、「自由主義」に該当するのがカント、フィヒテ、シラー、W・フンボルト、ヤコービなどであり、「保守主義」に該当するのがゲンツやヴィーラントなど、「ロマン主義」に該当するのがヘルダーやFr・シュレーゲル、ノヴァーリスなどである。なおシェリングについては、数度かろうじて名前が挙げられるだけで、ほとんど取り上げられない。(45)

この箇所だけをみると、バイザーがあらゆる出発点を一七八九年のフランス革命に設定してそれを特権化しているようにも見て取れるが、実際のところかれは、そのような誤解を恐れてか、慎重に筆致をすすめている。つまり、フランス革命とは、あくまで一八世紀以来続いてきた思想上の課題がドイツにおいて目にみえるかたちで社会に表出した事件であるとしているのだ。そして、その一八世紀以来論議を重ねられてきた根本問題は何かというと、それは「理性の権威 the authority of reason」にかんする問いであるという。(46)「理性の権威」をめぐる問いとは以下のことである。

理性の限界とは何か。理性はわたしたちの道徳的、宗教的、政治的信念の根本や常識という信念を正当化するだけの力を持っているのか。あるいは理性はまったくの懐疑主義やニヒリズムに終わるのか。これらの疑問は、そもそも一七二〇年代にヴォルフの合理主義をめぐる論争の文脈から生まれた。ヴォルフ学派が理性は神、摂理、不死の存在を論証する力を持つと論じていたのに対して、敬虔派 pietists は、合理主義がスピノザ主義の無神論と宿命論に終わると反論していた。(47)

バイザーはこの直後の箇所で、一七八〇年代以降にカントの批判哲学をめぐって生じた数々の論議もまた、こうしたヴォルフ学派以来の問題の延長線上にあったとみている。この指摘は、本書にとってもきわめて重要な視点である。というのも、ヴォルフ学派の「合理主義」とそれに対する「敬虔派 pietists」という対立図式、そしてそれがその後も反復するといった事態は、シェリングの思想形成においても欠くべからざる役割を果たしていたからだ（ただし、バイザーのいう「敬虔派」のニュアンスにはおそらく議論の余地があり、その点は後述する）。今後の議論を先取りして言え

（44）Beiser（1992, vii= 2010, iii）. 強調傍点は引用者。

（45）たとえば、Beiser（1992, 66 and 277 = 2010, 131 and 548）などを参照。なお原著に収められた詳細な「人名索引」にも特に掲載されていない。

（46）Beiser（1992, 2 = 2010, 3）.

（47）Beiser（1992, 2 = 2010, 3）. 強調傍点は引用者。

ば、このような図式は、テュービンゲン神学院における教師たちと学生たちとのあいだの、あるいは、その後のフィヒテ流の「批判哲学」とヤコービ流の「独断哲学」とのあいだの対立として、姿かたちを変えてではあるが、その後も何度か本質的に反復している。[48]それらの対立を調停させることが、シェリングによる「はざま」の常なる模索であったともいえよう。

話を時代状況に戻そう。ここまでのイーグルトンやバイザーの記述からもわかるように、一九世紀初頭に起こったといわれる根本的な社会変動は、(少なくともここでみているドイツ地域にかんしては)一八世紀から議論されてきた思想的課題の本格化ないし現実化といえるだろう。その意味で、いわゆる「疾風怒濤」や「ロマン主義」といわれる運動も、まったく新しい動向というより、それ以前からの問題探究を継続ないし徹底化したものしてみるべきかもしれない。

とはいえ、それでもやはり、その「徹底化」のニュアンスが問題になるだろう。ここで、「ロマン主義」研究の視点を導入してみたい。たとえば、リュディガー・ザフランスキーは『ロマン主義──あるドイツ的な事件』(二〇〇七年)のなかで、一八世紀半ばから二〇世紀初頭にわたるドイツ思想史を「ロマン主義」という思想運動の展開として描いている。かれがいうところの「ロマン主義」とは、一時期に生じた単発の運動だけを指すのではなく、「世俗化により魔術を解かれた世界に何かを対置させようとする、この二〇〇年間途切れることのない探求運動の一環」を意味している。[49]そのため、この書ではハイデガーやトーマス・マンまでもが「ロマン主義」という枠組みで扱われることになる。

ここで注目したいのは、ザフランスキーが「ロマン主義の出発点」としてヨハン・ゴットフリート・ヘルダー（一七四四～一八〇三年）を評価している点である。[50] ザフランスキーにとってヘルダーは、かつての師であるカントと決別して「生きた理性」を模索し始めたことで、一九世紀の思想に様々な遺産をのこした先駆者なのである。それでは、ヘルダーの何がとりわけ画期的だったのか。ザフランスキーによると、かれの発見は主に二つあるという。まず第一に、「動的で開かれた歴史」[51]という発想である。つまり、ヘルダーにとって「歴史」は、人間の粗野な自然本性が理性の光によって徐々に克服されていく、といった文明化の予定調和的な過程ではなく、人間自らが、自己の本性と環境を条件として受け入れつつ陶冶することで、それらを文化へと昇華していく創造的な過程なのである。さらにヘルダーのもう一つの発見は、「個人主義あるいは人格主義を、そしてその結果としての多元性」[52]を発見した点である。ここで想定されている「個人（個体）」とは、共同体から自立した孤独な単独者ではなく、共同体やさらにその拡張体たる人類のなかで、そこから刺激を受けながら、自己を実現し表現していくような開かれた主体である。

これら二つの発見――ひとつは新しい「歴史」概念、もうひとつは新しい「個人」概念――は、

（48）とりわけ本書「第2章第1節と第2節」を参照。
（49）Safranski (2007, 13 = 2010, 3).
（50）なおザフランスキーは、ロマン主義の出発点を、ヘルダーが説教師を務めていたリガの地から離れてフランスへと船旅に出た日（一七六九年五月一七日）に定めており、この瞬間において、新たな精神運動がはじまったとみている。なおこの旅のさなかで、ヘルダーは若き日のゲーテとも偶然出会ったことは有名である。
（51）Safranski (2007, 24 = 2010, 14).
（52）Safranski (2007, 25 = 2010, 16).

フランス革命を経たことで、より現実味をもって当時の思想家たちの間で受け入れられた。実際に、これまで「歴史」の表舞台に立つことがなかったような民衆が、革命の際には街頭に飛び出し、そこでは生き生きとした「個人」が自らの権利と生を主張したのである。ヘルダーの思想は、そこである意味では現実化したかにおもわれたのだ。

ところが、そうした革命の動向を眺めていた隣国の知識人たち、なかでも『美的教育書簡について』を書くことになるシラーにとっては、その動向が徐々にきな臭いものと感じられた。とりわけ一七九三年に巻き起こったジャコバン独裁と、その支配からもたらされた粛清に次ぐ粛清は、文明化や合理主義の誤ったかたちでの帰結であり、ヘルダーの理想とは相容れないはずである。つまり、フランス革命以前に提出されていた諸々の思想が、そのときにより根本的なかたちで問われたのであり、シラーやさらに次の世代が、「美」や「陶冶」、「神話」といった概念をもちだしたことには、隣国の革命にたいするかれらなりの省察が含まれていたのである。

シェリングとてその例外ではない。フランス革命の動向に一喜一憂しつつ、その動乱のなかでかれもまた、カントやヘルダーを自らの指針として熱心に読み漁ったのであった。その熱心さは、若きシェリングが書いたマギスター論文『悪の起源について』の冒頭にも如実にあらわれている。かれはその冒頭部の注釈であからさまに、ほんの数か月前に発表されたばかりのカントの『根源悪について』やヘルダーの『ヘブライ文学の精神について』を挙げ、教官たちを挑発している（SW I, 3）。当時ジャコバン派の疑いがあったカントやヘルダーを修了論文の冒頭から支持するような書きぶりは、伝統を重んじる反革命的な教員たちへの反発の表明でもあった。

しかし、カントやヘルダーの哲学を単なる革命思想や流行りの思想として若きシェリングが受容しただけかといえば、決してそうではない。シェリングにとって、ヘルダーによって見出された、新たな「歴史」や「個人」概念はそれほど奇異にはおもわれず、むしろそれを自然に受け入れることのできる文化的背景がかれには当初からあったのではないだろうか。あるいは、シェリングやその前後の世代には、カントやヘルダーの思想をそれなりに正当なものとして受け入れるための下地がすでにあったのではないだろうか。そこで鍵となるのが、「敬虔主義 Pietismus」である。

「敬虔主義」とは何か。それは一言でいうと、一七世紀から一八世紀にかけてプロテスタンティズムのなかで起こった宗教刷新運動のことである。宗教改革から幾世紀が経ち、その頃にはすでにルター派正統派のなかでも硬直化と腐敗が進んでいた。そうした当時の状況を批判して、とりわけ諸個人の内面における信仰や新しい共同生活のあり方、そして宗教改革への原点回帰を模索したというのが、この思想運動全体にみられた一般的な傾向である。しかし、こうした運動は様々な地域で起こっていたため、一概にその特徴を総括することはできない。その困難は、敬虔主義と対置されることがある啓蒙主義や合理主義に対する規定が多義的であるのと同様である。

たとえば、バイザーは先ほど引用した箇所で、ヴォルフ学派の合理主義と敬虔主義を対置させていたが、実際のところはそれほど単純ではない。エルンスト・トレルチの古典的洞察に依拠して成瀬治が指摘しているように、「ドイツの啓蒙主義」には、ライプニッツ哲学の独特な受容と、敬虔主義の伝統という二つの固有性があったといわれている[53]。つまり、前者の固有性にかんしていえば、啓蒙主義と敬虔主義は、ことドイツ地域においては、一方に合理主義的な理性、他方に熱狂的な信仰といったかたちで対極に位置していたわけではなく、互いに互いを規定し合うような動的関係にあったのだ。

そのことは、敬虔主義にかんする比較的最近の研究による定義をみてみれば、あながち間違いではないことがわかる。以下では順に、シュミットとヴァルマンという別々の敬虔主義研究者による定義を紹介する。まずシュミットによる定義から引用しよう。

> 敬虔主義とは、古プロテスタント正統主義が制度的にまた教義的に行き詰ったためにもうひとつの新しい宗教改革を目ざして一七世紀後半から一八世紀はじめにかけて生じた生命運動である。〈教理〉に対して〈生命〉、〈職務〉に対して〈霊〉、〈外観〉に対して〈力〉が、そのための敬虔主義的な標語となった。信仰についての宗教改革的な中心概念は〈生きた信仰〉というその特徴的な補足を受け取り、この生命性が、倫理的な〈信仰の果実〉、何よりもまず愛において求められ、そこから敬虔主義の社会的な基本的特色が出てくるのである。他方でまたキリスト教的な完全性が主要問題となるのである。[54]

末部の「完全性」ということばに気を留めつつ、ヴァルマンによる別の定義も確認したい。

> 敬虔主義は、一七世紀にその端を発し一八世紀にその全盛期に達した、ヨーロッパ大陸プロテスタンティズムにおける**宗教的刷新運動**であり、アングロサクソン圏のリタニズムにならぶ宗教改

革以来のプロテスタンティズムにおける最も重要な宗教運動である。ルター派教会にも改革は同じように発生したが、敬虔主義はあくまで宗教的生活の個人化と内面化を主張し、個人的敬虔と共同体生活との新しい形態を発展させ、神学と教会に思い切った改革をもたらし、それにまき込まれた諸国の社会的・文化的な生活に深い痕跡を残している。(55)

いずれの定義も、筆者がはじめに記した説明とほとんど同じである。最大公約数的に記すならば、「敬虔主義」とはやはり、「未完の宗教改革」を実行しようとして、プロテスタントのなかから出てきたオルタナティブな運動と言えるだろう。さらにいえば、かれらの特徴は、正統主義によって権威化された教会生活とは別に、聖書研究を通じた少人数による密なる集いと、内面の陶冶を重視した点にあると言える。「神の似姿」であるわたしたち人間が、信仰と行いを通じて、シュミットのいう「完全性」へといたることが、そこでは目指されている。「敬虔主義」の創始者の一人として取り上げられることの多いヨハン・アルント(一五五五〜一六二一年)の思想が、まさにその好例である。実際にアルントは、有名な著作『真のキリスト教』(完全版一六一〇年)のなかで、「人間の魂における神の似姿の回復」を説いていた。(56)

(53) 成瀬(1988, 66)を参照。
(54) シュミット(1992, 295)。傍点は引用者。
(55) ヴァルマン(2012, 11)。太字は原文イタリック。傍点は引用者。
(56) アルントにかんする説明については、ヴァルマン(2012, 24-34)を参照。

こうした発想は、カント哲学によって後に展開されることとなる「自律」の発想となんら対立するものではなく、実際にカント自身も敬虔主義から多大な影響を受けていたといわれている[57]。またこの「完全性（あるいは完成性）Vollkommenheit」という概念も思想史的な観点から重要である。というのも、「完全性を実現するよう自らを義務づける」という発想は、啓蒙主義のテーゼとも受け取れるし、宗教的陶冶のニュアンスを見出すこともできるのであって、ヴォルフがライプニッツから引き継いで以来、多少の立場の相違を超えて、メンデルスゾーンやバウムガルテンといった、一八世紀ドイツの主要な思想家たちにも継承されている根本概念であるからだ[58]。

「完全性とは、多様なものの一致 Übereinstimmung なのである」[59]。それこそがヴォルフ倫理学の合言葉である。しかし、「完全性（完成性）」ないし「一致」へと人びとを導くとき、多様性や複数性、あるいは個性や固有性は捨象されるのだろうか。これはおそらく普遍的な問いではあるが、そうした問いが、シュミットとヴァルマンによる、敬虔主義に対する二通りの規定からも生じてくる。具体的にいえば、シュミットは敬虔主義の目標に「完全性（完成性）」を掲げているのに対して、ヴァルマンは「個人化（個体化）」に強調点を置いており、そこには少なからぬ差異が孕まれているのではないだろうか。ここでは、両者の見解が相違しているというよりも、敬虔主義自体がそうした二つの要素を含み込んだ運動であったことを強調しておきたい。そしてこのことは、ヘルダーが「歴史」と「個人」に新たな意味づけをおこなわんとしたこととも、関係しているだろう。「完全性」と「個人化」は両立するのか[60]。一般的にいって、完全性を一様的に追求することは、むしろ個体性や差異をないがしろにし、それらとむしろ対立するのではないか。こうした問いが、本書の「第2章」にとって重要なモチーフである。まさにシェリングは、敬虔主義の伝統のなかで育ったことで、たとえかれ自身が明確には意識しておらずとも、こうした問いに向き合わざるを得なかったのではないだろうか。先取りしていえば、「完全性」と「個人化」とのあいだの緊張関係は、たとえば「根源悪」や「悲劇」、「歴史哲学」、「自由」の問題としてシェリングにおいては取り上げられることとなる。

第4節　ヴュルテンベルク敬虔主義とテューービンゲン神学院

1　ヴュルテンベルク敬虔主義とフィリップ・M・ハーンとの幼き日の出会い

シェリングが若き日を過ごしたヴュルテンベルク地域は敬虔主義が最も深く根を下ろしていた地域の一つであり、さらにほかの地域に比べても、ある種独自の展開をみせていた。なかでも「ヴュ

(57) 山下 (2016)を参照。
(58) 清水 (2022)を参照。
(59) Wolff (1720, §701).
(60) なお西欧啓蒙主義的な進歩 (ここでいう「完全性」) の思想とロマン主義に由来する個体の思想を「文化的に綜合」しようとしたのが、二〇世紀初頭の神学者トレルチである。この点については、吉田 (2023)と中村 (2024)を参照。トレルチの場合には、「自然法と人間性」に根差したコスモポリタン的な歴史哲学に訴えかけるが、シェリングの場合には、進歩と個体の動的両極性が可能となるための形而上学的前提としての「同一性」概念を彫琢している。

ルテンベルク敬虔主義」[61]の特徴は、テュービンゲン神学院を中心として、神秘主義の伝統と思弁哲学の研究が見事に合流し、その結果として様々な神学者や思想家たちを輩出した点にある。
ヴュルテンベルクにおける敬虔主義の普及にはじめ一役買ったのは、一七世紀に活躍したヨハン・アルントたちであり、一八世紀になってさらにそれを深く定着させたのが後続世代のヨハン・ベンゲルやフリードリヒ・エティンガー（一七〇二～一七八二年）であった。エティンガーの功績は多岐にわたるが、シェリングへと受け継がれていく思想的契機に焦点を絞るならば、その主な功績はやはり、敬虔主義の神学論をヤーコプ・ベーメの神智学やライプニッツ＝ヴォルフ学派の哲学に接続した点にあるだろう。つまり、エティンガーは神学研究と思弁哲学の橋渡しを行い、広義の「ドイツ観念論」が後に生まれるための下地を作ったのである。こうしたかれの研究は、テュービンゲン神学院での長い研究生活を経て培われたものであり、その後輩であったシェリングたちへの影響も小さくなかったと推察される。[62]なおシェリングとエティンガーにかんしていえば、ベーベンハウゼンの修道院学校からテュービンゲン神学院に進学したという経歴までも両者は同じくしている。[63]
エティンガーの思想のなかでも、本書にとって特に重要なのは、その汎神論的な自然理解である。[64]エティンガーにとっての神は、この世界を超越しつつなおそこに内在してもいるのであって、神の生命は人間のみならず、わたしたちの生きる自然全体にも浸透しているという。そのため、わたしたちは聖書を介するだけではなく、自然それ自体に目を向けることによって神の摂理を理解することができる。そしてなにより、わたしたち人間がこうした摂理を認識できるのは、わたしたち自身もまた自然の一部だからだ、というのがエティンガーの根本前提である。

エティンガーがシェリングに与えた影響は、思想上の類似性からしても見て取りやすい。たとえば、ハーバーマスはシェリングにかんする博士論文のなかですでに、シェリング哲学の根本にはエティンガーの敬虔主義があることを強調してはいた。(65) ところが、シュミットが指摘しているように、シェリング自身がみずからの著作でエティンガーの名前に頻繁に言及しているわけではないので、その影響関係を文献上で証明することは容易ではない。(66)

ところが、フィリップ・M・ハーン（一七三九〜九〇年）(67) という存在を媒介にすることで、シェリングと敬虔主義との関係は、ある程度は文献の上で裏付けることが可能となる。(68) ハーンは先述の

---

(61) この呼称については、ヴァルマン（2012, 216）を参照。また「シュヴァーベン敬虔主義」と呼ばれることもあるが、本書ではヴァルマンや中島秀憲にならって「ヴュルテンベルク敬虔主義」で統一した。

(62) 松山によると、シェリングは一八〇六年にミュンヘンでバーダーとの交流を進めるなかで、神智学に対して再び関心を抱いたため、父親にエティンガーの著作をいくつか送ってもらったという。松山（2006,113）を参照。

(63) 松山（2004a, 85）を参照。

(64) エティンガーの自然観については、中島（2003, 26）を参照。

(65) Habermas（1954, 125-40）を参照。なおハーバーマスは、ハーンとの関係については一箇所で名前を触れるにとどまっている。（同, 296）を参照。

(66) シュミット（1992, 205-6）を参照。なおエティンガーと初期シェリングの思想的類似性を示唆したものとしては、Matthews（2011, 49-51）を参照。そこでマティウスは、神による世界創造を説明する際の仕方が、エティンガーとシェリングのあいだで相似していると指摘する。両者はいずれも、調和していた世界の紐帯をあえて引き裂く自由な行為として、神による世界創造を説明しているという。

(67) かれの生涯や根本思想については、Munz（1990）を参照。

エティンガーの副牧師としてシュトゥットガルトの近郊で活躍していたが、牧師としての活動の傍らでテュービンゲンにおいて神学の研究を続け、エティンガーと同様に、ベーメの神智学やライプニッツ＝ヴォルフの講壇哲学にも通暁していた。

ただし、他の敬虔主義者たちと比べてもハーンが特別なのは、牧師活動や神学研究と並ぶ熱意をもって、生涯をかけて一人の技師として、様々な発明を手掛けたことである。計量器や時計、計算機に加えて、かれが作ったなかで最も有名なのは精巧な天体儀である。かれのこうした活動は当時としても一部の人には知られており、たとえばゲーテが一七七九年の第二スイス旅行の際に、それらの機器をみるためにかれのもとを訪れたほどである(69)。

先述した「完全性」概念は、ハーンの思想にとっても核となる発想である。かれもまた他の一八世紀知識人たちと同様に、神の被造物である人間には何らかのかたちで神性が残存しており、その残滓が人間を「完全性」へと向かわせると考えていた(70)。

それでは、ハーンとシェリングとの関係はいかなるものだったのか。先述の通り、シェリングの生まれは由緒正しき牧師の家系で、父親は敬虔主義の一派であるヘルンフート教団から強い影響を受けた牧師であった。そのような偉大な父の蔵書のおかげでかれは、幼少の頃から哲学や神学の文献に親しんだといわれている。そのことだけでも、シェリングが敬虔主義の思想に触れる機会が多かったことは想像に難くないが、なかでもエティンガーやハーンとの直接的な出会いのきっかけを与えたのは、シェリングの名付け親でもあり大叔父でもあったフリードリヒ・P・フォン・リーガーであると推察される。というのも、リーガーはベンゲルの友人でもあり、エティンガーやハーンとも交流していたからだ[71]。

実際、シェリングの父と母、そして当時九歳のシェリング自身は、ハーンの家を訪れる機会に恵まれた。ハーンの日記によると、その訪問日は「一七八四年一〇月六日」であると記録されている[72]。シェリングははるか後の一八一一年に、かれとの幼少期の出会いが与えた衝撃をある手紙のなかで次のように告白している。

(68) シェリングとハーンの関係が近年ようやく論じられるようになった背景には、目下刊行中であるシェリングの『歴史批判版全集』がある。本書で論じるハーンへの追悼歌は、この最新の全集に収録されたので、それ以前には両者の関係は見通しづらくなっていた。
(69) ヴァルマン（2012, 247）を参照。
(70) ハーンは思索日記のなかで次のようなことばを遺している。「神の似姿〔…〕これこそ、わたしたちが神を認識することができるための根拠 Grund なのである。神は悟性 Verstand を通じてわたしたちを動物たちから区別し、忠実でかつ誠実である善良な心 Herz をお与えになった。〔…〕神は心のうちに、無限なるものや完全なるもの Vollkommen、不滅なるものや神的なものへとむかう処罰と衝迫 Trieb を定められたのだ。わたしたちがこうした衝迫に従わないかぎり、その衝迫は永遠なる不安 Unruhe と痛みへと転じるだろう。人間の大いなる尊厳は神に則って造られたのである。「あなたがたは、天の父が完全であられるように、完全な者となりなさい」〔『マタイの福音書』5, 48〕。こうした目標へと、わたしたちは再び赴くべきなのである。「新しい人間を身にまといなさい」〔『エフェソ信徒への手紙』4, 24〕など」（Hahn 1983, 353）。なお聖書からの引用については聖書協会共同訳（二〇一八年版）を参照したが、ハーンによるドイツ語原文のニュアンスを活かした箇所もある。
(71) Matthews（2011, 51）を参照。
(72) Hahn（1983, 148）を参照。

わたしはブルゲルンという方を知りませんが、その方がハーンのご友人であるというだけでわたしには十分です。わたしはこの偉大なお方を、幼いころに影ながらこっそりと畏敬をもって眺めていました。人生のなかでわたしが書いたわずかな詩のなかの最初の詩は、かれが亡くなったときのものです。わたしはかれの眼差し Anblick を決して忘れないでしょう。(73)

ここでいわれている「眼差し Anblick」には独特の含意がある。この手紙にもあるように、一七九〇年にハーンが没したとき、当時一五歳のシェリングは週刊誌『ベオーバハター』からかれへの追悼詩「ハーンの墓前で歌われたエレギー」を掲載する機会を与えられた。

この「エレギー」は、歴史批判版全集（AA）ではシェリングの生涯最初の作品として掲載されているが、研究史上もほとんど論じられてこなかった。ところがこの詩は、シェリングがハーンの敬虔主義について考えていたことの一端を知るという本書の文脈にとっては、重要な価値をもっている。

シェリングが書いたこの歌は四行で一節を成し、全部で一〇節から構成されている。以下では、その三節と四節に限定して記す。

嗚呼、光のなかであの方は変わりゆき
神の玉座のまえで天使の衣をまとったまま

今やいっそう自由となって諸世界を貫いて眼差す blickt――なるほど創造主は
あの方に幾重もの眼差し Blick をすでに与えてはいたのだが！

あの方は大胆な振る舞いで
儚いながらも自然の諸力 Kräfte der Natur について考量したのではなかったか？
かれの眼 Auge は宇宙や卑しき大地をも貫いて
神性の最も純粋な痕跡を探して見つけ出すのではなかったか？（AA I, 1, 43）(74)

このほんの短い節のなかでシェリングは、ハーンのあの特別な「眼差し」や「眼」が有限な被造物と対象の世界を超えて、その先にある神や自然の力を鋭く捉えていたことを何度も喚起している。後の箇所でも、「曇りなき眼差し」が「快活にも今や時間と永遠を貫いて見通す schaut」と記されており（AA I, 1, 44）、ハーンの預言者的な眼差しが何度も強調されている。

このことは、一八一一年時点での「かれの眼差し Anblick を決して忘れないだろう」という回想と照らし合わせると、幼きシェリングにとってハーンが、現実を超えた未来や無限を見わたす預言者のように映っていたことを痛烈に物語っている。文献上で示すことのできるハーンとシェリング

（73）Plitt (2, 251-2) を参照。
（74）『歴史批判版全集』（AA）からの引用にさいしては、本文中に表記する。なお最初にローマ数字でシリーズ Reihe を、その次に巻数 Band と頁数 Seite をしるす。

との関係は以上に限られており、必ずしも十分とは言えないが、幼き日のシェリングの様子を知るうえで貴重な資料である。

2　揺れる神学院、そしてマギスター論文『悪の起源について』

ハーンへの追悼詩を詠んだ同年の一七九〇年に、シェリングはそのハーンもかつて学んでいた名門テュービンゲン神学院に入学する。通常よりも三歳若い、特別な待遇での入学だった。そこには当時、伝統的で厳格な宗教教育と隣国から吹き荒れる革命思想の両方が併存し、異様な雰囲気が流れていた。以下では、二つの側面から当時の状況を再構成する。まず（1）当時の学生たちの政治的雰囲気とそれを象徴する「愚行団 Unsinnskollegium」というグループについて、その次に（2）テュービンゲン神学院の正統神学に対する学問的批判の基調について記す。

（1）シェリングとフランス革命との関係については様々なことが語られてきた。たとえば、フランス革命の勃発を伝え聞いたとき、ヘーゲルたちとともに自由の木の周りを踊って祝ったとか、ラ・マルセイエーズをドイツ語に訳したことで尋問を受けたなどといわれてきたが、いずれの逸話にも実際の確証はない(75)。それに対して、シェリングが「愚行団」という若者中心の政治クラブに出入りしていたことは、ある程度裏づけられる(76)。

「愚行団」とは何か。詳細な実態は必ずしも判明していないが、いくつかの資料を基に当時の状況を再構成したヤーコプスの研究を参照すると、それが、一七九二年から九三年にかけて神学院で活動していた反権威的な政治クラブであることまではひとまず確定できそうである。たとえばかれらは、伝統宗教を批判するような喜劇を上演し、キリストを詐欺師に見立てて風刺していたといわれている。それだけでもメンバーたちの過激さは垣間みられるが、さらにいうと、その一人であるCh・L・A・ヴェトツェルは以前からジャコバン派と連絡を取っていたとされており、かれは一七九三年には当局からの逮捕を恐れて神学院を抜け出し、そこからストラスブールのジャコバン派に実際に合流したといわれている(77)。ピンカートによれば、おそらくこのクラブの中心人物であったヴェトツェルの国外逃亡とともに、このクラブは衰退したようである(78)。

このヴェトツェルとの関係を疑われた息子シェリングのことを、父はたいそう心配し、シェリングの学位審査をうけもったシュヌーラー教授に、一七九三年の五月と六月に二通の手紙を送っている(79)。そこで父は、息子が退学処分を受けるのではないかと恐れ、教授の「最も寛大なご尽力gütigste Verwendung」に感謝のことばをおくっている。なお息子シェリングのほうは自らの「無罪」を主張しており、父は「今回は息子による無罪の確固たる主張を信じる」と記している(80)。

こうしたエピソードが、シェリングの自己形成にどのような実質的影響を及ぼしたのかは定か

(75) このような疑問については、Sandkühler (1998, 191 = 2006, 270)を参照。
(76) Jakobs (1989, 33-45)を参照。
(77) Jakobs (1989, 35)を参照。
(78) Pinkard (2001, 25)を参照。なおピンカートによると、ヴェトツェルはその後、フランス軍に加わった後にパリに移り住み、最終的にピアノ工場を作ったという。
(79) Jakobs (1989, 37-9)を参照。
(80) Jakobs (1989, 39).

でないが、かれが自らの思想を育んだ神学院の雰囲気を表わす一エピソードではある。ここからも、ゲーテが後の一七九七年に、シェリングをイエナに招聘するにあたって、シェリングには「サンキュロットしぐさの痕跡はない keine Spur einer Sansculotten-Tournure」[81]と確認する必要があったことの背景も見て取れる。

（2）次に当時の学問的背景について述べたい。神学院内部での既存宗教に対する自己批判は、右でみたようにフランス革命をきっかけにさらに激化したが、革命以前にもすでに、聖書解釈などの研究分野においてとくに、積極的におこなわれていたという。久保陽一が指摘しているように、シェリングが入学するおよそ二〇年前の一七七〇年代頃にはすでに、聖書を神の霊感を受けた執筆者による真理の書とみなす正統派神学に対する批判が、聖書研究者のゼムラーやレスラーたちによって展開されていた[82]。かれらは、聖書の文言を歴史学ないし文献学の知見に根ざして批判的に検討し、正統派の教義を相対化するにいたった。そしてその潮流に、急速に浸透しつつあったカントの批判哲学が合流することとなる。

こうした流れのなかで、シェリングが入学したころの神学院には、およそ三つの立場や潮流が存在したといえる。第一には、シュトール教授に代表される、新たなかたちの「正統主義」ともいえる潮流である。シュトールは、カントの批判哲学を無神論とみなして全面的に退けるのではなく、プロテスタント教義の正当化のために部分的に利用しようとした。なおシェリングは、この潮流に対して最も反感を覚えていたことは後述する。

次に挙げられるのが、シェリングの先輩たちの世代、たとえば復習教師のディーツに代表される、

「徹底的な啓示宗教批判の立場」である。かれらはシュトールとは違って、カントの『純粋理性批判』を基にして、宗教を合理主義と理性のことばによって退場させようとした。復習教師による当時の報告によれば、宗教を理性のことばに翻訳せんとするカント的な聖書解釈の方法は、学生たちによる教師への軽蔑や授業の軽視を招いているとみなされるほどに浸透していたようだ(83)。

ただし研究者のヤーコプスは、こうした単純な二項図式、つまり、〈宗教を擁護する「反動的な」老年教授たち〉と〈宗教批判を行う若者世代〉という世代間対立の図式では、当時の状況を十分には捉えられないと指摘している(84)。そこで重要となるのが、第三の立場である。たとえば、シュヌーラーのような進歩的な教授は、近代的な解釈方法を用いて旧約聖書の成立事情や背景を考察していた。そのような手法や姿勢は、若い世代の学生たちにも影響を与えたといわれており、必ずしも世代間対立の図式には収まらない(85)。

一七九四年から九五年までの冬学期のあいだに「授業を五二回、礼拝を一一回(86)」欠席したと復習教師から報告されるほど、当時反抗的であったシェリングも、このシュヌーラー教授に対してはか

（81）Schmiljun（2015, 30）.
（82）久保（1994, 41-2）を参照。
（83）久保（1994, 41-2）を参照。
（84）Jakobs（1989 85）.
（85）久保（1994, 44）を参照。
（86）Jakobs（1989, 48）.

ろうじて影響関係を認めている。ただし、シュヌーラーの立場や見解とのあいだに不和がなかったわけではない。たとえば、シェリングの学位論文審査をうけもったシュヌーラーは、シェリングがヘルダーなどの哲学的議論を参照しながら「神話の概念を聖書に適用」[87]したことを理由に賛意を示さなかったといわれている。シュヌーラーにとって、哲学と文献研究は決然と切り離されるべきものであったが、久保が指摘するように、当時のシェリングの関心はやはり哲学のほうにいっそう向かっていたと言えるかもしれない[88]。

哲学的な関心と文献学的な関心、この二つのあいだの緊張関係は、それ以降のシェリングの歩みを考えるうえでもきわめて興味深い。シュヌーラーによって批判された当の学士論文である『悪の起源について』[89]には、まさにそうした両義性が反映されている[90]。このなかでシェリングは、『創世記』第三章に描かれたかの有名な失楽園の物語を、聖書解釈の視点から「批判的 *critice*」に分析すると同時に、カント由来の人類史の視点から「哲学的 *philosophice*」(SW I, 4. AA I, 1, 64-5) に分析することを掲げていた。この表明にすでに、歴史と哲学を切り離しえないとするシェリングの根本態度がみてとれる。

敬虔主義やカント哲学からの刺激を受けたシェリングにとって、文献学的考察に禁欲的に留まることはできなかったのである。なお当時の学士論文審査では、指導教官の見解を弁護する論文を執筆する慣行となっていたが、シェリングだけが例外的に、自らの説を展開する自前の論考を準備し、さらには出版するまでにいたっている[91]。

シェリングはその論文のなかで、『創世記』を教義学的に捉えるのではなく、あくまで当時のエジプト人やイスラエル人から伝承された「神話」の一つであるとみなし、それを他の様々な神話（ギリシアのパンドーラ神話など）と比較している。なかでもシェリングが注目したのは、多くの伝承神話のなかに、平和な黄金時代からの転落の物語や、悪の起源にかんする記述が共通して存在する事実である。「古代の諸民族の伝承は、人類の根源的な至福状態にかんしてだけでなく、黄金時代からそれよりも悪しき状態への移行の記述にかんしても、驚くべきしかたで互いに一致している」（SW I, 18-9. AA I, 1, 79）。

ここには、比較神話学の先駆者としてのかれの側面があらわれているが、あくまでかれの関心はその先にある。シェリングは、こうした複数の神話のあいだにみられる共通性から、人類の普遍性をみてとろうとする。「どんな人間にも哲学のための素質が備わっており、それはたいていの場合は、哲学的思索への自然的傾向に相当する」（SW I, 5. AA I, 1, 64-5）。これこそがシェリングの確信である。つまり、それらの太古の言説は、近代以降の視点でみれば、洗練された概念によって記述さ

（87）Plitt (1, 36).
（88）久保（1994, 45）を参照。
（89）『悪の起源』は原文がラテン語で書かれているが、『歴史批判版全集』に収められているラインハルト・モクロシュによるドイツ語訳（AA I, 1, 101-148）も参照した。
（90）『歴史批判版全集』の編者の一人ヤーコプスも報告しているように、シェリングはシュヌーラーによる批判をある程度受け入れ、次に記した『神話について』（一七九三年）のなかでは、「歴史的神話」と「哲学的神話」を明確に区分している。（AA I, 1, 55）を参照。
（91）松山（2004a, 24）を参照。

れておらず、稚拙さから脱け出ていないようにみえるかもしれないが――シェリングの時代には実際にそのように神話が批判されていた――、それはあくまで表現法の違いに過ぎず、そうした違いがすぐさま、神話にはなんらの真理も表現されていないことを意味するわけではない。シェリングは次のように述べている。

人間の悪の第一の起源についての神話的な哲学的学説がこの章〔創世記第三章〕に含まれているということを、わたしたちはこれまで主張してきた。〔この神話は〕それが書かれた際の時代の精神に応じて、また、感性的には捉えられない事柄において表現するという最古の言語の無能力さに応じて、また、あらゆる事物を生き生きとした色彩で描き、全てを行為において描写するという最古の世界の素質と慣習に応じて〔記された〕。この神話は、より正確な、より鋭い厳密性に適した表現や教義的・哲学的な言い回しを駆使しては、執筆され得なかったのである。というのも、神話による真理のこうした伝承は技芸の事柄ではなく、必然性の事柄であったからだ。ところが、わたしたちがその像のもとに隠された意味にのみ注意を向けるのなら、こうした哲学のあり方がどうして、わたしたちにとって真理それ自体を傷つけることがあり得るのか、わたしにはわからない。(SW I, 14-15. AA I, 1, 75-6.〔 〕は引用者)

神話を語った太古の人びとは、たしかに当時の表現方法に拘束されてはいたが、真理を果敢に探究し、それを表現しようとする「哲学的思索への自然的傾向」をもっているという点では、わたしたちのような近代以降の哲学者たちとなんら変わるところはないというわけだ。シェリングはここで、太古の人びとが普遍的な哲学者であり、かれらのことばには現在にも妥当する真理的価値があることを認めている。

さて、そのうえでシェリングによって導入されるのが、カントの『人類の憶測的始元』（一七八六年）における議論である。カントはそこで、人類は概して、自然本性の感性的な欲求に束縛されてはいるが、同時にそうした本性を自発的に抑制し、より高次のものへといたるように努力する力も持っていることを主張した[92]。カントにとっては、そうした葛藤に打ち克つことで自由や理性が培われる余地があるのであって、逆にいえば、そうした欲求に屈服してしまうところに、人間の悪や不幸、災いの原因があるという。「自然の歴史は善から始まる。なぜならそれは神の作品であるからだ。かくして、自由の歴史は悪から始まる。なぜならそれは人間の作品であるからだ[93]」。

人間は道徳法則に自らの意志を十全に従わせることができず、むしろ道徳法則に忠実であることの困難さのなかにこそ、悪の起源と自由の本質がある。こうした洞察をシェリングはカントの歴史哲学から受け継いでいる。たとえば研究者のシュミリュンは、こうした発想が後年の『人間的自由

（92）『悪の起源』におけるシェリングによる言い換えでは次のようになる。「自らのうちにある固有の葛藤は、人間が本性上、二つの秩序構造のあいだに置かれていることに起因する。それはつまり、人間が一方では感性に拘束されているが、他方では叡知的な王国の住民であるということだ」(SW I, 32-3. AA I, 1, 93-4)。なお『悪の起源』における『憶測的始元』からの影響については、Schmiljun (2015, 71-2) も参照。

（93）Kant (VIII, 115).

の本質』（一八〇九年、以下『自由論』）にも受け継がれていると指摘している。[94] たしかに、『自由論』における有名な次の規定のなかには、それが反響している。「自由の生き生きとした実在的な概念は、善と悪との能力である」（SW VII, 352）。ところが、後年の『自由論』においては、「悪」や「無底」の克服しがたさに強調点があるのに対して、『悪の起源』においてはいまだ、啓蒙主義と合理主義による歴史的進歩の可能性のほうに期待がかけられているようにおもわれる。

やはり、カントとこの時点でのシェリングにとっての人類史とは、人間の本性にそなわった根源的な葛藤が徐々に克服されていく過程なのである。この点でシェリングはカントの見解に素直に従っているだけのようにもみえるが、両者のあいだには違いもある。というのも、こうした人類史の起源について、カントはあくまで控えめでかつ「憶測的に muthmaßlich」語っていた。つまりカントはそれを、自らの「憶測」が「構想力にゆるされた心の健康と気晴らしのための運動」[95] であることを断ったうえで慎重に語ったのである。それに対してシェリングは、カントからさらに一歩踏み出している。[96] シェリングはライプニッツの有名なことば「人間の精神は全体の鏡である」を引き合いに出して、「個々の人間の歴史と人類全体の歴史とは一致する」と述べているのだ（SW I, 25. AA I, 1, 86）。

ここにこそ、『啓示の哲学』を生んだ晩年にまで続く、シェリング哲学の根本前提が示唆されている。つまり、シェリングにとって、現在からかけ離れた始源の神話や歴史を探求することは、そこでの人間の生を、読み手や探求者のうちで反復させることと同義である。いわば、アダムやキリストの行いを読み解くことは、かれらの生をわたしたち自身の内で反復することを意味しているのだ[97]。こうした視座に、シェリングが文献研究に飽き足らず、哲学さらにいえば歴史哲学へと踏み出さざるをえなかった背景が反映されている。かれにとって過去は、分析の対象としてわたしたちの外に切り離されてあるのではなく、その都度の現在という瞬間のなかに生きている。

このことから帰結するのは、『創世記』などの神話において描かれている「過去」には、わたしたちの生という「現在」と、さらにはそれが歩んでいくであろう「未来」とが潜在的に孕まれているということである[98]。後年の『芸術哲学』におけるシェリング自身のことばを借りれば、「神話はたんに現在的なものや、過ぎ去ったものだけでなく、未来をも含み込んでいなくてはならないのだ」（SW V, 414）。

このような想定に立つシェリングは、まさに論文の末部において、人類が歩むであろう過程を三つに区分している。それと似たことはカントにおいてもすでに記されてはいるが[99]、シェリングのこ

（94）Schmiljun（2015, 73）を参照。
（95）Kant（VIII, 109）.
（96）『悪の起源』における、一見些細ではあるが、カントからの大きな「踏み出し」にかんしては、松山（2004a, 41-2）を参照。
（97）この点については、本書の「第４章」で『啓示の哲学』を論じる際に詳しく論じる。
（98）このことをシェリング哲学の根本的な特徴として挙げる解釈がザントキューラーによるものだ。かれは次のようにいう。「シェリングの哲学はそれ独自の合理性の形式を発展させる。それは、未来への関心において過去を現在のパースペクティヴから説明するというまさにその意味で歴史的となる」（Sandkühler 1998, 140 = 2006, 205）。
（99）Kant（VIII, 122-3）。このような時間把握についても、「第４章」で詳述する。

こでの語調は、控えめな「憶測」というよりも、やはり「預言」のようである。

なおわたしたちがすでに述べてきたことは、人類史に当てはめてみることもできる。つまり、人間には他者を支配して自らの力でしのぐという特徴があるというわけだ。人間にはまず第一に、感性的である sensibilis という唯一の特徴だけが現われる。ところが、叡知的なもの intelligibilis がやってくるやいなや両者は結ばれるか、あるいは、一方が他方を追い払うのである。しかし今や、第三のものとして、叡知的性格が他方を支配するということもある。〔…〕わたしたちの理性がもつ無限の力そのものが、わたしたちに次のことを納得させてくれる。つまり、人類全体がいわばこうした目標へと教育されているのであって、人間にかんするあらゆることが理性の単独支配のもとへと舞い戻り、そうした事柄においては、純粋でいかなる感性の支配からも自由になった理性法則が明るみに出される、そのようなものこそ全人類史の最終目標なのだ。(SW I, 38-9. AA I, 1, 98-9)

叡智的なものが完全に感性的なものを服従させることで、「理性の単独支配」と「黄金時代への回帰」(同)が実現し、来るべき第三の時代が訪れるとここでは記されている。ここには、カントの啓蒙主義的な歴史哲学やレッシングの『人類の教育』からの影響が、明らかにみてとれる。

以上より、最初期のシェリングは、緻密な文献学の知見を踏まえて、『創世記』をはじめとしたいくつかの堕罪論を分析していたが、そこからさらに踏み出して、カントの議論に則った歴史哲学を展開するにいたった。こうした踏み出しが教授からの反感を買ったことは先述の通りだが、当時のシェリングはまさにここでいわれている「哲学的思索への自然的傾向」（SW I, 5. AA I, 1, 64-5）に突き動かされて、聖書研究からいっそう哲学のほうへと歩みを進めたのであった。いわば、幼き日からの徹底した古典教育、敬虔主義者ハーンの預言者的な「眼差し」との痛烈なる邂逅、カント哲学をめぐる周囲での絶えざる論争、神学院の頑迷な正統主義への強い反感等々、それらが一つの巨大な濁流となって若きシェリングを襲い、それらに統一的な答えを見出せるであろうオルガノンとしての哲学へと駆り立てたのである。

第5節　『ドイツ観念論最古の体系綱領』草稿と「新しい神話」

神学院時代の葛藤とフランス革命による高揚が、シェリングを徐々に神学や宗教研究よりも哲学の方へと向かわせた。ただしこうした歩みは、シェリングだけに限られた話ではなく、同級生であったヘーゲルやヘルダーリンにも同様にみられた。当時はイエナの街で新進気鋭の哲学者フィヒテが『知識学』にかんする講義をおこなっており、それに惹かれた多くの若者がその地に集結しつつあった。

この頃の精神的雰囲気を示すものとして、Fr・シュレーゲルの有名なことばがある。「フランス革命、フィヒテの知識学、そしてゲーテのマイスターがこの時代の最大の傾向である。この構成に不満を感じる者、革命が無音で非実体的だからといって、これを重要だと思えない者は、人類の歴史の高遠な見地にまで達したことのない者である」[100]。フランス革命による従来の政治的秩序の動揺、フィヒテの知識学という従来の哲学体系への挑戦と新たな基礎づけ、そしてゲーテの小説にみられる新しい道徳的陶冶モデルの模索という、この三重の危機に対する意識にこそ、ドイツ観念論と初期ロマン派に共通の原点が存在する。こうした新しい人間像の追求によって提示される「個人」像は、社会からまったく切り離された独立自存のアトムではなく、社会の進歩と自らの人格完成が有機的に共鳴するような開かれた主体である[101]。

そしてかれらがこの三重の危機意識に対峙するなかでたどり着いた共通の標語、それこそが「新しい神話」構想であった。本節では、その構想の意味するところを、『ドイツ観念論最古の体系綱領』（一七九六～七年頃、以下『最古の体系綱領』）を中心にみていく。

田端信廣が整理しているように[102]、この「新しい神話」という構想は、思想史的な系譜をたどれば、Ch・ハイネやヘルダー[103]、モーリッツといった、古代の神話にかんする肯定的な理解や新たな解釈に端を発しており、そこで生まれた成果を次の世代の思想家たちが創造的に実現することを目指した思想運動だといえるだろう。つまり、前世代においては、無教養な人びとや幼い子どもたちに向けて書かれたおとぎ話だとされていた「神話」や「説話 Fabel」[104]を真剣に取り上げることの重要性がヘルダーらによってようやく提唱され、その流れのなかで実際に神話にかんする研究も進んだが、それに対して、「新しい神話」構想を掲げた次の世代はというと、啓蒙をより広範に実践するために、民衆にとっての別の新しい神話を創作ないし詩作する必要を感じ取っていたのである。こうした構想は、ここでみていく『最古の体系綱領』以降も、そのニュアンスには多少の違いがあるものの、シェリングとFr・シュレーゲルによって一八〇〇年初頭まで継続的に用いられており、初期ロマン派やドイツ観念論を駆動した根本モチーフの一つといえるだろう。[105]

それでは、肝心の内容に入っていこう。このテクストは、一九一七年にフランツ・ローゼンツヴァイクによって発見された、残存する部分がわずか二頁ほどの草稿である。[106] 執筆者とその年代に

(100) Schlegel (1974, 198). なおこの箇所の解釈については、益 (2020, 89)を参照。

(101) チャールズ・テイラーはまさにこのような主体像を「多孔的な自己」と表現しており、アトム的個人としての「緩衝材に覆われた自己 buffered Self」と対比している。テイラー (2020)を参照。

(102) 田端 (2022, 303)を参照。

(103) たとえばゴッケルは、「新しい神話」の発端を、一七六九年頃に生じたヘルダーとクロッツとのあいだの論争にみている。ゴッケル (1994, 145)を参照。

(104) ゴッケル (1994, 144)によると、ゴットシェトがアリストテレスの「神話 (ミュートス)」を「説話 Fabel」に置き換えたという。

(105) なお「新しい神話」構想を一九世紀初頭の特定の時代に限定するのではなく、それ以降の二〇世紀にいたるまで継続された運動とする見方も数多く存在する。具体的にはフランクやイーグルトンの名前が挙げられよう。イーグルトンは次のように述べている。「神話を近代という時代の真っ只中で復活させることは、シュレーゲル、シェリング、ヘルダーリン、ニーチェ、そして、ヴァーグナーの夢であった。原子化された社会が必要とする集合的象徴は神話 myth 以外にありえない」(Eagleton 2003, 225 = 2004, 340)。Frank (1982)も参照。

(106) このテクストの成立時期や執筆者にかんする議論史については、田端 (2022, 41)や Hansen (1989)を参照。また本書で参照するのは、シェリングの『歴史批判版全集』(AA)に掲載されているものだが、そこでのタイトルは、発見者のローゼンツヴァイクが名づけた『ドイツ観念論最古の体系綱領』ではなく、紙片の最初の一字を取って『ある一つの倫理学 *eine Ethik*』(AA II, 6-2, 483-4)とされている。

ついては様々な議論があるが、概ねのところ、一七九六年から九七年のいつかの時期に、シェリングとヘーゲル、ヘルダーリンの三人によって共作されたものであるといって問題ないだろう。

それはまず、「倫理学」と「自然学」を刷新する必要性が語られるところからはじまる（AA II, 6-2, 483）。まず前者の刷新のためには、カントの道徳哲学によって準備された道筋を、「絶対的に自由な存在としての自我」と「無からの創造」という二つの理念によって完遂する必要が、そして後者の刷新のために実験と経験の次元を取り入れる必要が指摘される。そうした新たな自然学によってはじめて、わたしたちの「創造的な精神」に活力が与えられるという（同）。この箇所は、「スピノザ主義の自然学」と自ら銘打った、後のシェリングによる「自然哲学」構想を思い起こさせる。

重要なのは、その次の段落である。ここでかの有名な、国家廃絶のテーゼが高らかに唱えられる。起草者たちは、それまでに語ってきた諸々の「理念」と対比させて、「機械についての理念が存在しないのと同様に、国家についての理念など存在しない」（同）と主張する。そして次のように記される。

> ただ自由の対象であるものだけが、理念と呼ばれる。それゆえわたしたちは、国家を超えなければならない über den Staat hinaus！——国家はすべて、自由な人間を機械的な歯車装置として取り扱わざるをえないからである。国家はそうすべきではないし、それゆえにそのような国家は廃絶されるべきなのである。（同）[107]

ここにおいて、人びとを歯車のようにあつかう機械国家のあり方が徹底して批判されている。だとすると、国家に代わって、一体何が人びとをまとめあげることができるのか。そこで持ち出されるのが、「美 Schönheit の理念」である。「あらゆる理念を包括する理念の最高の行為は美的な行為 ein ästhetischer Akt であり、真も善も、美においてのみ結び合わされる」のであって、それがゆえに、理念を扱う哲学者たちにも、「詩人と等しい美的な力」が備わっていなければならない、とされている（483-4）。

そしていまや、「感性的宗教」が必要だと起草者は述べる。民衆と哲学者のいずれもが、共通の「感性的宗教」を抱くことによって、民衆に代表される「感性」と哲学者に代表される「理性」とが調和するときが来るはずである。その言い換えが、「新しい神話」であって、「理性の神話」にほかならない。

> わたしたちは、新しい神話を持たなければならない。しかしこの神話は、理念に仕えるものでなければならず、またそれは理性の神話とならなければならない。／わたしたちが理念を美的な ästhetisch、神話的なものにしないかぎり、それに民衆は何の関心も抱かず、逆に神話が理性的なものでないかぎり、哲学者はその神話を恥じるにちがいない。こうして最後に、啓蒙された者と啓蒙されていない者とが互いに手をさしのべることが必要なのである。神話が哲学的に、民衆

(107) なお強調傍点は原文ゲシュペルト（隔字体）。

が理性的にならねばならず、哲学者を感性的にするためには、哲学が神話的にならねばならない。そのときはじめて、わたしたちのあいだには、永遠の統一が占めるのだ。（484）

ここでは、「美的なもの」ないし「神話的なもの」が、感性と理性とを繋ぐ媒介項《メディウム》としての役割をこの上なく期待されている。このように、フランス革命によって目指された「自由」と「平等」の理念が、隣国のドイツにおいては、詩的かつ美的なしかたで表現されるにいたった。こうした高揚感はなにも、この起草者たちだけに共有されていたわけではなく、たとえば、ここで明らかに念頭に置かれているシラーの『人間の美的教育について』でも表現されている。シラーはそこで、この綱領と同様に、合理主義的な発想にのみ根ざしたジャコバン独裁を批判し、革命が知性によってだけでなく、感性的で美的な次元でも遂行されねばならないと述べている。シラーのこうした視座が、『最古の体系綱領』にも継承されていることはいうまでもない。(108)

ところが、そこでシラーは、そうした状態が「美的国家」という理念によって実現されると考えていたのに対して、この綱領は国家を突破するような理念として、「美」や「神話」を国家の上位に置いている。ここには些細ならぬ差異もみてとれる。シラーよりもいっそう踏み出して、シェリングたちは、人類をこれまで支配してきた不和と葛藤の歴史が近い将来に解消され、真の救済が訪れるその前触れを詠っているようである。

こうした基調は、先述の『悪の起源』でもみられた通りである。そこでは、まだ「理性による単独支配」が唱えられており、いまだ合理主義的な語調が残っていたが、「黄金時代への回帰」をすぐそばに感じ取っていた点では変わりない。かれらは「完成」を待ちわびていたのである。「完全性とは、多様なものの一致である」(109)。ヴォルフのこのことばに象徴される一八世紀合理主義の核心は、その世紀の終焉において、シェリングたちの筆致によって最高潮に達したかにおもわれる。

ところが、にもかかわらず、この綱領が書かれた前後の時期にこの起草者たちが同時に取り組んでいたのは、「悲劇」にかんする考察であった。このことは何を意味しているのだろうか。もし「進歩」や「完全性」を素朴に信じていたのなら、かれらはどうしてギリシア悲劇の英雄たちに感情移入して、運命による支配と挫折、そしてそれへの屈服について、熱心に語らなければならなかったのだろうか。この「完成」と「挫折」とのアイロニーのもとに、一九世紀の思想は開始されたのである。次の章では、この「新しい神話」構想での高まりに留まるのではなく、シェリングがなぜ悲劇や悪について語らなければならなかったのかを、「完成」と「個性」との葛藤というテーマで以てみていく。

(108)『最古の体系綱領』におけるシラーからの影響については、Hansen (1989, 445-465) を参照。
(109) Wolff (1720, § 701).

第2章　ラディカルに開かれた「同一性」をめぐる思考
——完成と個性のあいだの葛藤

本書の「第1章」では、『最古の体系綱領』にいたるまでのシェリングの思想形成史を様々な角度から検討してきた。シェリングは前世代の思想家たち——たとえば敬虔主義やカントの歴史哲学など——から、一八世紀に特有の啓蒙主義的オプティミズム(1)を継承しつつも、そこから逸脱する要素や契機も同時に受け継いでいた。

シェリングにおけるそうした両義性は、「完成性（完全性）Vollkommenheit」と「個体性（個性）Individualität」とのあいだの葛藤と約言することもできる。前者の「完成性」の思想は、理性にせよ信仰にせよ、それらが完遂されるところで歴史が終焉するという予定調和や広義の目的論を表しており、それに対する後者の「個体性」の思想は、そうした完成へといたる道には必ずしも回収さ

（1）典型的なのはコンドルセの『人間精神進歩史』であろう。

れない謎や暗がり、内面性や私秘性に目を向ける思想と言えるだろう。そしてそれは、シェリングの代表作と言われることも多い『人間的自由の本質』（一八〇九年）において「決して割り切れない残余」（SW VII, 360f.）と印象的な仕方で名指されたものである。

シェリングはすでに、「根源悪」と「自由」とのあいだの緊密なる関係を示唆していたという点で、後者（個体性）の契機を自らのマギスター論文である『悪の起源について』に忍び込ませてはいたが、その時点では必ずしも全面化していなかった。後者の契機はむしろ、一七九〇年代後半から一八〇〇年代半ばまでの時期に、様々な同世代人たちと論戦や議論を積み重ねていくなかで徐々に発現していったといえるだろう。

普遍性に重きをおく「完成性」と特殊性に重きをおく「個体性」、これら両者は一見して対立しているかにみえるが、それら二つの契機が摩擦を起こすことで、各人に固有のあり方で普遍へといたる自己形成 Selbstbildung の契機が確保されなければならない。シェリングの根本前提は、そのようなものである。そしてそれが可能となるための条件としてかれが構想していたものを、本書では「ラディカルに開かれた同一性」と定式化したい(2)。

本章では、「ラディカルに開かれた同一性」を探求するシェリングの思索過程をいくつかの主要な著作を基にたどる。このような歩みが、シェリングの政治哲学を考察するという本研究の目的にとってなぜ必要なのだろうか。あるいは、同一性などといった形而上学的な概念について思索することが、なぜ現実の政治や社会への応答になり得るのか。その点については、あらかじめ説明しておくべきだろう。

それは何よりも、「同一性」という概念が前世紀以来帯びている全体主義的なニュアンスと、シェリングとの関係に結びついている。アドルノをはじめとした二〇世紀後半の哲学において、同一性という概念には、客体の自由を主体の発展継起のなかに解消してしまうといった「画一化 Gleichschaltung」の意味合いが孕まれていることが指摘されてきた。このことは、ヘーゲルによるシェリング批判（「すべての牛が黒くなる闇夜」）[3]とも相まって、「同一哲学」を一時期標榜したシェリングの政治的側面への評価に影を落としているようにおもわれる。しかし、以下でも示していくように、シェリングにとっての「同一性」とはあくまで、すべての個体差や特殊性を呑み込んで無に帰してしまうブラックホールのようなものではなく、対立する両者（独断主義と批判主義など）のあいだに交渉が成り立つための、余地としての根底 Grund なのである。その余地が在るかぎり、わたしたち人間は自らの元に留まらずに――自らの心性や自己性に固執することも人間本性にそなわる根源悪なのではあるが――自由を果敢に行使しようとするならば、そこには和解へといたる「道」が地表に必ず浮かび上がってくる。シェリングにとっての「政治」とは、人びとのうちにそうした自由の潜勢力を喚起することなのである。

（2）Das (2016, 26) は、ヘーゲルを「完成 Vollendung」を志向する形而上学的な歴史哲学であるとみなし、その一方で、シェリングを「現象の個別化 singularising」を哲学化した最初のポスト・ヘーゲルの思想家だと評価している。それに対して筆者は、シェリングの同一哲学に個体化論だけでなく、完成と個体化の摩擦から生じるダイナミズムを見出す。

（3）Hegel (1986ff., III, 23).

以上のような目的でもって、本章はこのような思索が十全に展開され、掘り下げられていく過程を、シェリングの初期から中期にかけての思想のなかに見出す。まず「第1節」では主に『独断主義と批判主義にかんする哲学書簡』（一七九五年）を、次の「第2節」では『哲学と宗教』を、そして「第3節」では『人間的自由の本質』を、そして最後の「第4節」では「学としての哲学の本性について」（一八二〇年頃）を順番に論じていく。

第1節　歴史の完成と悲劇

――テュービンゲン正統派との対決と『独断主義と批判主義にかんする哲学書簡』

1　「歴史哲学は不可能である」――「一般的概観」論文について

前章の末部で論じた『最古の体系綱領』においては、現状を支配する機械制国家の打破や、芸術による歴史の完成などが高らかに唱えられており、起草者の一人とされるシェリングが終末論的な期待を胸に、いわゆる「歴史の終焉」を待望していたようにおもわれる――ここだけをみれば、シェリングを「完成の思想」で一括りにするほうが妥当かもしれない。しかし、およそ同時期に書かれた著作をみていくと、さほど単純でないことがわかる。

たとえば、シェリングにとっては思想界へのデビュー作ともいえる『哲学の原理としての自我について』（一七九五年）の一部と、その二年後に発表された「歴史哲学は可能か」という論文の一部(4)を比較してみれば、シェリングの内なる動揺が見て取れるはずである。それぞれ以下でみていく。

まずは『自我について』の序言部を確認したい。そこでシェリングは、現行の政治革命とはまた別に、カントの批判哲学を徹底化した先に起こるであろう「学問の革命」(SW I, 156)の必要性を論じている。かれの考えるところでは、従来の哲学原理を転覆する新たな哲学の誕生によって、「人類は解放」されるという(SW I, 156-7)。このような興奮のもとに、シェリングは次のように述べている。

あらゆる学問が、経験的な学問すら例外ではなく、完全な統一点に向かって先へ先へと急ぐように、人類そのものもまた、人類史の根底に統制的なものとして最初から存している統一の原理を、最終的には構成的法則として実現するであろう。こうした偉大な思想に思いをめぐらせるときの感激といったら、抑えがたいものである。〔…〕人類が今まで歩んできた様々に異なる本道や間道がついに一つの点に集結し、そこで人類が再び集い、一つの完成された人格として自由の同じ法則のもとに服従することになるのだ。(SW I, 158)

ここにおいて、学問と哲学の完成は、有史以来離散してきた人類が再び集結するための楽園の到来と重ねられている。深めることはできないが、この箇所には、当時巻き起こっていたカント哲学をめぐる議論が反映されている。つまりそれは、ヘーゲルに宛てられた当時のシェリング自身のこ

(4)この二つの論考のあいだにみられる微妙な差異については、Sandkühler(1998,131-2 = 2006, 194-5)を参照。

とばに照らして見れば、カントの批判哲学によってもたらされた様々な帰結を支えるための「原理」ないし「前提」を創出することはいかにして可能なのか、という問いである。[5] その問いに取り組みながら当時は、ラインホルトやシュルツェ、マイモン、そしてフィヒテがしのぎを削っていたのであり、シェリングもそこに参戦しようとしていたのである。

ある統一的な学問原理による人類の完成と救済。こうした壮大な主張とは打って変わって、二年後には一見して正反対のことをシェリングは言い残している。かれは、『最近の哲学文献外観』（一七九七～八年にかけて『哲学雑誌』[6] に寄稿された小論集）に収められた小論「歴史哲学は可能か」のなかで、歴史的なものにかんして、哲学的な概念アプローチをすること自体にそもそもの疑義を呈している。かれのそこでの主張は、「歴史哲学は不可能である」という驚くべき文言に約言されている。かれの言い分は次の通りである。

要は、ア・プリオリに予想されうるもの、必然的な法則に従って生じるものは歴史の対象ではないということである。逆にいえば、歴史の対象となるものは、ア・プリオリに予想されうるものであってはならないということだ。〔…〕したがって、もし人間が歴史を（ア・ポステリオリに）持つとすれば、それはただ人間がなんら歴史を（ア・プリオリに）持たないからにほかならない。（SW I, 466-72.）

なお、ここでの主張は、その後の『超越論的観念論の体系』（一八〇〇年）においても繰り返されている（SW III, 589）[7]。そこではア・プリオリな学問が「理論」として、ア・ポステリオリな学問が「歴史」とみなされ、両者はまたしても鋭く対置されている。おおまかにいって、予想可能性や反復性をつかさどる「理論的な学問」と、予想不可能性や一回性をつかさどる「歴史的な学問」というここでの対置は、さらに後年の消極哲学と積極哲学の対比を先取りしているようにみえるだけでなく、約一世紀も後にヴィンデルバントによって定式化された「法則定立的な学問 nomothetisch」（自然科学）と「個性記述的な学問 idiographisch」（精神科学）とのあいだの区分をも予感させる[8]。

ところが、シェリングはこの区分を自ら設けておきながら、『超越論的観念論の体系』をはじめとしたその後の著作においても、『悪の起源について』以来の歴史三段階論を臆面もなく繰り返している。このことと、「歴史哲学は不可能である」という文言との一見矛盾した関係は、はたして

（5）シェリングが一七九五年一月六日にヘーゲルに宛てた手紙のなかの、次の有名な一文を参照。「カントは帰結を与えてくれましたが、まだいくつかの前提が欠けているからです。前提なくして、誰が帰結を理解できるでしょうか Kant hat die Resultate gegeben: die Prämißen fehlen noch. Und wer kann Resultate verstehen, ohne Prämißen?」（AA, III, 1, 16）。

（6）この雑誌については、本書の「第3章第1節」で詳しくみる。

（7）ほかにも『諸世界時代』第一草稿では、因果関係による把握が次のように批判されている。「世界が後方にも前方にも、はてしなく広がる原因と結果の連鎖であるなら、本来的な意味において、過去も未来も存在しないであろう。とはいえ、このようなばかげた考えは、それがもっぱら属している機械論的な体系と同時に消滅してしまっても当然である」（Schelling 1946, 20）。

（8）ヴィンデルバント（1929）を参照。

どのように捉えられるべきなのだろうか。この逆説性を考察するうえで鍵となるのが、『自我について』と「歴史哲学は可能か」とのあいだに書かれた『独断主義と批判主義にかんする哲学書簡』（一七九五年頃、以下『哲学書簡』）という著作である。

2　テュービンゲン正統派との対決――『哲学書簡』の論争史的背景

まずは、この『哲学書簡』が執筆された時期の状況[9]について確認しておきたい。『哲学書簡』はその名の通り書簡体で書かれており、形式上一〇の書簡から成っている。論文自体は神学院の先輩であったニートハンマーらが主宰する『哲学雑誌』に発表され、第一書簡から第四書簡までの前半部が一七九五年九月刊行の第二巻第三分冊に、第五書簡から第一〇書簡が翌年四月刊行の第三巻第三分冊に掲載された。

おさえておくべきは、この論文がシェリングの名前を伏せた匿名のかたちで当時発表されたことである。その背景には、神学部での修了試験を控えていた当時のシェリングの卒業認定が、この論文の論争的な性格のせいで、神学部の教授たちに却下されることを恐れたからだといわれている。[10]しかし、そうしたリスクを冒してまでも、シェリングは当時のテュービンゲン正統派に対する強い批判をここで企てたのである。

シェリングを執筆に駆り立てた当時の神学院の状況とは、いかなるものだったのか。一七九〇年初頭の状況については本書の「第1章」でも述べたが、ここでも再述しておくと、当時は大まかに三つの潮流に分かれていたと言えるだろう。①文献学的な批判を踏まえたうえでなお、聖書の教義学的基礎づけにこだわる、シュトールらをはじめとした「新正統主義」、②「新正統主義」に反発してカントの批判哲学を宗教批判の武器とする若手の復習教師たち、そして③シュヌーラーをはじめとした、カント哲学にも好意的で文献学的な研究に取り組む中間的な立場。なおシェリングが③に位置づけられるシュヌーラーのもとで学んでいたことは、前章で確認した通りである。

それから数年が経ち、シェリングが『哲学書簡』を書く頃には、①の「新正統主義」、なかでもシュトールがいっそう強い影響力をもっていた。そもそも神学院の教授たちは上位・中位・下位という三つのランクに分けられており、シェリングの理解者であったシュヌーラーは「下位」であったのに対し、「新正統主義」のシュトールは「中位」にあり[11]、シュトールのほうが影響力は強かった。それに加えて、シュトールの記した著作が一七九三年には神学院の公式教科書となり、さらに後には、ヴュルテンベルクの牧師たちにとっての必修教科書にまでなったこともあって、かれの影響力はいっそう増しつつあった[12]。そこで重要なのは、シュトールがカントの批判哲学ないし宗教哲学に対して取った態度である。当時の若者世代にとっては自由と解放の哲学を意味していたカントのそれが、シュトールの新著『カントの哲学的宗教論にかんする注釈』(一七九三年)のなかではむしろ、正統派神学を根拠づけるものとして利用されたのである。

(9)『哲学書簡』の成立史については、歴史批判版全集の編者ピーパーによる報告(AA I, 3, 3-46)を参照。
(10)(AA I, 3, 9)を参照。
(11)松山(2014, 注9-13)を参照。
(12)松山(2014, 45)を参照。

まずカント哲学にかんする前提を確認しておくと、カントが『純粋理性批判』第二版の序言のなかで、「わたしは信仰のための席を確保するために、知を放棄せねばならなかった」[13]と述べたことは有名である。そこでのカントの含意は、神や自由、不死といった超越的な理念にかんしては理論的に証明できるものではなく、あくまで実践的あるいは道徳的に「要請」されるに過ぎないというものであった。しかし、そこでの「要請」のニュアンスから汲み取れるものは、必ずしも一義的ではない。つまり、ここから、超越的なものについては、信仰によろうと理性によろうとも実定的に判断することはできないという独断論批判（この方向からカントを無神論者とみる立場も当時はありえた）を読み取ることもできれば、より極端に、哲学や理性は口をつぐむことしかできないという不可知論や信仰擁護の方向に読解の舵を切ることもできる。シュトールはまさに後者の道を、すなわち不可知論をカントのなかに読み取ることで、形而上学の予備学足らんとしたカントの批判主義を実質的に骨抜きにしたと言えよう。

3　「個体性の刻印」を帯びた哲学――独断主義と批判主義のはざまで

このような当時の論争背景を踏まえたうえで、実際にテクストの内容に入って行こう。こうして神は、新しい正統主義神学のもとで再び、「超自然的なしかたで」事実存在する超越者として正当化されるにいたった。こうした立場をシェリングは冒頭から、「批判主義」による洗礼を経てなお回帰した「新たなる独断主義」とみなしている。『哲学書簡』での批判の矛先はまずそうした立場に向けられているが、同時に、それとは真っ向から対立するはずの「批判主義」の陣営に対してもその姿勢の不十分さが指摘されている。冒頭は次の通りである。

> いくつかの現象によって、この書簡の著者〔シェリング〕は、次のように確信するにいたりました。つまり、「純粋理性批判」が独断主義と批判主義とのあいだに引いた境界線は、この哲学すなわちカント哲学に与する多くの味方にとっても、いまだに十分はっきりと定められたわけではないのだ、と。著者〔シェリング自身の現状認識〕が間違っていなければ、批判主義の戦利品から、いままさに新たなる独断主義の体系が打ち建てられようとしているのです。(SW I, 283f.)

まず「第一書簡」は、ここで名指された「新たなる独断主義」である正統派への批判からはじまる。シェリングは、かれらの思想の中心にある「道徳的な神」という理念が「空虚」であることを厳しく問い質している(SW I, 285f.)。かれが批判するのは、次のような考え方である。つまり、カントの批判哲学が示すように、わたしたちの理論理性は神を把握するにはあまりに「無力」であるため、神という理念は「道徳的な要請」としてしか実現しえない、よって、そうした神は道徳法則のもとで想定されるのであるから、その神自体が「道徳的でなければならない」、という考え方である(286)[14]。ここでは、先述のシュトールの立場が名指されはしないものの、明らかに念頭に置かれている。

---

(13) Kant (III 3, 33 = KrV. B XXX).

シェリングは、理論理性の限界から実践理性に移行すること自体に反対はしておらず、そのなかで「神」という理念が想定されることもいったんは問題視していない。問題なのは、そうした理念が「道徳的である」という独断的な前提である。

> だとすると、あなたたちは、道徳的な神という理念を手にすることができるよりも前に、神の理念を持っていたにちがいありません。そうなると、いったいあなたたちは、どこから神の理念なるものを得たのでしょうか。〔…〕わたしたちが尋ねたいのは、まさしく、かの最高存在者の意志が、この道徳法則にかなっているのだと、どうやってあなたたちは確信することができるのか、ということなのです。(286-8)

シェリングにとってこうした立場は、「神性」を道徳法則という制約のもとでしか捉えておらず、「無制約的なもの das Unbedingte」には到達していないことになる。それに対して、シェリングは、おそらく当時のスターであったフィヒテなどの哲学にならって、「無制約的なもの」という無前提から出発する哲学のあり方を称賛している。

> あなたの哲学が発展的 *progressiv* であるかぎり、わたしはあなたの主張をすべて喜んで認めましょう。〔…〕あなたは自分の救いを、ただ逃げ場を先延ばしにすることに求めているに過ぎないのです。どこかで立ち止まることがないように注意しなさい。〔…〕わたしたちの一歩一歩に

は破壊が先立ち、前には楽園が、後ろには砂漠と荒廃が広がっているのです。(289)

「独断主義」に対する批判から打って変わって、次の「第二書簡」と「第三書簡」では「批判主義」陣営への助言が施される。シェリングは、独断主義の攻勢に対して、批判主義がたんに「認識能力の批判」に勤しむだけでは不十分であることをここで指摘している(291)。というのも、人間の認識能力を批判するだけでは、理性の限界やひ弱さばかりが強調され、さらに、独断主義の理屈に対しても「それが証明不可能であること」が消極的に主張されるばかりだからだ。

しかし、シェリングの見立てでは、こうした批判主義の消極性はそもそも、その祖であるカント自身の不徹底さに一部は由来しているという(293)。つまりカントは、とりわけ『純粋理性批判』において、独断主義をはじめとした様々な哲学体系が共通して依って立つための原点ないし根拠となる事実を、「たんに認識能力における事実としてしか」前提にすることができなかったのである(294)。まずシェリングは、カントが問題にしたのは、「わたしたちはそもそも、どのようにして綜合的に判断するようになるのか」という問いであったことを確認し、この問いが「わたしはそもそも、いかにして絶対者の外に歩み出て、対立するものへと向かうのか」という問いと同義であると指摘する(同)。つまり、綜合が可能となるための条件は、「一がいかにして多にいたるのか」という問いと切り離しえないのである。

(14) 全集編者もそのように想定している。(AA I, 3, 202-3)を参照。

ここには、堕罪論や悟性カテゴリーの超越論的演繹といった、それ以前からのシェリングの関心も十分に見て取れるが、さしあたり重要なのは、カントの哲学はそれらの問題を認識論上で取り上げたに過ぎなかったと、シェリングがみなしていたことである。認識論上の問いはすでになんらかの仕方で条件づけられている bedingt のであって、真の探究は、そこからさらに根源へといたらねばらないというのが、ここでのかれの問題意識である。いやむしろ、より正確に言うのなら、この直前に発表された『自我について』でもすでに指摘されているように（SW I, 181f.）、カント自身がいくつかの箇所で実質的に、経験的自我を支えるいっそう根源的な自我（あるいは絶対自我）を想定ないし前提にしてしまっているにもかかわらず、そこで歩みを留めてしまっているのではないか、というのがシェリングの提起である。その意味で、シェリングの企ては、カントが歩みを止めてしまったところから、さらに「批判」を徹底化することを含意していたのだ。

　ここまでの箇所でシェリングは、哲学がまったくの無前提から開始され、そこから「発展的に」構築されねばならないことを強調していた。しかし、後半の「第五書簡」から、話は複雑に入り組み始める。そこでかれは、「純粋理性批判」がいかなる体系にも通底する新たな普遍的前提となるべきことを確認するが、しかし他方で、次のようにも述べている。

> どんな体系も、実践的な（つまり主観的な）あり方をすることによってのみ完成され得るのですから、そこには個体性という刻印 Stempel der Individualität が打ち付けられています。しかし他方、純粋理性批判は、個体性によっては左右され得ないのであって、まさしくそれゆえにこそ、す

べての体系に有効なのです。一般的には、ある哲学が体系へと接近すればするほど、それだけいっそう自由と個体性とが、その哲学に関与してくるのであり、それだけいっそう普遍妥当性 Allgemeingültigkeit への要求ができなくなっていきます。（304）

ここにおいて突如、普遍的な体系構築を攪乱させる「自由」と「個体性」という新たな契機に焦点が当たる。「自由」と「個体性」とに根ざした哲学のまえでは、「理論的で普遍妥当的な体系」（307）は唾棄すべきものとみなされる。こうした「普遍妥当的な体系」に対抗するものとして、シェリングはカントから離れて、かれにとってのもう一人の英雄であるスピノザを大いに称賛しはじめる。そこでかれが読み手に投げかけるのは、「なぜスピノザは自らの哲学を倫理学〔エチカ〕の体系というかたちで述べたのか」（305）という問いである。シェリングにとってスピノザの哲学体系は、たんなる知の集積ではない。スピノザが「崇高」であるのはむしろ、「自分自身を自由に解放し、自分の哲学を自身にのみ負っているような精神の持ち主」（306）として絶えず思考し、体系を「決して完結させせない」（同）からだという。ここでの記述は、「第六書簡」における次のことばと呼応している。

つまり〔独断主義と批判主義という〕両体系は同じ問題を抱えており、しかもこの問題は断じて理論的になどではなく、実践的にのみ、すなわちただ自由によってのみ解決することができるのだ、ということです。〔…〕両者のどちらを選び取るのかということは、わたしたち自身が自分で獲

得してきた精神の自由にかかっているのです。（307-8）

ここでシェリングはもはや、独断主義と批判主義のどちらが思想的に優位かということを問うてはいない。かれにとってあくまで重要なのは、個々人が自らの「自由」と「個性」に則って、自分自身を知るための探究の努力を惜しまないことである。そうした各々の努力によってはじめて、複数の哲学体系のあいだにある対立が調停される可能性が生じてくるのだ。[15]

シェリングにとってスピノザの体系が模範的である理由は、もう一つある。それは、スピノザの思想が潜在的に孕んでいるテュービンゲン正統主義にたいする批判と関係している。シェリングは、『エチカ』を次のように称賛している。

> スピノザがそれをもって著作『エチカ』の全体を締めくくりえた命題、すなわち、浄福とは徳の報酬ではなく、徳そのものなのです〔…〕。報酬としての幸福のようなものを信奉している限り、わたしたちはまた、幸福と道徳、感性と理性とが互いに抗争し合う原理だということを前提としているのです。しかしながら、わたしたちはそうすべき *sollen* ではないのです。（322）

「浄福とは徳の報酬ではなく、徳そのものなのです」。このことばは実際に、スピノザの『エチカ』の末部に収められている。[16] シェリングはここで「正統主義」の立場を念頭に、「幸福」を「徳の報酬」として考える見方を「道徳的な錯覚」（322）であると厳しく非難している。平たく言えば、わたしたちが道徳的な行いを為すべきなのは、その見返りとして幸福を享受するためである、といった考え方が批判されているのだ。つまり、シェリングとスピノザにとって、「浄福」という安らかなる状態は、なんらかの「報酬」として得られるものではなく、それ自体が「徳」であるべきなのである。いわば幸福と道徳は、交換が成り立つような取引関係にあるわけでは決してなく、両者のあいだの境界が融解した「絶対的な状態」として経験される、というのがシェリングの見立てである。なおここにおいて、当時は必ずしも結びつけられてはいなかった、カントの実践理性批判とスピノザの倫理学の両者が、シェリングの導きによって、見事に邂逅を果たしていることは強調されるべきであろう。

シェリング自身が必ずしも明記しているわけではないが、ここでスピノザが援用されているのはおそらく、「正統主義神学」の奉じる「独断主義」が「完成された独断主義」（325）にまではいたらず、中途半端な独断主義にとどまっていることを指摘するためでもある。つまり、「完成された独断主義」であれば、徳や浄福から得られる利益や報酬などものともせず、徳や浄福そのものを追い求めるはずである。そしてその探求過程においては、自己を犠牲にすることも厭わない。こうした独断主義の立場は、徳や浄福を純粋に追求するという点で、相反する立場であるはずの「批判主義」の徹底となんら変わらず、二つの立場を対立させて論じることにはもはや意味がないはずで

（15）この点は、本章の第4節とも呼応している。

（16）「至福は徳の報酬ではなく、徳そのものである」（スピノザ 2007, 第五部定理四二）。

ある。そのような「完成された独断主義」の立場に比して、シェリングからすると、正統主義者のシュトール教授たちは、人間が自律的で自由な存在であることを断じて否定し、みずからの身を信仰に委ねるようあくまで促しているというわけだ。

4　人間存在にそなわる可能性の条件としての「悲劇」――「第九書簡」と「第一〇書簡」について

こうしていよいよ、『哲学書簡』は結論部へといたる。「第九書簡」においてシェリングは、徹底された独断主義が「絶対的な客観のなかで、私つまり自我が没落すること」を目指すのに対し、徹底された批判主義は「私自身の知的直観のなかで、対象を意味する全てが消滅する」ことを企てると整理している（SW I, 327）。つまり、「独断主義」が世界の威力のほうを優先して自我を消滅させるのに対して、「批判主義」は自我の構成作用を最大限に引き出すことによって世界のほうを消滅させるという。あるいは、前者が「絶対的な必然性」を、後者が「絶対的な自由」を追求しているとも言い換えられよう。

こうして独断主義と批判主義という二つの立場を根本から対置させたうえで、シェリングはなお、両者が実際には「絶対的に同一である」ことを指摘する（327-8）。ここには、後年のシェリングが展開する「同一哲学」の先駆的な表現が見て取れるだけでなく、『哲学書簡』そのものの根本モチーフもあらわれている。つまり、主体と客体、幸福と道徳、観念論と実在論、自由と必然性など、これらの様々なる二項図式は、あくまで人間の不完全で有限なる自然本性に由来するのであって、各々が自らの「個体性」の赴くままにいずれを出発点として選ぼうとも問題はないというわけだ。最初に観念論を選ぼうと実在論を選ぼうとかまわない。むしろ問題なのは、最初の出発点に頑迷に居留まるだけで、自らの「自由」への衝迫から目をそらし、「自身を知る（汝自身を知れ）」ことを根本とする「哲学」の営みを推し進めないことである。なおこうした視座と議論の組み立ては、本章で度々見出される、シェリング哲学の根本特徴である。

ここにシェリング哲学全体を貫く「逆説」[17]の高みがある。人間は自由であるがゆえに、それを十全に発揮して実現しようとする。しかし、それを徹底しようとも、いつかの段階で運命や必然性に直面し、その過酷さを前に主体としての自己を喪失させてしまう。逆に、なんらかの対象（神や絶対者など）に自らを従属させようとしても、人間は完全なる自然本性の奴隷であるわけでは必ずしもないので、自然の必然性からつねに逸脱しようとする。なおそのような逸脱こそが、「創世記」や様々な民族神話にも描かれている「根源悪」の現われであることは、シェリングが以前にすでに示したことである。

こうした人間存在の根本的な「逆説」に耐え抜くことができるかどうかが、人間が人間であるための条件なのである。そしてそのことを歴史の原初から見事に表現していたのが、「ギリシア的な理性」であり、「ギリシアの芸術」とりわけ「悲劇」であるとシェリングは記している（336）。かれは最後の「第一〇書簡」において、おそらく『オイディプス』を念頭におきながら、次のように

（17）菅原（2001）は、あらゆる時期をつらぬくシェリング哲学の根本モチーフを「逆説」ということばで特徴づけている。

述べている。

死すべき者が――罪人となるべく宿命づけられ、みずからこの宿命に抵抗して闘いながらも、運命の所産であるこの罪のために、恐ろしい罰を受ける。この矛盾の根拠、すなわちこの矛盾をもちこたえうるようにさせているものは、一般に探し求めているよりもいっそう深いところに、つまり**客体世界の威力と人間の自由との対決**のなかにあります。この対決にあって、死すべき者は、客体世界の威力が圧倒的な威力――（運命）――である場合には、必然的に敗北しなくてはなりません。とはいえ、闘争しなければ敗北することはないわけですから、死すべき者は、自分が敗北したことそのことによって罰せられなければならなかったのです。〔…〕ギリシアの悲劇は、自分たちの英雄を、運命の圧倒的な威力に対して闘わせることによって、人間の自由を讃えたのです。（336、太字強調は引用者）

この箇所は、それにつづく「ただ自由を剥奪されるほどの者だけが、運命に敗北することができるのです」（336-7）という一文と併せて読まれるべきであろう[18]。シェリングにとって「人間の自由」は、所与のものであると同時に、それを行使する行為のなかでしか確認されえない不可視の対象なのである。つまり、「自由」を行使すらしない者は、運命に対して敗北することすらできない。まさに「ギリシアの理性」はそのことを熟知していたという。かれらが考えるに、いわば「自由」を行使すらしない者は、運命や必然性に対して二重に敗北していることになる。

自然世界の法則や運命の支配に敗北するとしたら、それは人間理性の弱さにのみ由来するわけではない。独断主義者や正統主義者はカント哲学の一部を横領してそのような考えに陥ってしまうが、実際はその逆である。シェリング曰く、「君たちの理性のひ弱さなんかではなく、君たちの内なる絶対的な自由こそが、叡知的な世界を、どんな客体的な威力にとっても近づくことのできないものとしたのだ。君たちの知が制約されているからではなく、君たちの制約されていない自由こそが、認識されるものとしての客体を、たんなる現象という制限のうちへと追いやったのだ」(340)。つまり、客体世界のほうがわたしたちを制約するのではなくて、過剰なまでの人間の内なる「意志の自由」(339)こそが、客体世界にある事物やそこで生じる現象に制約を与えている。よって、人間理性の弱さよりもむしろ強さこそが、敗北への可能性をわたしたちに付与しているのだ。

以上までが、『哲学書簡』のおおよその内容である。末部でのシェリングの筆致は、そのイロニーもあって、一見すると不明瞭ではある。繰り返しになるが、シェリングは最後に、「意志の自由」へと立ち帰ることこそ、「人類を救いうる最後の望み」(339)であるとまで言いながらも、他方で同時に、そのような人間の過剰さに立ち帰ろうとも、わたしたち人間を待っているのは結局のところ、運命のまえでの無残な敗北と没落である、ということもまた言わんとしている。積極的な敗北と没落のなかにかろうじて、人間の自由の余地は開示される。まさにこの悲劇性にこそ、近代

(18) 後年の『学問論』でも同様に、「悲劇」は「自由と必然性の対立」を和解するものとして、次のように述べられている。「悲劇においては、必然と自由のどちらか一方が他方に屈するのではなく、一方が自らを高め、他方とまったく同等になることによってのみ、抗争は真に解消する」(SW V, 326)。

人にとっての自由の本質が表現されているのだ。[19]

こうしてみると、これが書かれた直後に起草されたという『最古の体系綱領』にたいする見方も、いささか変わってくるのではないだろうか。そこでシェリングたちは、機械国家の廃絶と「美の理念」による平和な統治を夢見ていたわけだが、こうした「完全性」への憧憬は、それに必然と付きまとう挫折への予感と表裏一体なのである。

もし全てが「完全性」のもとに統括されるのであれば、それはおのずと専制を招くこととなる。先述の通り、シェリングが「普遍妥当的な体系」(307)を忌避していることも、そのことと大いに関係している。すなわち、万物に妥当する知は、各人に備わっているはずの「個体性」を切り詰めてしまうのだ。[20]「個体性」が失われれば、「自由」や「意志」が介在する余地もなくなってしまう。それだけは避けなければならないというのが、その後にも引き継がれるシェリングの根本前提ではないだろうか。

こうした発想は、後年の『啓示の哲学』にまで引き継がれる。たとえばシェリングはそこで、スイスの解剖学者にして詩人でもあるアルブレヒト・フォン・ハラー(一七〇八~七七年)がしるした『悪の起源について』という詩の一節を引用している。「世界が欠点をもっていても、意志のない天使の王国 ein Reich von willenlosen Engeln よりは善い」[21]。シェリングにとって、「個体性」が失われた「完全性」による統治は、いわば「意志のない天使の王国」なのである。

第2節　信と知をめぐるエッシェンマイアーとの対話――『哲学と宗教』について

1　個体化・人格・心術――『芸術哲学』を補助線に

『哲学書簡』を発表した後、シェリングはすぐさま「自然哲学」の構想にのりだした。またさらに数年後には、自然哲学と超越論哲学とあいだの並行的な関係を基礎づけるために、「同一哲学」の体系叙述を開始する。さらに同時に、一八〇〇年代前半には、広大な「芸術哲学」の体系も論じることとなる。一七九六年から一八〇四年頃までのこうした歩みからは、テーマのめまぐるしい変化がうかがえる。しかし、『哲学書簡』によって記された「個体性」と「自由」をめぐるテーマは、それ以降もなお一貫しているのだ。

シェリングが「個体性」のテーマにこだわっていたというと、疑問をもつ者もいるかもしれない。

(19) イーグルトンはシェリングの悲劇論を論じるなかで、まさにその核心を述べている。「自由と必然は兄弟なのだ。〔…〕避けることができないものも、自由意志によって選択されたものとしてうけいれる。これは必然を自由に抱擁しつつ、自由を必然についての知識として取り扱うことである」(Eagleton 2003, 115 = 2004, 176)。かれはここに、カントのアンチノミーに対する、ポスト・カント的な仕方での解決法の先駆を見て取っている。

(20) なお『学問論』においては、「個性を抑圧する」という観点から、既存の「国家」が批判されている。詳しくは、本書の「第3章第3節」を参照。

(21) Haller (1734, Zweites Buch).

というのも、たとえばヘーゲルが『精神現象学』においてシェリングの同一哲学を念頭において述べた、かの有名なことば「すべての牛が黒くなる闇夜」[22]はまさに、シェリング哲学においては個体性が軽視されていることを揶揄してしるされたものだともいえるからだ。しかし、本節においても度々論じるが、シェリングが同一性にこだわったのは、濃淡の差異をはらんだ諸々の個体を深淵なる根源のもとに包摂して、その差異を無化するためではない。むしろそこでは、「決して割り切れない残余」(SW VII, 360f.) を抱えたままに、哲学体系が構築されるための方途が模索されているのだ。

こうした立場は通常、シェリングがヘーゲルからの批判に応えるかたちで、『自由論』においてようやく示した見解だとされている。ところが、実際は異なる。本節でも確認するように、少なくとも一八〇四年の時点では、シェリングはエッシェンマイアーとの対話を経るなかで、こうした自らの立場を明確に意識するようになっていた。

それではまず、そこにいたるまでの歩みを確認するところからはじめたい。手掛かりとなるのは、シェリングの『芸術哲学』である[23]。この講義は一八〇二年から一八〇三年にかけてイエナ大学で、一八〇四年から一八〇五年にかけてヴュルツブルク大学でおこなわれた。そこでの内容は、A・W・シュレーゲルの講義ノートから多くを摂取しているが、それらをシェリングが当時展開していた「同一哲学」の構想に沿って、それなりの仕方でアレンジを加えて叙述したものであった。『芸術哲学』を「同一哲学」[24]の継続とみなすことができる背景には、「構想力 Einbildungskraft」概念への継続的な関心がある。シェリングは、『私の哲学体系の詳述』(一八〇二年)のなかで、普遍と特殊との調和を構成するための力として人間にそなわる「構想力」を評価し、その働きを「統合力 Ineinbildung」と「個体化 Individuation」にみていた(25)(SW IV, 394)が、ほとんど同様の表現は『芸術哲学』のなかにも見て取れる。

ドイツ語の Einbildungskraft という語はまさに、あらゆる創造を支える統合の力を意味している。すなわち、この力によって観念的なものは同時に実在的であり、魂は同時に身体なのであって、これこそまさに個体化の力という本来的に創造的な力なのである。(SW V, 386)

観念と実在、魂と身体といった二項対立が美的に調和される、という発想自体は、シェリングに固有なものではなく、少なくともシラーの『美的教育書簡について』に遡ることができる。シラーはそこで、「遊戯衝動 Spieltrieb」に由来する「人間の構想力」の働きを称賛している。ただしシェ

---

(22) Hegel (1986ff., Band 3, 23).
(23) なお『芸術哲学』にいたるまでのシェリングの思想形成史的背景や概要については、八幡 (2017)を参照。
(24) この点は、八幡 (2017, 25)を参照。なお八幡 (47-52)も指摘している通り、シェリングは『哲学書簡』の時点ですでに、対立を統合するための力として「構想力」を高く評価している。
(25) シェリングの個体化論について、シモンドンの個体化論と比較したものとしては Hui (2016)を参照。なおホイによる以下のような説明は、たしかにシェリングのそれと響き合い展開の余地があるが、本書では深入りできない。「[シモンドンにとっての] 個体化 individuation とは周辺環境との不適合性を念頭において、あらたな準安定 metastability への到達をめざす絶えまない差異化のプロセスである」(Hui 2021, 30 = 2024, 41)。

リングはそこからさらに踏み込んで、その概念を芸術論ないし創作行為論の次元にまでいっそう広く適用している。つまり、シェリングにとって芸術家の制作行為は、ある理念を物質的な素材のもとに実現するという点で、神の創造行為と類比的なのであって、芸術作品はいわば宇宙の似姿なのである。

　以上が、『芸術哲学』において前提とされている同一哲学的な発想である。そのうえで確認すべきは、同講義における有名な芸術ジャンル論である。シェリングはそこで、様々な芸術を大きく二つの系列に分類している。一つ目の「実在的系列」は、特殊のうちに普遍を含み込んでいる造形芸術（音楽・絵画・彫刻）を、もう一つの「観念的系列」は、特殊から無限をつくりだす言語芸術（抒情詩・叙事詩・劇）を指している。前者の系列においては、音楽よりも絵画が、絵画よりも彫刻が、実在と観念とのあいだの無差別的な統一の高みにいっそう近く、それに対して後者の系列においては、抒情詩よりも叙事詩が、叙事詩よりも劇が、無差別的な統一をいっそう実現しているとされる。

　ここで重要なのは、シェリングが「劇」、なかでも「悲劇」のことを、同一性を体現した最高の現象であるとみなしている点である。シェリングは「悲劇」の本質について次のように述べている。

> よって悲劇の本質的なものは、主体における自由と客観的なものとしての必然性との実際の争いであり、その争いは一方または他方に屈することによって終わるのではなく、両者が勝利すると同時に打ち負かされたものとして、完全な無差別において終わるのである。（SW V, 693）

「無差別 Indifferenz」という同一哲学期のキーワードを別にすれば、ここで言われていることはほとんど、先述の『哲学書簡』の反復である。つまり、悲劇の英雄が自らの自由なる意志でもって、あえて運命に挑んで敗北し、それを受け容れるところに、自由と必然性との対立が和解する境地が現出するとされている。それに続く箇所でシェリングは実際、「自由意志の表明とともに没落していくこと」が「自由の最大の思想」であると確認したうえで、このことはすでに『哲学書簡』のなかでも述べたと自身で断っている（SW V, 697）。

ただし、ここで興味深いのは、その手前の記述である。シェリングはそこで、必然性と自由とのあいだの葛藤は、「個人」という「人格」を通じてはじめて経験されると述べている。

> 必然性と自由は、普遍的な概念として、芸術のなかで必然的に、象徴的に現われ出なければならない。そして、人間の自然本性だけが、或る面では必然性に屈服しているが、他方では自由の能力をもってもいるので、両者は人間の自然本性のもとでその本性を通して象徴化されねばならないのである。なおここでいう人間の自然本性そのものは、諸個人を通して表現 dargestellt されねばならず、自由と必然性とが結び合わされた自然本性として、人格 *Personen* とよばれる。ところがまた、人間的な本性のなかにしか、自由が敗北することなく必然性が勝利し、その逆に、必然性の成り行きが挫かれることなく自由が勝利する、という可能性の諸条件は見出されない。というのも、必然性によって敗北するこうした人格は、心術 Gesinnung を通してふたたび、必然性のうえに立つことができるからであり、それによって、打ち負かされると同時に打ち負かすとい

う両者が、最も高次なる無差別において現われ出るであろう。(690-1)

ここにおいて、『哲学書簡』の末部で述べられていたことが、「個体性」というテーマのもとに再述されていることはいうまでもない。つまり、必然性と自由とのあいだの葛藤は、誰にでも当てはまる一般法則のように語られるべきではなく、諸個人が自らの特性や性格、性向、素質、傾向性でもって実際に体験することによってはじめて、自分なりの仕方で乗りこえることができるのである。このような固有の経験を踏まえてはじめて、「諸個人」は「人格」へと陶冶されるのである。

なおここで用いられている「心術」のニュアンスにも注意が必要である。日常的な文脈では、それは心のもち様や心性を大まかに指しているが、カント以降、そこにはさらに道徳的とも宗教的ともいえる独特の意味合いが付与されている。[26] カントが『たんなる理性の限界内の宗教』のなかで、人が悪の性向から逃れて道徳的に進歩するためには「心術の革命[27]」が必要であると説いたことは有名である。

カントはそれを道徳的進歩や宗教的回心と並べて論じる傾向にあったが、それに対してシェリングに特有なのは、この「心術」概念を芸術的崇高との関連で用いているところである。『芸術哲学』のなかでかれは、「無限を有限の内へと構想すること」が「崇高」であると定義したうえで、「すべての崇高は、自然か心術かのいずれかである」と述べている(SW VI, 461-2)。つまり、シェリングにとって「心術をもつ」ということは、有限のなかで無限を感じ取る心性をもっていることだと言い換えられよう。なおここでシェリングが、そうした心性の持ち主としてギリシア悲劇の英雄たちを念頭に置いていることはいうまでもない。

以上が、シェリングによるカントの「心術」概念の応用である。本書の文脈でおさえておくべきは、ここで用いられた「人格」や「心術」ということばが、後にかれの政治論のなかでも重要な意味をもつようになるという点である。[28]「第3章」の内容を先取りして言えば、一八四〇年代末という晩年の政治論においては、「心術」を発揮する「人格」の集まりによって形成される「社会Gesellschaft」が現実の国家を超え出ていく可能性が唱えられることとなる。

2　哲学の彼岸としての信仰——エッシェンマイアーの「非哲学」構想

『哲学書簡』以来、「自由」と「個体性」のテーマは、一見して明瞭なかたちでは表出していなかったが、『芸術哲学』を講じていた頃の関心の中心にふたたび浮上した。そのきっかけとなったのは、シェリングにとって最も重要でかつ継続的な対話相手であったエッシェンマイアーとの論争である。以下では、エッシェンマイアーとの対決がシェリング哲学の「個体性」のモチーフ形成に

(26)「心術Gesinnung」にかんしては、邦訳においても「心構え」や「心情」など様々な訳が候補として挙げられるが、英訳においても“disposition”や“attitude”や“conviction”など、複数の訳が試みられている。英訳の事情については、Palmquist (2015)を参照。
(27) Kant (VI, 47).
(28) この概念をシェリングは神学院時代から、パウロ書簡の研究をするなかで、イエスの道徳的な心性を言い表すためにも頻繁に用いている。Arnold (2019)を参照。なお政治論との関係については本書「第3章」を参照。

とって持った意味について考察する。

まずはエッシェンマイアーが何者であるのかを最低限確認するところからはじめたい。A・F・エッシェンマイアー（一七六八～一八五二年）は、シェリングと同じヴュルテンベルクの生まれで医学研究を志し、一七九六年にはテュービンゲン大学で医学の学位を取得している。一八一一年にはテュービンゲン大学の員外教授として招聘され、一八一八年以降はしばらく正教授としてそこで教鞭をとった。研究者のヤンツェンは、研究活動の特徴に沿ってエッシェンマイアーの歩みをおおまかに四つの時期に分けている。(29)

①カント哲学から出発し、シェリングとの関連で超越論哲学に従事していた時期（一七九六～一八〇一年）
②哲学への批判と、「非哲学への移行」の時期（一八〇三～六年）
③テュービンゲンにおける大学教育期（一八一一～三六年）
④動物磁気や超心理学に取り組んでいた時期（一八一六～二八年）

③と④では重なっている時期もあり、全体としてやや大雑把ではあるが、本書において重要なのは①と②の時期であることが確認できればよい。シェリングとエッシェンマイアーは、この①の時期から③の初頭にわたって、たえず議論を繰り広げていたのである。中島新の整理を踏まえることで、(30)一〇年ほど続いた、シェリングとエッシェンマイアーとのあいだの論争はさらに三つの段階に

分けられる。

A：超越論哲学と自然哲学の関係をめぐる論争（一七九九～一八〇一年）
B：哲学と非哲学の関係、そして「個体性の存立根拠」をめぐる論争（一八〇四～五年）
C：シェリングの『自由論』をめぐる論争（一八一〇～一二年）[31]

両者のあいだの交流は、一七九九年にシェリングの方がエッシェンマイアーに手紙を送り、自らが編集する『思弁的自然学雑誌』への寄稿を依頼したところから始まる。以前よりシェリングはエッシェンマイアーから影響を受けており、とりわけポテンツ論を展開するうえでは、エッシェンマイアーの議論に依拠していた。この依頼に応じるかたちで執筆されたのが、エッシェンマイアーによる「自発性すなわち世界霊、あるいは自然哲学の最高原理」という論文（一八〇一年、『思弁的自然学雑誌』に掲載）である。それをきっかけにまず起こったのが、Aの論争である。

この内容については、必要最低限の範囲で確認しておきたい。[32] 当時のシェリング哲学に対して

（29）Jantzen（1994）を参照。
（30）中島（2015）を参照。
（31）Cの論争についてはここで扱うことはできないが、その論争の概要を再構成したものとしては、Wirth（2016, Appendix B）を参照。
（32）中島（2015）による再構成を参照。

エッシェンマイアーが抱いていた最たる疑問は、ほとんど同時平行で進められていた自然哲学と超越論哲学とのあいだの関係である。あくまでカントやフィヒテの超越論哲学の枠内で自然哲学を位置づけようとしていた当時のエッシェンマイアーからすると、シェリングの自然哲学はそうした枠組みからの逸脱のようにみえたのである。そこでエッシェンマイアーは、シェリングの哲学が自然の力動性のうちに前提としている「生成の原理」よりも、精神の「自発性」にこそむしろ優位があり、自然の生成に対して精神が拮抗し、制限を与えることができると考えていた。それに対してシェリングは、エッシェンマイアーとのやり取りを開始していた当時からすでに、徐々に超越論哲学からは距離を置き、さらには超越論哲学と自然哲学とのあいだの「並行論」的な関係にも飽き足らずにいた。なによりここでの対立は、シェリングを同一哲学に向かわせるきっかけの一つになったといっても過言ではない。

ここまでがA段階の議論である。それ以降、シェリングが同一哲学の構築へと向かったことにかんしては何度も確認してきた通りであるが、重要なのは、そこから先のエッシェンマイアーの方の歩みである。あくまで超越論哲学に即してきたエッシェンマイアーであったが、そこから徐々に、哲学そのものの「限界」を指摘するようになる。こうした変化のなかで出版されたのが、『非哲学への移行のなかの哲学 *Die Philosophie in ihrem Übergang zur Nichtphilosophie*』（一八〇三年）である。

そこでエッシェンマイアーは、シェリングの同一哲学によって、反省の哲学は理性の哲学へと高められたが、哲学が完遂するためにこうして踏み出された最後の一歩は、哲学の放棄、すなわち宗教ないし信仰という「非哲学」への跳躍でなくてはならないとした。なおここには明らかに、いかなる哲学も最終的には無神論にいたるとして、「信仰」への「飛躍」の必要性を説いたヤコービ[33]からの影響が見て取れる。エッシェンマイアーはその冒頭から、次のように述べている。

認識の限界を見出すという使命の尊大さを見誤る者がいようとも、こうした使命が哲学のなかでも最も高次なものであることには疑いようがない。ある限界を見出すためには概して、それを乗り超えていかなければならないのだ。というのも、別のものが入り込んできたときに限界を定めていたものが消滅することにわたしがただ気づくことによって、あるものがわたしにとっては限界へと転じるからだ。〔…〕認識の限界を超えたところにあるものは、二度と認識ではありえない。あるものが認識の限界を超えたところにあるのかどうか、そのようなものがどのようにすれば手に入るのかということがまさに、この論考の対象なのである。[34]

「認識の限界」を超えたところにあるものは何なのか、そしてそれにはいかにして到達できるのかを考察するというのがこの著作の目的であるという。そのうえでの同伴者となるのが、哲学の「限界」を徹底して突き詰めた最近の二人の哲学者である。

（33）ヤコービの『スピノザ書簡』とりわけ「第三版序文」（ヤコービ 2018, 20）を参照。
（34）Eschenmayer（1803, Vorbericht）.

わたしたちの哲学的立法者であるフィヒテとシェリングが、現代のわたしたちにとって望むべきものはもう何も残らないほどに、哲学の最も高次なる諸問題をある仕方で準備し、さらには導き入れ、部分的には自ら解決もした。わたしがここで望むのは、それと似たことを非哲学のためにおこなうことである。[35]

両者に対するエッシェンマイアーの評価は両義的である。つまり、フィヒテとシェリングの哲学構想の内容自体にエッシェンマイアーは異議があるわけではないが、その思弁的な構想は最後には宗教や非哲学のことばで捉えなければならないとされている。

3　絶対者を力動化する―『哲学と宗教』を読む（1）

それに対して真っ向からの批判を試みたのが、シェリングの『哲学と宗教』（一八〇四年）である。この著作はその名前の通り、哲学と宗教とのあいだの関係を論じたものであるが、エッシェンマイアーのように哲学から宗教への「移行」を唱えたり、両者を対立的に捉えたりはしていない。むしろ哲学と宗教という両者は、元はといえば同じ一つのものであったことに焦点を当てるというのが、シェリングがこの書で目指すところである。[36] こうすることでシェリングはあくまで「哲学」を擁護し、エッシェンマイアーだけでなく、かれが依拠するヤコービとその信奉者たちにも論駁を試みているのだ。[37]

『哲学と宗教』自体は、「緒言 Vorbericht」でも記されているように、一八〇二年に公刊した対話篇『ブルーノ、あるいは諸事物の神的原理と自然的原理について』に続く第二の対話篇として刊行される予定であったが、「哲学を信仰によって補完しようとしている」(SW VI, 13) エッシェンマイアーの著作にすぐさま応答する必然性に駆られて発表された。当時のシェリングにとって、エッシェンマイアーに対して公に批判を試みることが、それほどまでに差し迫った課題だったのである。

著作の内容に入っていこう。シェリングはまず「導入 Einleitung」において、古代における哲学と宗教との蜜月的な関係を振り返るところから議論を開始している。シェリングが考えるに、プラトンをはじめとした最初期の哲学者たちが生きた時代には、哲学と宗教は公から隔離された「秘儀」として「共同の聖殿」(SW VI, 16) を築いていたという。

それから時代を経て、宗教はますます「公開的 öffentlich」になり、人間の内なる「通俗的な知を超え」ようとする衝動は宗教の手を離れてむしろ哲学のものとなっていった。つまり、宗教は公

(35) Eschenmayer (1803. 同).

(36) このような両者の対立を、ワースは、一八〇六年に『世界霊』第二版へ加えられたシェリングの次のようなことばのなかに見て取っている。「内在や超越などはまったくもって空虚なことばにすぎない。なぜならば、それらは自ずからこの対立を放棄して、そのなかですべては神によって充足された一なる世界へと合流するからである」(SW II, 377)。このようにして、シェリングは超越性を回避している。ワースはこの箇所を参照しながら、エッシェンマイアーとシェリングの違いについて、次のように述べている。「エッシェンマイアーのような思想家たちは、長きにわたる伝統にしたがって、神を高き heights に求めたが、シェリングは神を深き depths に求めたのである」(Wirth 2016, 116)。

(37) 後年の『近世哲学史講義』においてもシェリングは、このような視点からヤコービを再批判している。「哲学そのものの内部で、知から信への移行 Uebergang von Wissen zu Glauben はあるでしょう」(SW X, 181)。

的なものとなり、哲学だけが私的なものに仕えることとなったのである。こうして宗教はかつてのように「真理」へと迫る力を失い、かといって哲学のほうは、宗教との「偽りの宥和」を図るために、超越的なものについて思考することを放棄し、独断論の「信仰」に自らの席を明け渡すことになった（17）。こうした哲学の撤退現象を如実に言い表しているのが、昨今ではエッシェンマイアーの「非哲学」構想であるというのが、シェリングの同時代に対する見立てである（18）。

エッシェンマイアーにとっての「絶対者」は、「認識が消滅する」ところで立ち現れるのであって、あくまで「知」の外部に君臨するとされる[38]。それに対してシェリングは、「哲学はつねにかの絶対者の内にあり、絶対者が哲学から逃げ去る恐れなどない」と応戦している（20）。続けて次のようにいう。「わたしは、宗教の独断論や信仰という非哲学がわがものとしてしまった諸々の対象を、理性と哲学に返還するように要求する」（同）。

以上のような意図を「導入」で確認したうえで、シェリングは本論に入る。ここまででも見てきたように、シェリングが一貫して批判しているのは、「絶対者」を理性や哲学の外部に措定し、それらを放棄することでその外部に到達することができるという一種の思考のモデルである。シェリング自身はここで触れていないが、こうしたモデルは『哲学書簡』で批判されていたテュービンゲンの正統主義神学にも見て取れる。こうした「独断主義」の立場に対して、シェリングはあくまで「哲学」を一貫して擁護しようとする。シェリングの立場は以下に見事に要約されている。

あらゆる独断論的な諸体系や、同様に批判主義や知識学の観念論においても、絶対者の実在性が、しかも観念性の外部にそこから独立的であろうような実在性が、論じられている。それゆえに、これらすべての体系においては、絶対者を直接的に認識することは不可能である。（27）

これらの立場はいずれも、絶対者という理念を、哲学や理性的認識が一定程度可能となるために利用し、想定している、とシェリングはこの直後で確認したうえで、自分の見解を述べる。

ところが、事実は逆であって、哲学することはすべて、絶対者という理念が生きたものとなったときはじめてそれとともに始まるし、またかつてもそうだったのである。（同）

「絶対者の理念」が「生きたもの」となることではじめて哲学は始まる。これこそが、『自由論』へと引き継がれるシェリングの根本テーゼである(39)。繰り返しになるが、シェリングが最も忌避している思考のモデルは、図式的にいうと、わたしたちにとっての此岸に力動的で精神的な主体があって、それが運動発展していくことで、わたしたちにとって向こう側の彼岸に横たわる客体そのものにいつかたどり着ける、といった調和的で目的論的な想定である。こうしたモデルが問題であるのは、まず第一に、向こう側に措定された客体や実体が硬直した「死んだ」もののように捉えられて

（38）Eschemayer（1803, §33）.
（39）シェリングは後述するように、『自由論』において「絶対者」を「苦悩する神」として描く。詳しくは、本章の「第4節」を参照。

しまうからであり、第二には、主体の側に力動性や発展性がそなわっているそもそもの根拠が不在となってしまうからである。シェリングの診断によると、信仰や予感を強調する「宗教」の側（独断主義）も、理性や認識を強調する「哲学」の側（批判主義）も、こうしたモデルに陥ってしまっているというわけだ。これらの立場を批判してシェリングが同一哲学に行き着いたのは、こうした二つの問題を同時に解決するためであった。

つまり、ここでいわれているように、主体と客体、精神と自然とのあいだの「絶対的同一性」が「生きたもの」として叙述されるのであれば、精神の向こう側にあるとされる対象もまた精神の一部であり、それがまた力動的な自然でもあるので、運動発展の可能性とその根拠も保証されていることになる。なおこうしたシェリングの「同一性」概念を、解釈者のライストナーが「絶対者の叙述媒体 Darstellungsmedien」であると説明しているのは、的を射ているようにおもわれる。[40] こうしていわば、「此岸と彼岸との二項対立図式」[41]が批判されたうえで、さらに認識発展の可能性までもが確保されるのである。やや先取りして言えば、『自由論』のシェリングが、信や知を超えたところに「意欲」を置くようになるのも、こうした模索の発展形だといえよう（「意欲こそが存在の源である」SW VII, 350）。

4　個体化論としての「堕罪」――『哲学と宗教』を読む（2）

こうした根本前提に立ってみると、そこから先の記述も理解しやすくなる。なかでも、どうしてシェリングが学士論文の際に論じた「堕罪」のテーマを、同一哲学の次元でここでもう一度論じるようになったのかということにも、一定の理解が得られよう。シェリングはここで、思弁的でかつ汎神論的な語り口でもって、すべての事物が絶対者の内部にあって、わたしたちの認識活動すらも、絶対者が自らを認識していく過程であると、つまりは、「かの絶対者の自己表象」(34) であるとしている。

絶対者は、形相においてその本質性の全体を、自らがそこで客観的となるその当のものの内へと移し入れるのである。絶対者の自律的な産出活動は、実在的なものの内へと自己自身を形像化し、直観化することであり、またこのことによって、この実在的なものは自立的であり、第一の絶対者と同じく自己自身のうちにあるのだ。〔…〕もろもろの観念もまた、必然的に、ふたたび同じ仕方で産出的である。それらもまた、絶対的なもののみを、ただ理念のみを産出する。それらから現われ出る諸々の統一がそれら理念にかかわるあり方は、まさにそれら理念が根源的統一にか

(40) Leistner (2014, 110) を参照。
(41) ルカーチ (1968, 187-194) は、『哲学と宗教』について、自然哲学を中心とする進歩的な青年期の思想から、宗教を絶対とする反動的な後期思想への転換点とみて批判している。とりわけルカーチは、シェリングがこの著作においてエッシェンマイアーに応戦しつつも、その実としては信仰による彼岸への跳躍というモチーフに惹かれ、神秘的で硬直的な絶対者理解に堕したとみなしている。しかし、本書でもみている通り、シェリングは哲学にたいする宗教の優位を唱えたわけではまったくないうえに、「絶対者」をよりいっそう動態的に捉えるための方途を堕落論や人間学によって模索した。その方途は、『自由論』においてより徹底したかたちで展開される。

かわるあり方と同様である。これこそが真の超越論的神成論 Theogonie なのである。(34f.)

絶対者は自らの原像を形相のもとに映し出している。ところが、その形相自体も絶対者の一部であるために、理念と形相は根源において統一されている。ただし、両者はまったく同じであるわけではない。つまり、「産み出されたもの das Gezeugte は産み出すもの Zeugenden に依存しつつ、にもかかわらず自立的である」(35)。シェリングはこのことを以上の箇所から言わんとしていた。「産み出すもの」と「産み出されたもの」とが互いに何の交渉もなく完全に独立しているのならば、わたしたちは「産み出されたもの」を手がかりにして、理念や原像について思考することができなくなってしまう。他方、「産み出すもの」が「産み出されたもの」を完全に従属下に置いているのであれば、「産み出されたもの」である被造物(そこには人間も含まれよう)のうちには「自由」が失われてしまうこととなる。そうしたいずれの道も退けるために、シェリングはここで「依存しつつ、にもかかわらず自立的である」ような両者の関係を模索しているのだ。

しかし、それでも「産み出すもの」と「産み出されたもの」とのあいだの関係には、十分な説明が与えられているだろうか。シェリング自身、その不十分さを補うためか、そこから語り方を変えて、「堕落 Abfall」について論じはじめる。

ここでまずシェリングは、歴史上これまでにも、「知性界の最高原理」と「有限な自然」とのあいだに「一つの連続的な関係」をつくりだすための試みが無数に存在したことを喚起している(35)。なかでも最も有力なのが、新プラトン主義以来のいわゆる「流出論」であるが、シェリングにとってそれは耐え難いものであるという。というのもそこでは、「有限なるもの」が無限の単なる「欠如」として消極的に規定されているに過ぎないからである（35f.）。この点は後にヤコービとの論争でも問題になるのだが[42]、シェリングはあくまで「有限なるもの」のなかに無限や永遠へといたる根拠と契機があることを積極的な仕方で擁護する必要に駆られていた。そうでなければ、この世界には、何ら新しいもの、ヌーヴムが産み出されるための余地 Spielraum が失われてしまうからだ。

シェリングがここで立たされている状況は、またしても二つの課題を同時に解決することをかれに求めている。まず第一に、無限と有限とのあいだの同一性を確保しなければならない。しかし――第二には――、その確保の仕方は、ヌーヴムが産まれるための潜勢力をも内在的に含んでいなければならない。なおこの二重の課題は、絶対者の内には「自由」が存在しなければならない、というかたちでも別言されている（39f.）。

「どのようにして哲学は、もろもろの事物に神への何らかの積極的な関係を与えることができるであろうか」（38）と、シェリングは問う。諸事物は神ないし絶対者の内に揺蕩《たゆた》い安住しながらも、そこから発展する可能性を保持していなければならない。そこで鍵となるのが、「堕落」の主題である。つまり、諸事物は神の内にありながらも、同時に、神に反発するための根拠をもってもいるというのだ。それがゆえに、永遠なる精神界から自然の諸事物は離反するのである。

ベーメやバーダーの神秘主義思想に十分触れた後の『自由論』のシェリングであれば、その根拠

（42）『自由論』以降の両者の論争については、後藤（2010）を参照。

Grund に「神の内なる自然」という名前を与えることができたが、この時点ではいまだ明確なことばを獲得してはいない。さらにいえば、この諸事物がもつ自然と神とのあいだの中間性が、『自由論』以降には、人間や人格として明確に説明されることになる。[43] しかし他方、ここですでにシェリングがそうした人間学的発想を意識していたこともたしかである。かれは次のように述べている。

根源的統一、すなわち第一の対像が、写像化された世界そのもののうちへ落ち込むところでは、それ〔自我性 Ichheit〕こそが理性として現われ出るのだ。というのも、知の本質としての形相は、根源知、根源理性 *Urvernunft*（ロゴス）そのものであるからだ。しかし、その産物としての実在的なものは、その産み出すものと同じであり、したがって、実在的な理性であり、また堕落した理性としての悟性 *Verstand*（ヌース）なのである。（42f.）

絶対者の写像としてのこの世界にはロゴスがそなわっており、それは「自我性」でもあると言われている。この直前の箇所でシェリングは、フィヒテが有限者の意識の原理を「事 - 象 That-*Sache*」ではなく「事 - 行 That-*Handlung*」によって捉えたことを大いに評価している（42）。フィヒテはあくまで意識についてのみ、行為のモデルで思索するよう促したが、シェリングはそうしたモデルを絶対者とその被造物たる世界との関係に当てはめるように示唆しているのだ。つまり、絶対者は絶えざる「行い Handlung」という産出行為によって世界を創造しているが、それは自らの像を写像化することでもあるので、この世界にはその過程でロゴスが受肉化されていくこととなる。

それがゆえに、同じく被造物であるわたしたち人間にも、世界を読み解く可能性が残されているのだ。

別の言い方をすれば、絶対者はわたしたち人間という「対像 Gegenbild」を通して、まるで鏡のように自らの姿を直観し、確認する(49)。その意味で、わたしたち人間の認識活動は、絶対者自体の自己認識活動の一環なのであり、このことを大胆に言いかえれば、絶対者はいまだなお自らの同一性《アイデンティティ》を捉えられないでいるのだ。なおこのことは、「魂」が「自然」という「瓦礫」のうちに「光」という精神を見いだすことと同様であるとシェリングは述べている(同)。つまり、神にとって人間は、神が自らの光を確認するために必要とする鏡としての「瓦礫」なのである。

5 回帰する独断主義としての「非哲学」に抗して——『哲学と宗教』を読む(3)

以上のようにシェリングは、絶対者にかんする自らの理解と、絶対者と有限な諸事物とのあいだの関係を、同一性概念や堕落論によって説いてきた。ここまで準備したうえでシェリングは、エッシェンマイアーに対する論駁をようやく開始する。シェリングによる以下の批判は、単に両者の見解が異なることだけを示しているわけではなく、シェリング自身がかれとの相違を見出すことで自らの見解を練り上げているがゆえに、かれが当時考えていたことを理解するうえで有意義である。

(43) このことは、シェリングにとってプロメテウスの神話がもつ特権的な意味と関係している。神に属しながらも、神の被造物である人間の側に見方をしたプロメテウスの「悲劇」は、まさに人間の中間性を象徴してもいる。シェリングのプロメテウス解釈については、ブルーメンベルク(2011, 692-702)を参照。

筆者の理解に従ってここでの記述を整理すれば、シェリングは主に二つの点でエッシェンマイアーの「非哲学」構想に不満を抱いていたといえよう。第一は、エッシェンマイアーが「絶対者」の位置づけを過小評価している点（I）。第二は、エッシェンマイアーにおける、徳と浄福との関係について（II）。これらはいずれも、エッシェンマイアーが永遠や無限なるものを、わたしたちとは切り離された向こう側に端的に措定してしまっていることにかんする批判としてまとめ上げることはできるが、理解のために腑分けして順番にみていきたい。

（I）第一の点について。この点は、エッシェンマイアーの『非哲学』第六〇節に対する応答である。エッシェンマイアーはそこで、シェリングの同一哲学を念頭に置きながら、「絶対的同一性のもとでは認識の圏内におけるあらゆる対立が廃棄される」ことを認めたうえで、だとすると、「此岸と彼岸という主要なる対立を超え出ることは不可能である」と述べている[44]。ここでいう「此岸」が「現象界や有限なる意識」のことであるなら、シェリングもかれの見解を否定する気はないという（50）。しかし、エッシェンマイアーは「此岸」を、「認識のなかで有限なるものに繋がれている意志という、牽引的な重み」と規定しており[45]、シェリングはエッシェンマイアーがここで何を指しているのか理解できないと率直に吐露している（51）。

そこからシェリングは、やはりエッシェンマイアーが「絶対者」ということばのもとに、「必然性」による支配のニュアンスを付け加えようとしているのではないかという疑念を呈している。シェリングにとって、あらゆる対立を廃棄する「絶対的同一性」は、そのまま「必然性」を意味するわけではなく、その反対である（とされる）「自由」にたいする根拠をも与えるものでなくてはならない。その意味でエッシェンマイアーの考える「絶対者」は、シェリングにとっては「引き下げられた herabgesunken」[46](51) ものなのである。そしてシェリングは、「必然性と自由との同一性」を認識することが真の道徳のはじまりであると論述を進める (53)。こうした認識に仕えることが学であり、宗教であるというのが、ここでのシェリングの要諦である。

(II) そこからシェリングは、自らに対するエッシェンマイアーの批判を引用している。それは次のようなものである。

> シェリングは、叡智的な極点、あるいはもろもろの理性的存在者の共同体――それはわたしたちの理性体系の必然的な構成部分をなすものである――については、その著作のどこにおいても明瞭かつ詳細には触れておらず、またそのことによって、根本理念の一つとしての徳を理性から排除しているのだ。[47]

エッシェンマイアーによるこうした批判は、本書全体にとっても重要な意味をもつ。つまりかれは、シェリングの哲学には「共同体」にかんする言及がなく、理性的存在者である人間たちによる

(44) Eschemayer (1803, § 60).
(45) Eschemayer (1803, 同).
(46) 現代哲学に馴染みのことばでいえば、「デフレ化」とも言い換えられよう。
(47) Eschemayer (1803, § 86; SW VI, 54).

実践的活動にかんする分析が損なわれているというのだ。ここにはある種の、シェリングに対する「非政治的」なイメージの先駆が見て取れるかもしれない。

こうした批判に対してシェリングはまず第一に、「ある哲学が非道徳であることに訴えかける」（54）ことで、その哲学体系を批判することの無思慮さを指摘している。なかでも「徳を理性から排除した」というエッシェンマイアーからの指摘にかれは不満を表明している。かれに指し向けられたこのことばはそのまま、エッシェンマイアー自身にまさに当てはまるのではないか、というのがシェリングの疑問である。というのも、かくいうエッシェンマイアーもこの著作において、まさに「理性的存在者の共同体について触れていない」のであって、かれ自身の理屈によるなら、そうした軽視はすぐさま「徳を理性から排除する」ことを（エッシェンマイアーによれば）帰結することになるからだ（54）。

エッシェンマイアー自身、この著作のほかのところでは、「徳はまた真にして美しく、真理もまた有徳にして美しく、かくして美は徳や真理と姉妹のごとく結びついている」[48]と述べている。そのことに触れてシェリングは、エッシェンマイアー自身が「同一性」のもとで真理と徳と美とが、互いを排除せずに共存していることを認めているではないかと応答している（54f.）。

この直後の箇所で、シェリングがこの点にこだわる理由が明らかとなる。かれは次のように述べている。

浄福は徳のひとつの偶有性ではなくて、徳そのものなのである。依存的な生を生きるのではなく、

法則に適いながらも同時に自由であるような生を生きることこそが絶対的な道徳である。（55）

シェリングはここで、「徳なる行為で以て自らの浄福を得ようとする」立場を批判している。いわば徳と浄福のあいだには交換関係など成立せず、両者は神のもとでの同一物なのである。なお引用冒頭部が、本章の「第1節」でも取り上げた『エチカ』の一節を念頭に置いていることは注目に値する。つまりシェリングは、テュービンゲン正統主義神学を批判するために『哲学書簡』で用いたこのことばを再度引き合いに出すことで、正統主義神学の独断主義的な立場を非哲学のあり方に重ね合わせているのだ。そしていずれの見解も実際に、知が及ばない彼岸を都合よく道徳の正当化に用いているという点で共通する。

以上を経てシェリングは最終的に、自らの立場にかんしてプラトンの『パイドン』に依拠することで、論述を終えている。いうまでもなく『パイドン』は、ソクラテスが死ぬ直前の状況を描いたもので、そこでソクラテスは死後の世界について弟子とともに語り合う。シェリングは、プラトン(49)が死後の世界においては三種類の人間が区別されることをそこで具体的に描いている点に注目している。①第一の人びとは罪人として裁かれる人たちである。かれらは「物質の汚泥のうちに沈み込み、地下の世界に隠される」（62）という。②第二の人びとは地上において敬虔に生きた者であって、

（48）Eschemayer（1803, § 88; SW VI, 54f.）.
（49）プラトン（1975, 114B-C）を参照。

かれらは地上から解放されて「清らかな領域」へとたどり着くことができる（62）。かれらはいわば、肉体という有限性から解放されて、永遠性と不死性の領域へと招かれるのである。③第三の人びとは、「知恵への愛によって十分に浄化されているひとびと」であり、かれらは「肉体を伴うこともなしに未来全体を行き、先の人びと〔＝②〕よりもなおいっそう美しい住まいを定める」（同）ことができるのだという。

シェリングが暗に、「非哲学」ないし「独断主義」の立場に②の人びとを重ね、あくまでも「愛知」としての哲学――そしてそれは本来、宗教と同じものである――に仕える自らの立場を③のソクラテス的な生き方と重ねていることはいうまでもない。②の立場はあくまで「彼岸」への移行、「浄福」への到達に固執しているが、③の立場は「知への愛」によって「此岸」にありながらも――厳密に言えば、そこではすでに「此岸」と「彼岸」の区別すらも放棄されているのだが――自らが有限であることや死すべき者であることに充足しているといえる。「わたしたちの見方全体からして、永遠性はすでにこの世で始まっており、あるいはむしろすでに現に存在しているのだ」（64）。

ここまでで『哲学と宗教』の内容を、とりわけ論争相手のエッシェンマイアーへの応答に注目しながら再構成してきた。シェリングのここでの要諦は次の通りである。シェリングは一貫して、哲学から非哲学への、知から信仰への、あるいは、観念から実在への飛躍や移行をエッシェンマイアーの立場に重ねて否定した。いや、より正確に言えば、その移行があくまで質的なものではなく、「絶対的同一性」の保証のもとになされるべきであることをシェリングはここで強調している。そうでなければ、人間の「知」による発展的活動もなんら不可能となってしまう。しかし、その支えとしての「同一性」が固着したものであるのなら、最終的にはそうした知の運動もそこに解消されてしまう。それがゆえに、シェリングにとっての哲学の使命は、「絶対者」を生き生きとした動態的なものとして描くことにあったのだ。この自覚は、その後の『自由論』においてよりいっそう鮮明となる。

なお同時にシェリングは、哲学と宗教とのあいだの関係を、エッシェンマイアーのようには素朴に分離せず、むしろ両者を同一性のもとで捉えることで、知と信とのあいだの統一や和解をわたしたち「理性的存在者」が確証するにいたるまでの、高次なる「知」の過程を叙述しようとした。その後の『自由論』に引きつけていえば、こうした知の運動性を叙述することでシェリングは、わたしたち人間が「根源悪」を抱えた有限な存在であるために、特定の出発点に固執してしまう性向をもってはいるものの、そうした自己への固執から歩み出て知的活動が可能になるための条件を問うているのだ。

このように再構成してみると、シェリングが後年の『自由論』と『シュトゥットガルト私講義』（一八一〇年）において、いっそう人間学的な方法論に向かった背景も明らかであろう。『哲学と宗教』の時点ですでに、シェリングは当時の精神医学や生理学を大いに学んではいたが、ここでの「同一性」分析はやはりいまだ「形而上学」に留まっているようにおもわれる。シェリングはそのことをよりいっそう経験的な次元で——あるいは本書のことばでいえば、「個体性」の次元で——叙述する必要を感じていたのではないだろうか。

こうした歩みを経てシェリングは、人間の知的な活動が「根源悪 das radikale Böse」や「意欲 Wollen」、「狂気 Wahnsinn」といった非合理的なものと表裏一体であることに、深く立ち入っていくことになった。こうしてみると、一般に「神秘主義的な色彩を強めた」とみなされる一八〇四年以降のシェリングの歩みには、思想発展上の必然性があったのではなかろうか。

6 『哲学と宗教』における国家論――秘儀性の行方について

『哲学と宗教』の本論をみてきたが、この著作にはやや唐突にも、最後に「付論――宗教が存在するその外的な諸形式について」というほんの数頁の小論が添えられている（SW VI, 65-70）。本論においては「哲学と宗教」との関係が問われていたが、ここでは「国家と宗教」との関係が論じられている。まずはこれについてシェリングが記した背景を考察した上で、内容の読解を進めたい。

シェリングはなぜここで、たとえほんの数頁という不十分なかたちであっても政治論を語る必要があったのだろうか。考えられるのは、共同体論が欠如しているというエッシェンマイアーからの批判になんらかの仕方で応答しようとしたことである。エッシェンマイアーが、シェリングの哲学には「共同体」にかんする説明や言及がほとんどないことを批判していたことは、右でみた通りである。この批判についてシェリングは、それは謂れのない批判であると直接的には応えているが、他方で、『哲学と宗教』の他の箇所をみてみると、自分の分析が「実践哲学の領域」（SW VI, 29）には未だ十分にいたっていないことを弁明してもいる。よって、エッシェンマイアーからの批判に応えるかたちで急遽執筆された『哲学と宗教』という著作に、やや不自然ではあれ、シェリングが政治論ないし実践哲学の一部を含み入れようとしたことには一定の理由があるといえよう。

さて内容に入っていこう。シェリングはここで、精神と理念をつかさどる「神」と諸事物や感性をつかさどる「自然」とのあいだの相容れなさ、不調和を確認するところからはじめる。そこですぐさま、人間が「神」と「自然」とのあいだで中途半端に右往左往するのと同様に、「国家」もまた「第二の自然」としてその狭間にある不和を抱えた存在であることが確認される。

しかし神は、最上位の序列の統一として、あらゆる実在性のうえに卓越するものであり、また自然に対しては、永遠にただ間接的な関係をもつだけである。そこで今や、国家というものがより高次の道徳的な序列のうちにあって、第二の自然を表示するものであるとすれば、神的なものはこの国家に対しても、つねにただ観念的にして間接的な関係にあるだけであって、決して一つの実在的な関係には立たないだろう。(65)

そしてこれに続く箇所で、「宗教」と「国家」の関係が示されている。

ここからまた宗教は、最も完全なる国家のうちにあっても、もしそれが同時に無辜の純粋な観念性においてそれ自体を保持しようとするならば、ただ秘教的に、あるいは秘儀 *Mysterien* という形態において以外には存在することができないのである。/もしあなたがたが、宗教が顕教的で公開的な側面 eine exoterische und öffentliche Seite を同時にもつように欲するのであれば、あなたがたはこれを、一つの民族の神話や詩Poesie、芸術において与えることになるだろう。つまり本来の宗教は、その観念的な性格を銘記するならば、公開性を断念し、秘儀のもつ聖なる暗闇のうちに引きこもるべきなのである。(65f.)

この「付論」における主張は、およそここでの記述に要約されているといっても過言ではない。つまりシェリングは、宗教というものの真の姿は、誰にでもアクセスすることのできる公共的な形式を取るやいなや、その秘教的な潜勢力を失ってしまうがために、その本性からして、公開性を志向する「国家」によっては決して保持されえない、と主張しているのだ。またもし宗教がもつ秘教的な潜勢力を公のかたちで――顕教的な仕方で――保持しようとするならば、かろうじて「神話」や「芸術」がその役割を果たすことができるかもしれないともここでは述べられており、『芸術哲学』との関連が見て取れる。

しかし、『芸術哲学』とのわずかな差異にも注意が必要である。シェリングは続く箇所で、「神話」を次のように規定している。「真の神話は、もろもろの理念から成る一つの象徴体系であって、それはただ自然の諸形姿を通してのみ可能なのであって、無限なるものの完全なる有限化なのである」(67)。自然と理念、有限と無限の調和を象徴するものとしての「神話」というモチーフは、以前と同様である。ところがシェリングはここですぐさま、神話から隔たった世界を生きる「近代人」が「宗教」や「詩歌」を通して自然との調和を実現することはおよそ不可能である、と示唆してもいる(67)。いわば「無限」を「有限化」する必要性それ自体が、そもそもわたしたちが「自然」から隔たっていることの証であるとされているのだ。ここには、完成の思想に対するアイロニーと予防線が添えられている。

加えて興味深いのは、シェリングがここで民族を超えていくような普遍性を、公共性＝公開性とはむしろ対立するものとして描いている点である。通常の発想からしてわたしたちは、秘教性と公共性を区別する際に、普遍性を公共性の側に置くだろう。ところが、シェリングの図式においては、古代ギリシアの「秘儀」を例に、あくまで秘教性のほうに普遍可能性が位置づけられているのだ。たとえば、ここでシェリングが引き合いに出すのは、「エレウシスの秘儀」である。「エレウシスの秘儀」とは、古代ギリシアのエレウシス地域において、穀物の女神デメテルを祝うためにおこなわれた伝説的な秘儀式のことである。キケロの報告では、この秘儀にはギリシア以外の様々な辺境の民族も参加していたといわれている。[50] その実態は当然、秘儀であることからも詳しくは判明してはいないが、シェリングはまさに、その閉鎖性こそが「ギリシアの国境を越えてまで」（66）参加者を拡大させたという逆説的な事実に興味を示しており、ギリシア悲劇が描く「道徳美」もこの秘儀に根源をもつのではないかと示唆してまでいる。

以上のような洞察は、シェリングが神学院時代からヘーゲルたちとともに交わしてきた合ことばである「見えざる教会」という理念とも通底しているようにおもわれる。この「見えざる教会」で示される反権威的な精神の紐帯は、当然キリスト教の遺産から譲り受けたものであるが、ここで

（50） シェリングはキケロの報告に依拠している。（SW VI, 66）を参照。

シェリングはその由来をキリスト教以前の時代に求めているようである。(51)

それらを踏まえたうえでシェリングが論じるのは、国家の理想的なあり方ではない。あくまでかれは、宗教の外的な形式である「秘儀」が、「そこの国民の心情と精神そのものから生じてくる一つの公的機関」(68f.)とみなされるべきことを踏まえたうえで、「国家」はそうした宗教のあり方をあくまで外側から設立して、厳粛に維持するよう働きかけるべきであることを確認している(同)。

ただし同時に、国家が外側から、人びとのあいだに「法的統一」(69)をもたらすような仕方で、こうした宗教や秘儀にかかわることが潜在的に不可能であることもかれは述べている。というのも、「法的統一」とはちがって、「秘儀のうちには必然的に位階づけがある」(同)からだという。シェリングが言うには、「すべての人が同じ仕方で、それ自体で真なるものの直観に到達することはありえない」(同)のである。つまり、ある人はいまだに「最高の認識」へとむかうための「準備段階」にあって、肉体の次元にとどまっているのに対し、また別のある人は秘儀に参加することで徐々に「魂の安らかな道徳的体制を乱すすべてのもの」を弱めることができるようになっている、といった具合に、人びとのあいだで、身体と魂との、あるいは肉体と精神との関係のあり方が異なっているのだ(同)。

こうした事情からして、真の宗教や秘儀は、人びとのあいだに道徳的な精神階層を設けることを避けられないという。それに対して、国家はあくまで人びとのあいだの法的な平等性のみを保証する機関である。こうした宗教と国家とのあいだの相容れなさについて、シェリングは問題提起するだけで、そこから特に解決策やそれ以上の提案は示すわけではない。シェリングが最終段落において論じるのは、宗教が世俗の事態には惑わされず、「純粋に道徳的な作用」を備えるべきであるということだ。

避けられるべきは、宗教が「外的な支配や権力を要求する危険」に陥ることである。そしてさらにかれは、『哲学と宗教』の末部にふさわしく、哲学もまたそのような「聖別された人びと」によって担われることで、「宗教との永遠なる同盟」を築くことができるだろうと述べて、議論を閉じている（70）。ここには明らかに、後期シェリングのキーワードの一つである「哲学的宗教」の構想が予示されている。この点については、本書でも「第4章」において取り上げる。

第3節　同一性の形而上学と人格的倫理学との交差――『自由論』について

1　個体化論としての『自由論』――意志・悪・人格

本章では、シェリング哲学の特徴を一貫して、「完成性」と「個体性」とのあいだの葛藤として

(51) さらにここでシェリングは、「可死的となって受難する神」という発想をギリシアの秘儀が生んだことを評価している（SW VI, 68）。神に対するこうした発想は、『自由論』において、キリスト教の核心として描かれている。たとえば、（SW VII, 403f.）を参照。本書「第4章」でも示されるように、シェリングは一見キリスト教の優位を論じているようでいて、それが本来的には非キリスト教に由来していることもつねに強調している。

描いてきた。先述の通り、シェリング哲学の根本に「個体性」のモチーフを見て取る企ては、ヘーゲルによる同一哲学批判などを知っている者であれば、少し的外れに感じられるかもしれない。しかし、シェリングが初期の頃から、そういったモチーフを展開し続けていたことは、ここまでみてきた通りである。

たしかに、シェリングは『私の哲学体系の叙述』（一八〇一年）において、「絶対的同一性」という自らの概念について、誤解を受けやすい説明の仕方をしていた。たとえば、「存在する一切のものは絶対的同一性そのものである」（IV, 118f.）とか、「絶対的同一性の外部には何もない」（IV, 125）といった記述は、そこからは何も有限なるものや個別的なものが動的な仕方で現われ出てこないかのような印象を与えてしまう。本章の「第2節」でもみてきた通り、シェリングを高く評価していたエッシェンマイアーですらも、この点については誤解していたようである。エッシェンマイアーは、こうした同一性の絶対性を認めつつも、そこから逃れるための術を哲学の内部ではなく、その外部（かれのいう「非哲学」）に、つまり信仰に求めたのであった。

ところが、シェリングにとっては、『哲学と宗教』にあるように、「絶対者からの有限な諸事物の由来」（VI, 28）こそが、あるいは「堕落」こそが、あくまで哲学的に探究されねばならないのである。とはいえ、シェリング自身も認めているように、『哲学と宗教』においてそれは不首尾に終わってしまった（VII, 333f.）。前述の通り、『哲学と宗教』における「個体性」にかんする説明は、形而上学的な次元に終始していた。そこでシェリングは、『人間的自由の本質とそれに関係する諸対象についての哲学的探究』（一八〇九年、以下『自由論』）において、よりいっそう人間学的な次元に根ざして、「自由」や「根源悪」といった最初期以来のテーマを再度展開しはじめる。本節では以下、『自由論』を「個体性」の思想の全面的展開として再構成していく。(52)

シェリングは、まず「序文 Vorrede」(53)において、これまでの哲学が「自然と精神との対立」(333)によって彩られてきたことを振り返るところから議論を開始している。自然と精神が対立的に考えられるところでは、「機械論的な考え方」(同)が支配的になるが、シェリングは——自らがこれまでに展開してきた哲学のおかげで——その対立がいまや緩和されたとみなしている。ところが、それに代わって、より高次でかつ本来的な対立が、わたしたちのまえに立ちはだかりつつあるという。その対立とは、「必然性と自由とのあいだの対立」(同)である。

シェリングは『自由論』のなかでいよいよ、この問題について本格的に取り組むことを宣言する。かれが「序文」のなかで本論文の「主要な論点」として挙げているのは、「意志の自由」、「善と悪」、そして「人格性」である(334)。シェリング自身が直接述べているわけではないが、本書のこれまでの議論を踏まえるならば、これらはいずれも「個体性」の問題として言い換えられるだろう。

(52) たとえば、四日谷(1990)は、『自由論』を、同一哲学からの「転回」とみなすのではなく、シェリング自身が不首尾に感じていた、「個体性」にかんする説明に取り組む上で必然的に生じたものとみなし、それ以前との「連続性」のもとで考察している。本書はこうした見解に賛同しつつも、より大胆に、「個体性」の問題を同一哲学以前にも見出している。

(53) ただし、『シェリング全集』(SW)では、「はしがき Vorbericht」と表記が改められている。

2　自由を実在的に把握すること

シェリングは「本論」に入って最初に、この「哲学的探究」が「自由の正しい概念」や「自由という事実」についての考察であることを確認するところから議論を開始している（336）。それでは一体、「自由」についての「正しい概念」とは何であろうか。それを解明していくのが、序盤の歩みである。議論の出発点として、シェリングが指摘しているのは、自由にたいする従来の捉え方がいかに誤っているかという点である。かれが考えるに、「自由」は古くから、「必然性」や「統一性」、「全体性」といったものともっぱら対置されてきた。シェリングは、フィヒテの自我哲学をその代表例として名指しながら、次のように述べている。

理性というものはもともと統一性を迫るものであり、それを退けようとするならば、自由と人格性とにあくまで固執する感情と同様に、いつもただ力ずくの号令に頼るしかない。ところが、このような力ずくの号令では、しばらくのあいだはもっても、結局のところは駄目になってしまう。（337f.）

ところが、シェリングは同時に、「自由」と「統一性」の二つが簡単には宥和しないことも重々承知しており、むしろこうした「必然性と自由とのあいだの矛盾がなければ、哲学だけでなく、精神の高次なる意欲もすべて死のなかに沈んでしまう」（338）と述べている。この根本的な矛盾ないし葛藤から安易に逃れてしまえば、哲学を突き動かす原動力たる「理性」をも捨ててしまうことになる、というのがかれがここで言わんとしていることである。

それにつづいてシェリングは、自我哲学とはまた別の、自由と体系性とを容易に対立させてしまう思想潮流を引き合いに出して、厳しく批判している。そのような潮流が奉じている思想は、「汎神論は不可避的に宿命論に陥る」[54]という命題に要約されているとシェリングはいう（338）。この命題で念頭に置かれているのが、ヤコービとその追従者たち――周囲からはシェリングもそのなかに含まれるとされていたが――であることはいうまでもない。フィヒテの哲学が、頑迷にも「自由」にばかり固執するとすれば、ヤコービたちの哲学は、「体系」や「統一性」のもとでは「自由」は存在しないと想定して、自由と体系性をただ対置させているにすぎない。

このような現状を概観しながらシェリングは、「汎神論」が「自由」と両立することのできる「体系」であるとして、「宿命論」から明確に区別をしようとする。つまり、正しく理解された「汎神論」においては、「人間が神の外にあるのではなくて神の中にあるということ、そして人間の活動自体もともに神の生に属しているということ」（339f.）が明らかになるはずである。

こうした立場を確保するためにはスピノザ主義にかんする正しい理解が必要である、というのがここでの提起である。スピノザ主義の体系は、「諸事物が神の内にふくまれていると主張するが、

（54）ただし、ここに孕まれているコンテクストはより複雑である。ここでは、Fr・シュレーゲルが『インド人の言語と知恵について』のなかで、シェリングを揶揄して、「汎神論は純粋理性の体系である」と定式化したことが、念頭に置かれている。シェリングはそれをこのように再定式化したうえで、宿命論ないし純粋理性の体系と、汎神論を区別しようとしている。この点については、伊坂（2012, 124）を参照。

しかし、それがゆえに、宿命論であるわけではない」(349)。そうした内在主義が問題なのではなく、シェリングが考えるに、スピノザ主義の欠陥は、諸々の事物を神の内に含み込んだ点にではなく、そこでいわれている「神」や「実体」という観念に「生命 Leben」が欠けていた点にあるという。そのような問題を踏まえてシェリングは、スピノザ主義の「汎神論」としての特徴を引き継ぎながらも、他方で、スピノザのいう「実体」に動態的な活力を付与しようとする見方を、言い換えると、「自然を力動的に捉える見方」(349)を取るべきであると、自らの立場を位置づけている。

ここでシェリングはとりわけ、スピノザが「意志」さえも「実体」からの一つの派生物に数え入れてしまったことを批判している(349)。このような文脈でもって、シェリングはかの有名なことばを記している。「究極の、そして最高の次元においては、意欲以外のなにものも存在しない。意欲とは根源的存在なのである Wollen ist Urseyn」[55](350)。ここから導き出されるように、シェリングの想定する「神」ないし「実体」には、「意欲」が存在することとなる。こうした規定から出発して、かれは「苦悩を経験する神」(403)という絶対者像を提示するにいたった。

こうしてシェリングは、「意欲」から「自由」へと話を徐々に進める。かれは、この「意欲」という「根源的存在」が、わたしたちの生きる有限な時間から切り離された永遠性を述語として含んでいると説明したうえで、こうした見解に達してはじめて、「自由」を考察の対象にすることができると述べている(351)。ここでかれは、自由に対する従来の「形式的な」把握を批判して、「実在的で生き生きとした」定義を提示する。それは、「自由とは、善と悪との能力である」というものである(352)。平たく言えば、善を為すことも、悪を為すことも、どちらも可能であるというところに、自由の本質が存在するということである。

以上のような議論を踏まえることで、シェリングは、「悪」を「善」がたんに欠如した状態であると、あるいは「悪」を「善」のたんなる反対物であるとみなすような考えを棄却することに成功している。なぜならば、かれの規定によるならば、善を為す意志も、悪を為す意志も、同じ実体に由来していることになるからだ。つまり、善を為す意志と悪を為す意志のいずれかを否定することはすぐさま、神の意志それ自体の否定を帰結してしまう。あくまで善と悪とは可能性の次元においては同一であり、どちらか片方を可能性の「根底 Grund」[56]から排除して、他方だけを得ることなどできない。このことから導かれるのは、悪が実在するための「根拠」もまた神の内に実は存在している、ということなのである。「こうした根拠こそ、自然――神の内なる自然なのである。それはたしかに、神から切り離すことはできないが、しかしやはり、神から区別されるような存在者である」(358)。

こうした不安定なる「根底」こそ、神がこの世界を創造する以前から抱え込んでいた自然本性であり、シェリングはそうした動揺せる「根底」について、次のように述べている。

---

(55) あるいは、「意欲が存在に先立つ」とも言えるだろう。シェリングはこの引用箇所の後ですぐさま、この「根源的存在」を、無根底性、永遠性、時間からの独立性、自己肯定といった述語によって説明している。

(56) Hermanni (2004) は、『自由論』の「根底 Grund」概念には三つの原理、すなわち実在的原理、個体化原理、理解不可能性原理が含意されているという。

> 秩序や形式が根源的なものであるなど、どこをみても見当たらない。というよりも、最初にあった無規則的なものが秩序へともたらされたようにみえる。この最初にあった無規則的なものこそ、諸事物における実在性の把握しがたい基底であり、決して割り切れることのない残余 der nie aufgehende Rest なのである。こうした残余は、どれほど多大な努力を以てしても、悟性へと解消し尽くされることなく、永遠に根底に残り続けるものだ。〔…〕こうした先行する暗闇なくしては、被造物の実在性も存在しない。闇とは、被造物が必然的に相続した遺産なのである。(359-60)

すなわち、世界が創造される以前から存在していたカオス的な意志――「決して割り切れることのない残余[57]」――が、創造を経た現在においてもこの世界の根底に「遺産」として継承されているということである。ここからシェリングは、神と人間とを対比させるにいたる。つまり、純然たる「光」である神は、こうした「闇」を内に抱えつつも、結局のところはその両者を調和させているが、それに対して、自らも被造物である不完全な存在たるわたしたち人間は、こうした「闇」をある種の前提条件として、その根底から「光」を生み出さなければならないというのだ(360)[58]。

ここまでのことを、「自由とは、善と悪との能力である」という規定に立ち戻るならば、次のように再構成することができるだろう。すなわち、自由とは、形式的に捉えられる限りは、統一性や体系と決して相いれないものとされてしまうが、実在的に把握された自由においては、「善と悪の可能性」が同等に孕まれているのだ、と。

ここでは、「人間的自由」ばかりでなく、「神の自由」も引き合いに出されている。その点でわたしたちは、「能力 Vermögen」や「可能性 Möglichkeit」というシェリングの語彙に注意を向ける必要がある。というのも、もし悪が現実に存在してしまうのであれば、弁神論的な視点からすると、神や絶対者の全能性に疑いをさしはさむ余地が生まれてしまうからである。しかし逆に、もし神が悪を現実化する「可能性」を全くもっていないのであれば、そこには「自由」もまた存在しないことになってしまう。

図式的にまとめると、神においては、善と悪とが無差別なかたちで同等の潜在性をもって揺蕩《たゆた》っている、あるいは、善と悪とのあいだには完全なる「調和」が保たれているが、それに対して、神から「堕落」した自然的存在者であるわたしたち人間はというと、あくまで純粋な精神的存在である神への「憧憬 Sehnsucht」を捨て去ることができず、神が完全であることの証たる「自由」を実現しようと努力する。ところが、それでも人間は、善と悪とを完全に調和させることなどできず、

---

(57) このことばは、ジジェクが自らのシェリング論の標題に掲げたことで、広く知れ渡ることとなった。かれはこの時期のシェリング（『自由論』や『諸世界時代』をしるした「中期」）のなかに精神分析の先駆的な表現を多く見て取っており、さらにいえば、シェリングの思想をいわば〈絶対者にたいする精神分析〉として再構成している。Žižek (1996 = 1997) を参照。

(58) ここでいう「光」と「闇」は、「精神」と「自然」との類比のメタファーであると同時に、シェリングにおいては、人間の言語を作り出す条件でもあるとされている。「永遠の精神は、自然のなかへと、統一ないしことばを語り出す。しかしただ、語り出された（実在的な）ことばは、光と暗闇（母音と子音）との統一のなかにのみある。〔…〕根底から出て来たものがもつ欠陥のゆえに、これら二つの原理は完全に協和することがない。〔…〕それに対して、人間においてはじめて、完全なることばが語り出されるのだ」(363f.)。

いずれかを分離して実現することしかできないのである。以上のことは、シェリング自身のことばを借りるなら、次のようにいえるだろう。「それゆえに、神の内では分離されえない統一が、人間の内では分かたれうるのでなければならない——そしてまさにこのことこそが、善と悪との可能性なのである」(364)。

したがって、神においては自然に統一されていたもの(善と悪との可能性)を、人間は作為的に統一しなければならないのである。そうした作為の必然性のなかにこそ、人間的自由が実現する余地があり、その余地こそが「歴史」にほかならないというのが、シェリングの言わんとするところである——「堕落」が生じなければ創世記の物語がはじまらないように。つまり、可能性や潜在性のうちでのみ全能性を保っている神が、被造物からなる物理的な世界において自らの自由を証明するためには、被造物にして有限者たる人間の手を借りなければならないのである。

ここに、シェリング哲学のまたしても究極的な逆説を、ハイデガーは自らの『シェリング講義』のなかで、見事に看取していた。「神が啓示されるためには、人間が存在していなければならない」[59]。ここで思い返されるべきは、シェリングが、人間のことを、悪が実在するための根拠であるとみなしていた点である。つまり、人間が存在するかぎり、悪はなくならない。そしてそのような悪の根拠である人間という存在に、神は依存しているのだ。だとすると、そこから帰結するのは、おそるべきことにも、神自身がそもそも悪を必要としているということなのである。シェリングは次のようにいう。「大地がふたたび荒廃して空虚になる瞬間がまさに、精神の高次の光が誕生する瞬間になるのだ」(380)。

3 人格をもった体系性は可能か――「ただ人格性のうちにのみ生がある」(60)

神においては可能性の次元で調和されていたはずの善と悪とのいずれかを、人間は世界のなかに現実化してしまう。それこそが、自然的存在者としての人間が抱えざるをえない「自己性 Selbstheit」(SW VII, 364) の原理なのである。人間に「自己性」の原理があるかぎりは、言い換えると、人間が精神と自然とのあいだの宙吊りにあるかぎりは、この世界に「悪」がもたらされるのであって、「悪の実在性」はどこまでいっても否定のしようがない。

シェリングの『自由論』を「西洋哲学のもっとも深遠な著作の一つ(61)」と讃えたハイデガーは、これらについて約言して、悪とは、「人間が自由であることのひとつのあり方」であると述べている(62)。つまり、悪が存在するのは、人間が自由であるからであり、人間が自由であるのは、悪が存在するからである。このようにハイデガーは、『自由論』を洗練された「悪の形而上学」であると特徴づけているのだ。

それに対して、バーンスタインは、ハイデガーのシェリング解釈に多くの点で賛同しつつも、『自由論』にそなわる別の側面も、いっそう強調されるべきであると指摘している。ハイデガーに

---

(59) Heidegger (1988, 207 =1999, 270). なお Gabriel (2011, 83 = 2023, 218) はこれを次のように表現している。「神が神たるゆえんは、わたしたちがそれを神として述語づけることに存している」。
(60) (SW VII, 413).
(61) Heidegger (1988, 3 =1999, 15).
(62) Heidegger (1988, 186 =1999, 243).

よっては必ずしも強調されていないその別の側面とは、『自由論』全体に息づく「倫理学的な志向」[63]である。こうした特徴は、『哲学と宗教』から『自由論』へといたる、些細ながらも重要なる変化を見て取るうえで大きな鍵となる。こうした指摘を踏まえて、『自由論』には実際に「形而上学」と「倫理学」のいずれの側面もそなわっているのだとすると、その両面性は、この著作に「人間学的な次元」が描かれていることに由来するのではないか、というのが本書の想定である。

換言すると、シェリングは、善と悪との関係や人間存在の本質を、弁神論や叡知界との関係、存在神学の観点によってのみ説明する（広義の形而上学）のではなく、人間が世界の内で生きる自然的・物理的な存在であることから出発している（広義の人間学）。その意味でバーンスタインがシェリングを、カントやヘーゲルなどの形而上学的な弁神論から、ニーチェやフロイトなどの「悪の道徳心理学」へといたるまでの過渡的な存在として再構成していることは、きわめて示唆的である。[64]

右でもすでにみたように、シェリングは『自由論』の冒頭で、この書の中心的な思想として、「意志の自由」と「善と悪」と並んで、「人格性」を挙げていた（334）。前の二つについては、前項でもみてきたが、いまだ触れざる「人格性」という第三の概念にいっそう注意を払うことで、『自由論』の「倫理学的な志向」ないしは「人間学的な次元」が明らかとなるだろう。以上のような方針に沿って、『自由論』の残りの箇所についてみていく。

ここまでの記述を踏まえてシェリングは、「普遍意志の道具」（364）であることに抗おうとする人間に固有の本性のことを「自己性」と呼んでいる。そしてそこから、悪や自己性といった概念が、たんに形而上学的に捉えられるのではなく、より生理学的に深められる必要があることを、かれは示唆している。そうした試みの先駆者として、シェリングはここで、フランツ・フォン・バーダーが当時発表した論考を引き合いに出している。[65] シェリングがかれを評価するのはまさに、バーダーが悪のことを、善のたんなる反対物ないし欠如態とみなすのではなく、悪自体にそなわる積極性を踏まえたうえで、「病との類比」(366f.) でもって解明しようとしたからである。[66]

人間は自らの生命を維持しているかぎり病気に陥る可能性から完全に免れることなどできず、それゆえに健康と病とは、生命においては切り離しえない二つの可能態なのである。それと同様に、善も悪も、どちらか一方をそもそもの可能性の次元から排除してしまえば、他方をも失うことになってしまう。興味深いのは、シェリングが、善や健康のことを「中心」において安らう状態とし

(63) バーンスタイン(2013, 394)。そのためバーンスタインは、シェリングをレヴィナスとの親和性のもとでいっそう読解すべきであると示唆している。

(64) バーンスタイン (2013, 150-6)。

(65)「理性の悪しき使用というものは存在しえないという主張について」という論考を指している。Baader (1807) を参照。

(66)『自由論』の他の箇所には、次のような自然学的ないし生理学的な記述もある。「身体のなかに寒さの根がなければ、暖かさもまた感じることができないであろう。牽引する力にしても、純粋に反発する力にしても、それだけを考えるということは不可能である。というのも、もし牽引するものが反発するものに対してその対象とならないならば、反発するものは何に対して働くというのであろうか。〔…〕したがって、善と悪とは同じものであり、異なった側面からみられたに過ぎないといわれたり、あるいは、悪はそれ自体としては、すなわち同一性の根においてみられれば善であり、逆に善は、その分裂ないし非同一性においてみられれば悪であるといわれたりするのは、弁証法的にまったく正当である」(SW VII, 400)。

て、悪や病のことを「中心」から逸脱しようとする衝迫の現われとして捉えている点である。かれ自身のことばを借りるなら、「生そのものの不安が、人間を中心から〔…〕外へと追い立てるのである」(381)。

このように「中心」とそこからの逸脱という図式をもちだすことで、シェリングは人間の生のあり方を自然学的に説明しようとする。その際にシェリングが念頭に置いているのは、『弁神論』におけるライプニッツの議論である。ライプニッツは、人間に備わるそのような「悪への傾向性」を、ケプラーが発見した「物体の自然的慣性〔惰性力〕natürliche Trägheit」によって説明した[67]。そのような説明にたいしてシェリングが不満であるのは、ライプニッツが、その「慣性」や「慣性への傾向」を、「物質の内的制限あるいは不完全性」にあるとみなしていたからである(369-70)。そのような規定によっては、「慣性」はなんらかの本性の欠如としてしかみなされない。しかし、シェリングにとって「慣性」とは、「ある物体の内的自己性の表現」あるいは、「その物体が自立的であり続けようとする努力、その力の表現」であり(370)、なんらかの積極性の表出なのである。

中心からの逸脱、悪を為してしまうこと、病の状態、これらはいずれも、人間の有限性や不完全性の現われであると同時に、人間存在がもっている過剰さや積極性、あるいは、自己を維持しようとする力の表われでもあることを、わたしたちは十分に見て取らねばならない。シェリングがここで言わんとしているのは、そのようなことである。そしてその過剰性こそが、自由と自然とを、あるいは、善と悪とを対立的に捉えるのではなく、同じ根底のもとで捉えるためには説明されねばならない。そのための鍵が、「精神性にまで高められた自己性」としての「人格性 Persönlichkeit の概念」なのである（370f.）。

そのような考え方とは対極にある「わたしたちの時代の考え方」では、「悪の唯一なる根拠は、感性ないし動物性のうちに、あるいは現世的な原理のうちにある」こととなっている（371）。あるいは、「自由」とは、「感性的な欲望や傾向性を叡知的な原理がもっぱら支配していること」であるとみなす考え方がある（同）。ところが、いずれの立場も、悪や自由を、人間の弱さや動物性、有限性、不完全さといった消極的な側面からしか捉えられていない。あくまで動物的なエゴではなく「精神性にまで高められた自己性」をもつ人間のあり方が、動物と対比させられて、次のように規定されている。

動物においては、まだ絶対的な統一ないし人格的な統一が存在せず、したがって、堕落も諸原理の分離も可能ではない。無意識的なものと意識的なものとが、動物的本能においては、ただある一定の仕方でしか結合されておらず、それゆえにまさに変化することがない。〔…〕動物が決して統一からその外へと歩み出ることができないのに対して、人間はというと、諸力の永遠の紐帯を自分の意志にしたがって引き裂くことができるのだ。（372f.）

すなわち、動物においては、意識と無意識とは分離されていないがために、統一や法則から逸脱

（67）Leibniz（1879）の『弁神論』の第一部第三〇節をシェリングは参照している。

することはないが、人間は「盲目的な欲求と欲望 Sucht und Begierende」(372)でもってあえて秩序から逸脱することができるというのだ[68]。この「あえて」のなかに、人間が人間たるゆえんがある。

ここからシェリングの分析は、人間がおかす悪の「可能性」から、悪が産み出されて以降の壮大な「歴史」へと移っていく。シェリングが考えるに、神によってはじめこの世界が創造されたときには、この世界を支える「闇の原理(自然)[69]」から「光」が産み出されたという(377)。この段階では、闇は根底 Grund として、光は闇から生まれ出る実在 Existenz として落ち着き、両者は互いに均衡的な関係にあった。しかし、ここにはいまだ「精神」や「人格」は存在していない。「精神」が存在するためには、「第二の闇の原理」が必要なのである。その「第二の闇の原理」とは、「闇の自然根底の呼び起こしによって覚醒された悪の精神、すなわち、光と悪との分裂の精神なのである」という(377)。

光と闇との調和は「精神」によって引き裂かれた。しかし、まさにこの「精神」が同時に、その分裂を修復させることのできる「愛の精神」(同)を呼び寄せるのだという。この「愛の精神」はそのような「第二の悪の原理」をもまた新たな根底とみなし、そこから「光ないしことばをわがものとするのである」(同)。こうして「悪のうちにあった自己性」は「人格的」になるのであって、これこそが「啓示」にほかならないとシェリングはみなしている(同)。

「光の誕生が自然の国であるように、精神の誕生は歴史の国である」(378)。そしてその「精神」は、それによって生み出されたまた別の「精神」によって克服される。シェリングにとって、このような「精神の高次の光」が、神の受肉、神の人間化のことを意味しているのは、次の箇所からも明らかである。

光ははじめから世界のなかに存在していたが、自分だけで働く闇によっては捉えられず、なお閉じられ、限定された啓示の状態であった。その光がいまや現われ出るのは、〔…〕人格的で精神的な悪に対抗するために、それと同様に人格的で人間的な形態においてである。そして仲介者として、被造物と神とのあいだの関係を最高次の段階において元に復するためにである。というのも、**人格的なものだけが、人格的なものを癒すことができる**からだ。つまり、神は、人間がふたたび神へと戻るために、人間とならなければならないのである。神に対する根底の関係が打ち建てられることによってはじめて、治癒の（救済の）可能性がふたたび与えられるのである。（380：強調は引用者）

（68）この点に関連して、『自由論』の終盤でシェリングがバーダーを引きながら、「認識衝動は生殖衝動にもっともよく似ている」（414）と指摘していることは興味深い。シェリングが考えるに、人はたいてい、「認識」ということばで、知性によって統御された意味合いを思い浮かべるが、そこにはかならず「ふしだらさ」や「無恥」も孕まれているという（同）。シェリングにとって何かを認識することは、何かを産み出すことと切り離しえないのである。

（69）このような光と闇との二元論に先立ってある、より根本的な「闇の原理」は、『自由論』においては他の箇所で、「無底 Ungrund」ともよばれる。このことばはベーメの思想に由来し、シェリング解釈史上も様々に議論されてきたが、ここで立ち入ることはできない。もっとも代表的で重要な論考としては、辻村（1982）を参照。

神と被造物との関係、光と闇との調和が引き裂かれたがゆえに、被造物たる人間とも完全に切り離されたままの神は、神の形態のままでは地上との関係を維持することができず、それを保持するための根拠を必要としている。そうした媒介があってはじめて「救済」の可能性も出てくるのであって、それこそが一人格としてのキリストにほかならない、というのがここでの含意である。

さて、ここでの議論を踏まえたうえで、シェリングは、自由と必然性とを対立させることなく、また宿命論におちいる可能性からも解放された、真の「汎神論」という『自由論』全体の構想へと立ちかえる。スピノザ主義が想定するような静的な「実体」とは区別してシェリングが描こうとする動的な「実体」概念とは人格的な神であることが、いまや明らかとなった。しかし、その動態性の根拠には、「あらゆる生命がもつ打ち消しがたいメランコリー」(399)が孕まれているという。

神とはたんなる存在ではなく、一つの生命である、という答え以外に答えはない。いまや、あらゆる生命は一つの運命をもち、苦悩と生成 Leiden und Werden との支配下にあるわけだ。つまり神は、人格的になるために、まっさきに光の世界と闇の世界とを切り分けたとき、そのときすでに自ら進んでこの苦悩と生成にも身を委ねたのである。〔…〕人間として苦悩を経験する神という概念 Begriff eines menschlich leidenden Gottes――これは古代のあらゆる秘儀や精神的な宗教にもみられる――がなければ、歴史全体は不可解なものにとどまるだろう。(403)

この「苦悩と生成」とにさらされる人格的な神こそ、シェリングがスピノザ主義の先に思い描く動的な「実体」の形象である。以上までが、『自由論』の本論ともいえる箇所である。シェリングはここから結論部にわたって、そのような汎神論に根ざした自由なる学や宗教がいかにして可能であるのか、について論じている。

最後に、その結論部を『自由論』の論旨全体をふりかえりながら再構成しておこう。シェリングはこの書のはじめで、「主体」と「自然」とのあいだの古典的な対立が自らの自然哲学によって緩和されたことを高らかに宣言した。しかし、その先に立ちはだかるさらなる古典的な問題があり、それこそが「自由」と「必然性」とのあいだの対立であるとされた。この問題はいまだ十分には解かれておらず、それに本格的に着手することがこの論考の目的であるとされていた。そうした巨大な問題に取り組むためにシェリングが必要だと考えたのが、この「人格」という概念を彫琢することであった。

わたしたちのような有限で微々たる人間存在と、この世界をたえず産出し続ける無限なる創造神。この二つは一見してこの宇宙秩序のうちで対極にあるようだが、両者が本当にまったく異質であるのならば、わたしたちがこの世界を認識したり、産出活動に従事したりすることができるための積極的な根拠は存在しないはずである。そこで両者はたがいに「人格的である」ことによって相通ずる絆があることとなり、その絆こそ、互いが「理解可能 intelligible」であることと、どちらか一方が他方を支配するわけではない「自由」な共属関係にあることを保証しているのだ。[70] [71]

このようにしてみると、シェリングがここまでの壮大な議論を——そしてそれをまさに物語として描くのが次の「諸世界時代」構想である[72]——展開してみせたのは、わたしたちの自由なる学がいかにして可能であるかという問いに挑むためであったことがわかる。その証左として——研究上あまり取り上げられないが——『自由論』の末部は実際、哲学ないし宗教のあり方にかんする問いで閉じられている。

ここでいう自由なる学とは、「すべての事物が一緒になりながらも、しかし分かたれてもいて、また一つでありながらも、各々がそれぞれの仕方で自由である」(415) ことを可能とする学のことである。シェリングはこの分裂・分開からの治癒の役割を、結論部にかけて、宗教や学問、弁証法、哲学といった様々なものに託している。そこではたとえば、宗教の語源は「ふたたび結び合わせる」ことに、哲学の語源は「知を愛する」ことに由来していることなどが喚起されている。そのような「宗教と学との唯一真なる体系」(416) をこれからも探究していくという宣言のもとに、『自由論』は閉じられている。ここにはすでに、「哲学的宗教」という後年の構想が予示されているのだ[73]。

第4節　可謬的な体系にむけて——「始まり」の自由について

1　可謬的な体系は可能か——「学としての哲学の本性について」を読む

『自由論』末部での宣言にもかかわらず、これ以降のシェリングは、若き日とは打って変わって、まとまった文章を世に出すことができなかった。次なる著作として用意していた『諸世界時代Weltalter』は何度もかれ自身の手で破棄され、最終的な完成にはいたらなかった。史料研究者のフーアマンスは、「一八一四年から一八二〇年にかけての年月は、間違いなくシェリングにとって最も苦しいものであった」と述べている。[74] そのような苦渋をへて、ようやく落ち着いた環境で講義をする機会が与えられたのは、一八二〇年秋のことであった。エアランゲンにおいておこなわれたこの講義に対するかれの強い意気込みは、その講義名が「全哲学の基礎」であったことからも見て取れるだろう。その講義のまさに序論――「学としての哲学の本性について Ueber die Natur der Philosophie als Wissenschaft」と称される――において、シェリングは自らの思想の中心に「非体系

(70) シェリングの『自由論』などをはじめとする著作における「人格」の概念を、この「知解可能性 intelligibility」ということばで特徴づける解釈としては、Gabriel (2011, 82 = 2023, 216) を参照。

(71) ハイデガーは、シェリングのこうした考えには「擬人観 Anthromorphismus」ではないかとの批判が寄せられるであろうと想定している。そこで、ハイデガーは、そのような批判は、あたかも「人間」が何であるのかということを答えるべくもない前提としてしまっている点で、無意味であると反批判している。そこでかれは、まさに後年の『ヒューマニズム書簡』にもつながるであろう重要な指摘をしている。「人間とは、かれがいっそう根源的に人間そのものになればなるほど、まさしく人間そのものに留まることなく、なによりもまず人間そのものであることをやめるといった、そんなあり方をしているものではないか」(Heidegger 1988, 284 = 1999, 367)。

(72) なお『諸世界時代』「第一草稿」の第一巻冒頭では実際に、「現実的な歴史」を描くためには、万物を人間を例として思索することが必要であるとされている。Schelling (1946, 19f.) を参照。

(73) 「哲学的宗教」構想の端緒を『自由論』に見て取る見解としては、橋本 (2002) を参照。なおこれについては、本書の「第4章」でも詳しく論じる。

(74) Schelling (1969, XII).

性 Asystasie」という発想を置いた。

この「非体系性」という概念は、体系性を志向するヘーゲル哲学との対比で解釈史上も論じられることが多く、ポスト・ヘーゲル主義的な先駆性として評価されてきたが[75]、ことばの字面からして誤解を与えやすくもある。というのも、以下で明らかとなるように、ここでシェリングが実際に言わんとしているのは、可謬的な体系が可能となるための前提として「非体系性」という概念は彫琢されねばならないということであるからだ。

もちろん、この時期のシェリング哲学に反ヘーゲル主義的な側面があることはたしかである。ところが、反ヘーゲル主義という間接的な評価に依るだけでは、シェリング自身が一体どのような思想を一貫して紡ごうとしていたのかがみえてこないのではないだろうか。そうした問題意識のもとに本節ではむしろ、この「非体系性」という発想が、ヘーゲルに対する反動としてではなく、シェリング自身の思想発展のなかで——とくに本章が描いてきた、「完成性」と「個体性」とのあいだの葛藤というモチーフで——内在的に培われてきたことを示したい。

まずシェリングは講義をはじめるにあたって、人間の知に根本的に備わっている不調和性を問題にする。

> 人間の知の体系を見出そうとする考えや努力、あるいは別の、より適切な言い方をすれば、人間の知を体系において、すなわち互いに支え合っているあり方において im Zusammenbestehen 捉えようとする考えや努力は、当然にも、人間の知が元来、そしてその本性からして体系のかたち

では存在していないということ、それゆえ非体系的 ἀσύστατον であること、すなわち互いに支え合っているようなものではなく、逆にむしろ対立抗争しているものであることを前提としている。(SW IX, 209)

そしてこの直後に、シェリングは諸々の哲学体系のあいだにある「万人の万人に対する闘争」を終結させることができるというような期待は速やかに断念しなければならないという(210)。それでは哲学には何ができるのだろうか、哲学は体系間の調停不可能性と相対主義に甘んじることしかできないのだろうか。そうではなく、哲学がなすべきはむしろ、「いかに統一と対立とが互いを必要とするのか」ということを示し、「統一と対立とのあいだの統一」であるような「真の体系」をもたらすことにある、とシェリングは考えている。そしてそういった探求のためにはまず、「唯物論が主知主義者にたいして、あるいは観念論者が実在論者にたいして、相手が自説を主張する権利 Recht をもっていることを認めない」(211) といったような、断罪的な態度がまずもって捨て去られる必要があるという。

シェリングは、そのようにして目指される「真の体系」のことを「生きた体系」と言い換えたうえで、その構築のために避けなければならないのが、「最高原則」を高らかに掲げ、そこからあらゆる命題を導出してしまうような哲学のあり方であるという(216)。ここでは具体的に、「われ思

(75) Laughland (2007) などがその一例である。

う故にわれあり」を掲げるデカルトや、「自我は自我である」を掲げるフィヒテの哲学が批判されている（同）。その批判が真っ当かどうかはともかくとして、シェリングにとってここで重要なのは、哲学を始めるにあたっては、「最高原則」という名のもとで、いわば哲学の出発点を制限してはならないということである。すなわち、「体系をどこから始めるのか」を制限してしまえば、哲学を担う主体の「自由」をも制限してしまうことになるからこそ、そのような狭隘は十全に回避されねばならないのである。

　哲学の主体がシェリングのいう「生きた体系」を遂行することができるのは、その主体には「永遠の自由」という「本質 Wesen」があるからだ（「自由とは主体の本質であって、言い換えると、主体とはそれ自体、永遠の自由にほかならない」（220））。ここでいう「本質」は「特性 Eigenschaft」という概念と対比されており、それを単に「持っている haben」と言うことはできず、人間である限りは本来的に備わっているものとされている（同）。いわば人間は人間である限り、自由という「本質」を捨てることさえもできないのだ。

　こうした一見「強い」主張から、シェリングが主体と自由の勝利をただ祝しているのだと理解してはならない。この講義の冒頭でも述べられていたように、あくまでシェリングは――人間の知にはそもそも「非体系的」な本性があるにもかかわらず――いかにして体系同士の「闘争」を鎮めることができるのかという問いのもとで、人間に備わるこうした性質を喚起していた。そこでシェリングは、この「永遠の自由」があるかぎり、人間は「自己認識への運動」（226）を止めることができないのだと議論を進める。というのも、人間は「永遠の自由」をすでに獲得しているにもかかわらず、その所与性に自己充足することができず、それを知という対象形式によって確認しようとわざわざ遠回りをするからである。シェリングはこの迂回運動のことを、人間の知的経験にそなわる「脱自 Ekstase」の性格（229）と呼んでいる。[76]

ただし、人間のこうした性格は、自らのかかえる絶えざる内面的な不安の裏返しでもあり、そうした内面の欠如があるからこそ、人間の知はむしろ可能となるのである。そうした不安があるかぎり、「自己確認」のための知は完全には充足されない。シェリングは次のように述べている。

回転運動による、この内面の駆り立ては、引き裂かれるような懐疑と永遠なる不安の状態である。しかし、こうした危機こそ始まり *Anfang* にほかならず、ここまでで素描してきた本来的過程のための条件なのである。（231）

要するに、人間の知の「始まり」には非体系的な性質があるが、その葛藤状態こそが主体を知へと向かわせるための原動力であると、シェリングは考えていたのである。以上でみてきたように、人間には自ら捨て去ることもできない「永遠の自由」が備わっており、それがゆえに「脱自」の運動を通して知の体系を生み出す本性があることをかれは主張している。しかし、ここで疑問となる

(76) 本書では踏み込むことができないが、「脱自」などにみられるシェリングの発想が、ヤーコプ・ベーメの神秘主義にかんする取り組みや、『哲学と宗教』などにおける宗教的体験と知の関係にかんする探求と切り離せないことはいうまでもない。この点については岡村（2014）を参照。

のは、はたしてシェリングの目指す「生きた体系」はいかにして「統一と対立とのあいだの統一」を達成するのか、という点である。シェリングは「学としての哲学の本性について」において、それを人間の知にそなわる可謬性という性質でもって主題化している。

前節でもみてきたように、シェリングは『自由論』において、「自由とは善と悪との能力である」(SW VII, 352)とし、悪をただ否定するのではなく、むしろそこにこそ高次の自由にいたるための契機をみていた(367-70)。つまり、人間が「悪」を犯してしまうことの積極性を視野に入れることで、自由と必然性との安直な二分法には捕らわれない、別の哲学の可能性が開かれるはずだというのが、シェリングの展望であった。

このことからして、かれの『自由論』における目論見がそのまま「学としての哲学の本性について」に引き継がれていることは明白である。まさに「自由」と「必然性」との調和とは、「統一と対立のあいだの統一」という主題の変奏であり、「悪」とは人間の知にそなわる「非体系的」性格のことである。

さらにいえば、シェリングの『自由論』での「悪」にかんする議論は、「学としての哲学の本性について」で「誤謬 Irrthum」について展開されているところに最も明瞭なかたちで継承されている。かれは次のように述べる。

しかし、あの内面の葛藤が具体的な知によって解消されないままに、危機や分離をとおして根源的に喚起されるような場合には、人間はわたしたちが誤謬と呼ぶものを必然的に生み出してしまう。そしていかなる誤謬も、あの内面の激しい闘いのなかで互いに争い合う精神的な諸力の産物にすぎない。誤謬とは、どうでもよいものではなく、単なる欠如でもない。むしろ、ある認識の倒錯されたあり方 Verkehrtheit なのである（それは悪や病といったカテゴリーに位置づけられよう）。（SW IX, 241）

ここにおいてシェリングは、「誤謬」のことを、人間の精神活動に付きまとう逃れざるものとみなしている。悪や誤謬が病と類比されていることからもわかるように、人間が可謬性から解放されないのは、人間の生命活動がいくら健康であろうとも、生存するかぎり病のリスクから完全に逃れることはできないのと同様であり、病そのものが生命活動の内在的な過程から産出されるからである。ここで重要なのは、シェリングがそうした必然性から逃れる方途を提示するわけではなく、むしろ病や誤謬といったものがもたらす逆説的な効能に意識を向けている点である。この引用直後の箇所に、「誤謬とはただ知ろうとする意欲によって生じる」（241）とあるように、誤謬は知の産出にとっても不可欠なのであって、人間の知はそもそも可謬性によって支えられているというのだ。

人間のこうした知のあり方をシェリングは、「人間における自由と必然性との奇跡的な結びつき」（242）と呼んでいる。それが「奇跡的」であるのは、人間が「永遠の自由」を「本質」として獲得する反面で、「絶えざる不安」も抱えているがゆえに、神のようにすべてを一度に完成させるのではなく、人間だけが試行錯誤の「過程」をたどることで必然性と和解することができるからである。これは自然法則の必然性に従っているだけの動物と、まったき自由の力をもっている神とのあいだで宙吊りにされている人間にしか備わっていない特徴である。[77]

したがって、シェリングは、人間の知に本来的にそなわっている可謬性を肯定的に捉えなおすという『自由論』の試みを深化させることで、必然性に対する反動のなかに自由をみる消極的規定に甘んじるのではなく、必然性へといたるその「過程」のなかにこそ積極的な自由を見出したのである。シェリングにとっての「生きた体系」とは、人間がまさにそうした人間の本性を証明していく「過程」であるといえる。

ここまでで、シェリングにとっての根本的な問いが、人間の知にひそむ「非体系的」性格を踏まえたうえで、その根源的不和が必然性や体系のもとにただ解消されるのではなく、その不和を前提にしたうえでいかにして体系が可能になるのかを考え出す点にあったことを確認してきた。そしてそうした人間につきまとう不和は、「永遠の自由」（そしてその反面である絶えざる不安）によって引き起こされる「自己確認の運動」が永遠に途絶えないことも意味していた。要するに、人間の知の運動にはつねに誤謬の可能性があるものの、まさにその冒険の過程そのものが知の体系である、とシェリングは言わんとしているのである。

この点を踏まえた上で、あらためてシェリングの主張を一言でまとめるならば、自由の本質とは〈いつでもどこからでも何かを開始することができる〉という人間の本性にあるといえるだろう。どういうことか。かれは「学としての哲学の本性について」のなかで、「解消不可能な対立」を前提とした体系がいかにして可能かという問いにとりかかるにあたって、次のような比喩を持ち出している。

道に迷うirren〔誤謬を犯す irren〕には、少なくとも出発していなくてはならない。そもそも出発さえせず、家からまったく出ようとしない者は、道に迷うこともできない。あえて海へと漕ぎ出す者は、嵐に遭遇したり、己が未熟さゆえに航路から逸れて、漂着したりしてしまうこともあろう。しかし、港からまったく出航しない者は、出航することでなくて、哲学について永遠に哲学し続けるだけで、哲学を我がものとすることが絶対にないような仕方で、全ての精力を注いでいる。そうした者に危険を怖れる必要がないのは当然である。(SW IX, 211)

確定的な知にいたるためには、何よりもまずなんらかの知を行使して、哲学そのものを開始しなければならないのであって、そもそも出発していない者には誤謬を犯す可能性すら与えられていない。よって、あらゆるリスクを回避する者には、真理にいたる可能性すらも与えられていないと、シェリングはここで述べているのだ。つまり、この批判を肯定的に言い直すと、人間は「永遠の自由」をもっているのだから、体系にいたるには各々の地点から知をその都度始めさえすればよいと言っていることになる。

(77) このような動物と神とのあいだに位置する中途半端な存在としての「人間」という規定は、『自由論』や『シュトゥットガルト私講義』でもみられる。たとえば、『自由論』にかんしては、本章の前節を参照。

2　完成と個性とのあいだの摩擦からうまれる自由──「万人に妥当する哲学」に抗して

ここまでで、「学としての哲学の本性について」という講義の内容を部分的に読解してきた。そこでシェリングは、人間は各々に個性や本性をまったく異にしているので、同一の体系に服することができないと論じていた。ところが、同時にかれは、人間が──「永遠の自由」をもっているがゆえに──その個性のもとに留まることができず、知的な運動へと絶えず駆り立てられ、そこから他者の思索と道を共にする可能性があることも示唆していた。

ここで論じられていることは、まさに本章が一貫して描き出そうとしてきたシェリング哲学の原モチーフである。つまり、シェリングは、人間存在の完成可能性に期待する啓蒙主義的な視点（完成の思想）と、一般化には回収されない残余としての個性を捉える視点（個性の思想）とのあいだの交差のもとで、自らの哲学を彫琢してきたのだ。完成という普遍性と個性という特殊性は、一見すると対立しているが、その二つが動的なしかたで摩擦を起こすことで、発展する可能性が確保されるために、シェリングは「開かれた同一性」について模索してきた。この「開かれた同一性」はシェリングにとっての「自由」と同義なのである。

それでは最後に、こうしたシェリング哲学の核をいっそう立体的に捉えるために、本章では触れることのできなかったいくつかの著作についても論じておきたい。鍵となるのは、シェリングが一貫して、「万人に妥当する哲学 allgemeingültige Philosophie」という発想に警鐘を鳴らしている点である。このことば自体は、一七九三年の『神話について』の段階ですでにみられはするが（SW I, 89）、それが明確に批判されるのは、『自然哲学にかんする諸考察 *Ideen zu einer Philosophie der*

Natur』（一七九七年）である。[78]

この著作は、フィヒテの自我哲学から離れて、シェリングがはじめて「自然哲学」という固有の哲学体系を素描しようとした、まさに新たな「始まり」のための書であった。そこでシェリングは「そもそも哲学とは何か」という問いには「答えることができない」と述べるところから始めている。なぜならば、それに答えることができるならば、わたしたちがすでに「万人に妥当する哲学」を手に入れていることになるからだという。「哲学は徹頭徹尾、自由の所産 Werk なのである。哲学は誰にとっても、自らが作り上げたものにほかならない」のであって、「万人に妥当する哲学などというものは、不名誉な妄想である」（II, 11）[79]。だからこそ、わたしたちは「何事かから出発せざるをえない」のであって、シェリング自身は、わたしたちの目の前にあるこの経験世界である「自然」から出発すると宣言している（同）。すなわちかれは、誰にとっても無前提に妥当する普遍哲学に頼るのではなくて、自らの現実から各々が出発して自身の哲学を築くべきだと示唆しているのだ。

ただし、そうした普遍妥当性を批判しているからといって、各々の信じるところに従って独断的に物事を判断すればよいなどとシェリングが考えていないことは、ここまでの議論を踏まえれば明

(78) ほかにも、『哲学の原理としての自我について』のなかで、「自由な人間」がもっとも忌み嫌うのは、「万人に妥当する哲学」であると述べている（SW I, 243f.）。
(79) ただし、この箇所は一八〇三年に刊行された第二版では、哲学とは「終わりなき学として自ずから成る学」であると変更されている（SW II, 11）。

らかだろう。かれはむしろ、そもそも各個人が自らの立場や個性から何らかのかたちで出発していないのなら、そもそも統一への道を歩む契機、いやむしろ、その手前にあるはずの対立の契機すらも失われているということを指摘しているのだ。ここからもわかるように、シェリングは初期の頃からすでに、「始まり」が万人にとって開かれていること、そしてそれが人間の自由の証であることを看取していたといえる。

要するに、シェリングにとって哲学や知的探求の「始まり」は、他人によって設定されたり専有されたりするものではないということである。この発想をさらに深めるには、『諸世界時代』第一草稿のことばが参考になる。シェリングはまず、学とは何かを規定するにあたって、プラトンの「想起説」を参照するところから始めている。プラトンないしシェリングによると、人間の魂はすでに世界の真理を最初から知ってはいるものの、現実世界において大抵のことを忘却してしまっており、それを想起するのが学であるとされている（「わたしたちが学と呼ぶものは、まず想起への努力にほかならない」（Schelling 1946: 6））。

そしてまさに、人間は知を手にするために、イデアと一体であった頃の「統一感情」ないし「内奥にある始まり」につねに立ち戻ることを必要としているとシェリングはいう（1946: 8）。「人間は自らの本質である統一感情を介して幾度も若返り、新たな歓喜に満たされるのである。まさにこの統一感情から、とりわけ知を求める者は絶えず新鮮な力をくみ取るのである」（同）。つまり、原初に立ち戻ることが知的探求を刺激し、「脱自」の運動へと人間を駆り立てるのである。[80]

したがって、シェリングは自由の本質を、自らの本性にしたがって何かを開始することが可能であるところに見て取っていたということが示された。そしてその本質は、「永遠の自由」と呼ばれていたように、人間である限りつねに自らのうちに原初の記憶として潜在するのであって、それに立ち返ることで何度でも新たなやり直しが可能であるということを帰結する。

明らかになったことを整理しよう。シェリングは、（1）自らの本性にしたがってつねに何かを開始できること、そして、（2）それによって始められた過程のなかで産出される試行錯誤、これら二つのなかに人間の「永遠の自由」を見ていたといえるだろう。そして、さらにそこから敷衍するならば、シェリングにとって知の体系とは、人間がこの本性を純粋に遂行した結果のあくまで所産にすぎず、それ自体よりもむしろ知の体系が生み出される過程の方をかれは尊重していたのではないだろうか。

たとえば『自由論』のなかには、他人の構築した体系のことを善悪の二元論に沿って頭ごなしに否定することを戒めている箇所がある。シェリングは「異端者を裁くような顔つきは、哲学体系を判断するときにはまったく不要である」として、そのようなやり方は「ゴルディアスの結び目」を断ち切ったアレクサンダー大王の手口にすぎず、「まったく偏狭で、この上なく融通のきかない見方」をもたらしてしまうと強く批判している（SW VII, 412f.）。

つまり、かれにとっては、哲学体系の内容の是非を判断することは問題ではない。むしろそうし

（80）その意味でグラント（2006, 177 = 2023, 373）は正しい。かれはシェリングの「系列の絶対的中断」（SW III, 396）ということばに重きを置いており、それはここで論じている「哲学の始まり」にほかならない。

た体系が生み出される人間の知のプロセス――そしてそれを駆動する「意志」の働き――の方にこそかれは関心を向けていたのであり、完成された他人の体系について批判しようとするならば、相手の「始め方」に首を突っ込むことになってしまう。しかし、それはシェリングにとっては、他人の始めることの自由を侵害することにもなりかねないので、避けるべきものとされているのだ。

　興味深いことにヤスパースは、シェリングのこうしたモチーフに注目して、「閉ざされた体系は現在において挫折するということ〔…〕を、シェリングは**体系的に**思索した」と述べている(81)。つまり、閉鎖的な体系の失敗を体系的に論じたのだ。ヤスパースによると、シェリングがこうした思索を練り上げたのは、「未来にたいして開かれていることOffenheit」(82)が確保されているような思考の形式を編み出そうとしたからであるという。本書の議論を踏まえるならば、「未来にたいして開かれている」ということは、体系が可謬性を内包していることであるとも言い換えられる(83)。

　ただし、ヤスパースが思う以上にシェリングがさらに徹底しているのは、それが「永遠の自由」というかたちで人間の知に「本性として」内蔵されていると主張するところである。シェリングの力点は、あくまで知の体系の不可能性を指摘するところにあるのではなく、人間の知そのものがそうしたあり方をしていることを「体系的に」示すところにあったのだ。

　ここからまさに、シェリングの政治論をかんがえるうえでの、かれの根本前提が見て取れる。つまり、かれが一貫して構想せんとしていたのは、万人が同じ哲学体系を信奉したり、同じ思想を共有したりすることで達成されるような平等の社会ではない。それはあくまで、かれが批判するところの「万人に妥当する哲学」に根差した社会秩序である。そうではなく、シェリングが描いたのはむしろ、各々が自らの「個性」や考えを矯正されることのないまま知性を発揮することで自己形成が達成されるような自由な社会のあり方ではないだろうか。この点は、次章でみていくシェリングの国家論を理解するうえでも根本的な前提とされている。

（81）Jaspers（1955: 150 =2006）. ただし太字強調は引用者。
（82）Jaspers（1955: 151 = 2006）.
（83）Hui（2019=2022）は偶然に開かれた再帰性のシステムを先駆的に構想した哲学者の一人としてシェリングを評価している。つまり、本章で詳らかにしたシェリング思想の特徴は、まさにサイバネティクス的であるといえよう。

第3章　国家の中の居心地悪さ——必要悪としての法と政治

本章では、シェリングの政治哲学を、とくにかれの国家論に焦点をあてながら概観していく。シェリングにとって「政治」なるものを考えるうえでの最優先事項は、「あらゆる哲学のアルファにしてオメガは自由である」[1]という若き日のことばからもわかるように、なににもまして「自由」を実現することであるとされている。

しかし、そうした視点のもとにシェリングの国家論を読んでいくなかで、わたしたちを躓かせるのは、一八〇四年から一〇年頃のメランコリックにみえる政治洞察である。たとえば、『シュトゥットガルト私講義』では、「国家は率直に言えば、人類に宿る呪いの帰結である」(SW VII, 461)とまで断言され、ここではもはや、国家の廃絶を謳った『最古の体系綱領』の頃のモチーフは撤回されたかにみえる。実際にそのような見解をとった古典的な研究が、ハーバーマスの「唯物論への移行

(1) Plitt (1, 76).

における弁証法的観念論」（『理論と実践』所収）である。ハーバーマスはそこで、シェリングの国家論を以下のように三つの段階に分けている。(2)

①『超越論的観念論の体系』（一八〇〇年）に代表される、カント主義的な民主的共和制の国家

②『シュトゥットガルト私講義』（一八一〇年）に代表される、人類の堕落の象徴としての必要不可欠たる国家

③『神話の哲学』（一八四〇／五〇年代）に代表される、叡智的秩序の代わりとなる服従すべき対象としての世俗国家

この図式においては、①よりは②が、そして②よりは③がいっそう保守的になっているという、単線的な保守化傾向が強調されている。(3)このような整理には、たしかに一定の説得力がある。というのも、たとえばシェリングは、一八四八年の革命にたいしては否定的な見解を取っており、むしろ君主制を擁護している。そしてこのような図式は、エンゲルスをはじめとして青年ヘーゲル派による老シェリング批判もあって、ながらく疑問に付されることもなかった。

しかし、シェリングの国家や法にたいする見解を仔細にみていくと、そこには時期ごとの「断絶」ばかりではなく、ある種の「連続性」もあるようにおもわれる。それが本章の基本的な視座である。以下でも示されるように、シェリングは一貫して、国家や法といったものが、それだけで人間同士のあいだにある葛藤や対立を根本的に解決してくれるとはまったく想定していない。むしろ

逆で、国家や法によって人びとの対立を「上から」解決しようとすれば、たとえ意図せずとも、結果的に専制や独裁に陥るという、ある種の「啓蒙の弁証法」のメカニズムに強く警戒を促している。よって、シェリングにとっての「政治」とは、国家や法によって統治を改善するといった〈設計の発想〉ではなく、学問や宗教、芸術などをつうじた、人びとに争いをもたらす内面的な動機にたいする〈治癒ないし緩和《モデレイション》の思想〉なのである。そしてそれが発揮されるためには、人びとに「思考の自由」が保証されていなければならないというのが、シェリングの前提である。

このような整理は、ハーバーマスの図式では取り上げられなかった、シェリング最初期の論考『自然法の新演繹』（一七九六／七年）を視野に収めることで、より説得力をもつであろう。したがって、本章は、シェリングの国家論を単線的な保守化の傾向というよりも、その動機や目標の連続性でもって再構成したい。

本章の流れは次の通りである。まず「第1節」では、『自然法の新演繹』の内容を、それが寄稿された『哲学雑誌』の当時の議論状況なども確認しながら読解する。次に「第2節」では、初期の主著である『超越論的観念論の体系』に「付論」として収められた国家論を、『自然法の新演繹』からの連続性にも目を向けながら再構成する。そして「第3節」では、国家を抑圧の装置としてみ

（2）Habermas（1978, 172-7）を参照。
（3）ただし、本書の「序論」でも述べたように、ハーバーマス自身の意図は、シェリング自身が保守的かどうかにかかわらず、中期のテクスト自体（『諸世界時代』など）には史的唯物論へといたる萌芽があることを示すところにある。

るとシェリングとしては珍しく、国家の理想のあり方について述べたことから「逸脱」ともとれる『学問研究の方法にかんする講義』を論じる。また「第4節」では、『自由論』とほとんど同じ時期に講じられた『シュトゥットガルト私講義』を読解する。これは、国家に対するメランコリックで挑発的な洞察もあって、かれの「転向」を物語る契機とされることもあるが、そこでの内容をテクストに沿って分析する。最後に「第5節」では、『神話の哲学』に収められた生涯最後の国家論を概観する。

第1節　自壊する自然法と救済する学――『自然法の新演繹』について

ここ数年でのシェリング政治哲学研究の顕著ぶりにもかかわらず、(4)『自然法の新演繹 *Neue Deduction des Naturrechts*』(一七九六/七年、以下『新演繹』)はあまり取り上げられない。『新演繹』は、シェリング自身によって書かれた政治や法についての唯一の論考であるので、論じるに越したことはないが、たしかにそれが扱いに困る著作であることにはちがいない。たとえば、論述形式の面から言っても、『新演繹』は一六三のごく短い断章から成っており、各節ごとの連関や全体の道筋がまず判然としない。(5) シェリング自身もこの著作になにかしらの問題を感じていたのか、発表後まもなくに、「今なら別様に書くでしょう」(Schelling 1962, 97) と吐露している。(6)

そのような背景もあってか、『新演繹』を扱う研究は未だにわずかである。(7) そのなかでも最新のものとして特筆すべきなのは、シュレーダーの研究である。シュレーダーは、『新演繹』を伝統的な法思想の文脈にあわせて論じただけでなく、その論考が発表された『ドイツ知識人協会の哲学雑誌 *Philosophisches Journal einer Gesellschaft Teutscher Gelehrten*』（以下、『哲学雑誌』）の当時の論調との関係にも分け入っている。しかしながら、シュレーダーは残念ながら、『新演繹』の法学的な文脈を明らかにしたものの、シェリングの思想形成史における位置価についてはあまり触れていない(8)。よって、本書はその後のシェリングにどのようなかたちでこの論考が引き継がれていたのかという点を視野におさめながら、『新演繹』について考察する。

（4）ここ最近の研究としては、Schmiljun（2015）や Das（2016）、そして Scheerlinck（2017）を参照。
（5）たとえばホラーバッハは、この著作の論述形式面での問題を指摘している。Hollerbach（1957, 102）を参照。
（6）この論考全体が『哲学雑誌』以外で読めるようになったのは、息子のカール・フリードリヒ・アウグスト・シェリングによって父の死後に刊行された全集（SW版）によってである。一八〇九年の生前に刊行されたシェリング自身による『哲学著作集第一巻』には、この『新演繹』は含まれなかった。そのことから、シェリング自身がこの論考を十分に成功した作品だとはみなしていなかったとも想定できる。
（7）Schröder（2012）を参照。
（8）「ニートハンマーの『哲学雑誌』における法理論にかんする議論を手短に一通り踏まえれば、シェリングが、『新演繹』という重要な法理論にかんする省察を単独で展開したというよりもむしろ、どんなに些細であろうとも、それまでの自身の哲学的な仕事にもとづいて展開したようにおもわれるのだ」（Schröder 2012, 32）。シュレーダーのこうした指摘を踏まえて、本書は『新演繹』をシェリング自身の思想成立史のうちに位置づけることを目指す。

1　『哲学雑誌』という言説空間——自然法への問い

それでは、『新演繹』が寄稿された当の『哲学雑誌』とそれを取り巻く状況について、まずは確認しておこう。『哲学雑誌』とは、一言でいってしまえば、一七九五年から一八〇〇年までのあいだに刊行された、カント以降の哲学を担う若者世代によって編まれた批評雑誌のことである。主宰していたのは、シェリングたちにとっては神学院の先輩であったニートハンマー（一七六六〜一八四八年）と、途中から編集に参加したフィヒテの二人で、フィヒテによる有名な『永遠平和のために』の書評もこの雑誌に掲載されている。ニートハンマーやフィヒテといった面々からもわかるように、いわばこの雑誌はカントの批判哲学を奉じる若い論客たちが集う代表的な牙城であり、論壇にデビューしたばかりのシェリングにとっても最も重要な発表の場であった。実際にシェリングはここで、『新演繹』だけでなく、『哲学の原理としての自我について』、『独断論と批判主義にかんする哲学書簡』、『最近の哲学の一般的概観』といった、初期の重要著作の数々を発表している。

　重要なのは、この雑誌がカントの哲学をとりわけ法論や教育論に応用しようとした論者たちによって担われていた点である[9]。たとえば、「自然法」にかんする議論の活況ぶりでいえば、一七九五年だけでも八本もの「自然法」を扱う論考が掲載されたことがそれを物語っていよう[10]。よって、『新演繹』も、そのような当時の潮流や論争にシェリングなりに介入することをもくろんで執筆されたことは想像に難くない。

　一七九〇年代半ばの言説空間において、自然法について論じることがなぜ一つの潮流だったのだろうか。まず第一には、かれらにとっての指針であった老カントが、自身の法論の集大成である『人倫の形而上学』（一七九七年）を完成させようとしていたことが挙げられる。またそれに続かんとして、カントの後継者と目されていたフィヒテもほとんど同時期に『自然法の基礎』（一七九六年）を発表している。ただし、そうした呼応と協働の動きはなにも、論壇のスターであるカントに応答するためといった個人的な動機に還元されるものではなく、そこには時代的な必然性もある。というのも、当時の社会は、これまで数百年続いた封建的な伝統秩序がフランス革命によって根本的に否定されるといった断絶を経験し、もう一度「そもそも法 Recht とは何なのか」ということが原理的に問われる必要に迫られていたからだ。

一八世紀末の西欧社会は、市民革命の影響で「人権」概念が歴史の表舞台にあらわれた転換期であったが、ことドイツにおいては、一七世紀以来の自然法思想が後にロマン主義や歴史主義とよばれる論者たちによって徹底的に批判され始めた時期にもあたる[11]。ロマン主義や歴史主義は概して、人間存在に普遍的に存在する「法権利」なるものなど存在せず、それらはなんらかの歴史的な制約性を帯びているはずであると説いた。ここにはもちろん、フランス革命への批判やナポレオン法典への反発も反映されている。しかし、そのような歴史主義が台頭する直前の時期にあって、カントとその周辺の論者たちは[12]、「法権利」をア・プリオリな前提ともせず、あるいは、歴史的な構築物

（9）田端（2019, 232）を参照。
（10）（AA I, 3, 123）を参照。
（11）このような図式を提示している古典的なものとしては、トレルチ（1970, 5-29）を参照。
（12）たとえば、政治思想史家のソーンヒル（2012, 6）は、歴史主義の影響が強いドイツ政治哲学の長い伝統に

であるともせず、人間主体による自由な措定行為によって基礎づけようとしたのである。

この点は、プーフェンドルフやヴォルフ学派までの法理解とカントのそれとを分かつ重要な歴史的分岐点でもある。バイザーが指摘しているように、前者において自然法は、自然理性によって正当化され、それを創造したり執行したりするのはあくまで神であるとされていた。それに対してカントは、法の源泉を、わたしたちを超越する神の秩序にではなく、むしろわたしたちに内在する理性的な意志に徹底して求めたという[13]。よって、カントの主張から帰結するのは、人間の意志を服従させることができるのは、同じ人間の意志によって創設された法だけであるという視座である[14]。ここには、近代市民社会の根本である自己統治の発想が明確に表現されている。

カントのこうした革新性は、『哲学雑誌』の論者たちのあいだでまさに共有されていた。そのことは、一七九七年に『一般学芸新聞 *Allgemeine Literatur-Zeitung*』に投稿されたFr・シュレーゲルによる書評からも明らかである。シュレーゲルは、『哲学雑誌』に掲載されたいくつかの自然法論文を総括して論じるにあたって、かれらのあいだですらも「自然法 Naturrecht」が何を意味するのかは一義的ではないと断りながらではあるが、昨今の議論状況をおおまかに次のように素描している。

この雑誌〔『哲学雑誌』〕のなかの法論にかんして、すべての執筆者のあいだで、あるいは、何人かのとりわけ鋭い執筆者とそうでない執筆者とのあいだでも一致している諸特徴の帰結は、要約すると次のようなものである。（1）法の原則は道徳からは独立している。（2）法の原則はただ技巧のうえで有用であるだけでなく、実践的で絶対的に不可欠である。（3）法の原則は、実定的な法律にたいする制約と制限である。（4）法の可能性は自由な存在たちの共同体という概念にもとづいている。最もはっきりしたかたちでこのことが言われているのは、『カントの永遠平和のためにへの書評』においてである〔…〕。[15]

ここではとくに、引用文中の（1）と（4）の指摘が重要である。シュレーゲルによるまとめにしたがえば、かれらのあいだで問題になっていたのは、「法 Recht」を「道徳 Moral」に依拠することなく基礎づけることはいかにして可能であるか、という問いであった。かれらが想定するに、カント以前の法論は「法」の源泉を道徳や義務といった外的権威に求めていたのに対して、カントはむしろ、自由な存在者の行為から「法」を内的に基礎づけようとしたのである。ここに一つの転換があり、フィヒテをはじめとするこの雑誌の執筆者たちは、自己立法による法の内的基礎づけという構想を打ち建てた、カントの法論を入口としている点で共通しているというのが、ここで言われていることである。以下で『新演繹』の内容に入っていくが、そのうえでもシェリングがこうした議論の素地を他の論者たちと共有していたことは念頭においておく必要があるだろう。[16]

おいては、カントとその弟子、そして新カント派の面々による規範的な理論のほうがむしろ例外であると指摘している。

（13）Beiser（1992, 30-1 = 2010, 60-1）.

（14）Beiser（1992, 30-1 = 2010, 60-1）.

（15）（*Allgemeine Literatur-Zeitung* Sp.723; AA I, 3, 133）.

2 自然法と暴力との弁証法

それではまず、『新演繹』の背景と書誌情報から確認しておこう。[17]『新演繹』は、『哲学雑誌』に二回に分けて掲載された。前半部（第一から八四節に該当）が一七九六年四月に刊行された第四巻第四号に、後半部（第八五節から後書きに該当）が一七九七年四月に刊行された第五巻第四号に掲載された。前半部が「匿名」で執筆されたのに対して、後半部が掲載されたときには、目次にシェリングの名前が記されているのだが、その違いについて理由は定かでない。[18]

またこの論考が執筆された時期も正確に特定することはできない。手掛かりとなるのは、シェリングが雑誌編者のニートハンマーに宛てた手紙である。その手紙によると、シェリングは一七九五年の一一月から一七九六年の五月までのあいだに、テュービンゲン神学院を卒業後まもなく、シュトゥットガルトでリーデゼル家の子息のために家庭教師として仕えており、そこで「自然法にかんする授業」（Schelling 1962, 59）をする必要があったという。そこでの授業が、多かれ少なかれ『新演繹』の着想につながったとしてもなんら不思議ではない。[19]

それからのち、シェリングはライプチヒを訪れ、そこでかの有名な「自然哲学」を構想するために自然科学の研究に従事することとなる。このことからも、『新演繹』は時期的には、フィヒテの自我哲学の影響を色濃くのこしていた『哲学書簡』と、そこからの離脱ともみなすことができる『自然哲学のための諸考察』（一七九七年）とのあいだに準備されたことはたしかである。しかし、『新演繹』のなかにはいまだ、機械論的自然観に対置される有機的な自然観といった、自然哲学へといたる契機や軌跡は見当たらない。そのため、この論考を自我哲学と自然哲学とのあいだの移行期の仕事とみることはできるものの、執筆の際の実際的な問題関心はあくまで、自然哲学との関係というよりは――論考のなかでは直接触れられなくとも――いまだ進行中であったフランス革命の動向とかれの周りで展開されていた自然法論に対して自分なりに応答することにあったといえるだろう。

それでは次に、テクストの内容に入っていこう。ここでシェリングが企てているのは、一言でいってしまえば、自然法を個人の自由から演繹することで、そこから真に自由な共同体のあり方を模索することである。内容はおおまかに、「道徳 Moral」と「倫理学 Ethik」、そして「権利の学 Rechtswissenschaft」[20]の三つに分けられている。

はじめの「道徳」では、自我がみずからの自由を実現せんとするなかで他者との対立を経験し、

（16）たとえばシェリングは、『新演繹』のなかで次のように記している。「よって、権利の学（それは長い間、道徳からけっして分離されず、今にいたるまでなおこの学との関係を踏まえても、まったく無規定であった）は、ただひとえに、義務の学と対立して自らを主張する」（§69, AA I, 3,153）。

（17）主に全集編者のヤーコプスによる報告をもとにした。（AA I, 3, 115-35）を参照。また長島（1991）による訳者解題も参照。

（18）強いて言えば、神学部の卒業試験を控えていた一七九六年頃のシェリングが、神学教授たちによる査定結果への影響を危惧して、一時は「匿名」で発表したのかもしれない。なおほとんど同時期の『独断主義と批判主義についての哲学書簡』も、匿名で執筆されている。

（19）（AA I, 3, 125）を参照。

（20）法律にかんする専門的な学だけでなく、法や権利の基礎づけにかんする原理的な省察を含意しているので、ここでは「法学」と区別して「権利の学」と暫定的に訳出している。

そこから個体として自立するまでの過程が描かれている。シェリングはまず冒頭部で、前作の『自我論』の議論を受け継いで、そもそもの第一原則として、自我の自由が「なにものにも制約されない unbedingt」こと、そして自我の自由には理論理性ではなく実践理性によってしか到達できないことを確認するところから始めている。[21] 冒頭部は以下の通りである。

> 私〔自我〕が理論的に実現できないことを、私は実践的に実現するはずである。ところで、理性がたどりつこうと努力する無制約者は、理論的理性によってはたどりつくことができない。なぜならば、この無制約者はけっして私にとっては客体 *Object* にはなり得ないからである。私が無制約者を客体として保持しようとすることによって、無制約者は被制約性という制限のうちへと戻ってくる。私にとって客体であるものは、ただ現象しうるにすぎない。それが私にとって現象以上のものであるやいなや、私の自由は無化されてしまうのだ。（§1, AA I, 3, 139）

理論的理性は、対象を客体化することでしか把握することができない。しかし、そのような客体化は、対象を捉えるやいなや、それ自体になんらかの制約を施してしまう。他のものならいざしらず、無条件で自由であるはずの「私＝自我 Ich」だけはそのようなあり方で捉えられない、あるいは、捉えられてはならない。というのも、もし無制約なる「私＝自我」が対象化されると、そこからは自由が剝奪され、この世界を世界たらしめるはずの無限なる源泉としての「私＝自我」が失われてしまうからだ。

シェリングが考えるに、そのような源泉としての「私」は、客体の世界から制約を受けるのではなく、「客体の世界を支配しており、その世界においてもまた、私の因果性以外のいかなるものも啓示されてはいない。私は自然の主人として自らを表明し、自然が私の意志の法則によって端的に規定されていることを要求する」とされている（§7, AA I, 3, 140）。ここでいわれている、「自然の主人」としての絶対的な自我という表現は、ラインハルトといった『哲学雑誌』に寄稿している他の論者たちにもみられる共通の標語である。[22] すなわち、かれらはみな、自然を支配する主体としての自我に「法」の源泉を見て取ることで、法を道徳や義務といった外的で他律的なものから導き出すことを回避しようとしているのだ。[23] こうして「世界全体が、私の道徳的な所有物である」ことに

（21）『自我論』においてシェリングは、「無制約者 das Unbedingte」について以下のように述べている。「制約する *Bedingen* とは、それによってあるものが物 *Ding* となる作用を意味し、制約される *bedingt* とは、物たらしめられたところのものを意味する。ここから同時に明らかになることは、何ものも自己自身によっては物として措定されえないということ、すなわち無制約的な物というのは矛盾であるということである。つまり無制約的 *Unbedingt* とは、けっして物たらしめられていないところのもの、まったく物とはなりえないところのものなのである」（SW I, 166）。

（22）『哲学雑誌』の別の寄稿者であるラインハルトという人物が、次のように述べている。「人間という〔…〕自由でもって固有の目的を形成する意欲的な存在は、こうした支配が自然によって制限され得ることがない、自然の主人でなのである」（*Philosophisches Journal Jg. 1795 2 Bd. 3 Hefte*, 228; Schröder 2012, 26）。なおこの「ラインハルト」が、Philipp Christian Reinhard であるか、Johann Jacob Reinhard であるか、Johann Theodor Reinhard であるかは定かではない（Schröder 2012, 同）。

（23）権利と義務の関係については、前著『自我論』のなかでも軽く触れられている（SW I, 233）。シェリング

なる（§7）。

　しかし、物理的自然を克服した「自然の主人」としての道徳的存在者は、他者との共同生活のなかで、いずれお互いに「権利」を要求しはじめる。「ここにおいてわたしたちは、道徳の領域から倫理学の領域へと足を踏み入れる」（§31, AA I, 3, 145）。シェリングにとって、「道徳」は道徳的存在者が互いに「自己性」を主張し合う領域であるのに対して、「倫理学」においては「道徳的存在者の国」が前提とされ（Vgl. 同）、そこでは個人と集団との関係が問われる。

　ここでシェリングは、「個体的意志」との対比で、諸個人からなる集合のことを「普遍的意志」と呼んでいる。ただし、諸個人の領域から、個人と集団との関係の領域に移るにあたっても、シェリングはすぐさま、個人の自由があくまで絶対的であることを次のように念押ししている。「普遍的意志が個体的意志によって制約されるのであって、個体的意志が普遍的意志によって制約されるのではない」（§33, AA I, 3, 145）。かれにとって諸個人の意志は、全体や共同体によって実質的に制約されることはないとされている。つまり、「倫理学」は個体的意志を制約しないままに、個人にとっての「義務」や「当為」が何なのかを問う場なのである（Vgl. §64 und 66）。

　それに対して、個人と全体とのあいだの関係を問うもう一つの学問が存在する。それが「権利の学」である。「倫理学」が「義務」や「当為 Sollen」を扱うならば、「権利の学」は「何をしてよいか Dürfen」を問う領域（§65）なのであって、後者はながらくのあいだ「道徳 Moral」と切り離されずに論じられてきたと、シェリングはいう（§69）。

　ただし、これら二つの学問は互いに対立するのではなく、あくまで共通する一つの目標を別のしかたで実現するとされている。その目標とは、個人と全体とのあいだの利害対立を超えたところにある「絶対的意志」（§71）を実現することである。ヤーコプスが編者注釈のなかでも述べているように、これらの語彙は明らかに、ルソーの『社会契約論』をシェリングなりに言い換えたものである。[24] すなわち、シェリングの「普遍的意志 allgemeiner Wille」と「絶対的意志 absoluter Wille」とはそれぞれ、ルソーの「全体意志 volonté de tous」と「一般意志 volonté générale」とに対応しており、前者の系列が個体の意志のたんなる総計であるのに対して、後者の系列はその総計を超えてあるとされる共同体の意志そのものである。そうした語彙を念頭に、「倫理学」と「権利の学」は以下のように対比されている。

> 倫理学は絶対的意志の問題を、個体的意志を普遍的意志と同一にすることによって解決するが、権利の学は、普遍的意志を個体的意志と同一にすることによって解決する。倫理学と権利の学とが、それぞれその問題を完全に解決したとすれば、両者は互いに対立する学であることを止める

によると、権利と義務は絶対的自我のうちでは無差別 indifferent であるが、有限なる経験的自我においては分かたれている。ところが、有限なる自我は両者を同一化しようと道徳的な努力をすすめるという。このことをシェリングは、理論哲学と実践哲学、あるいは可能性と現実性がいかにして一つになるのかという問いのもとで思索している。よって、シェリングにとって、権利と義務にかんする問いは、政治的な問いであるだけでなく、後に自らが展開する同一哲学の構想とも関係している。

（24）（AA I, 3, 244）を参照。

だろう。(§72, AA I, 3, 154)

要するに、シェリングにとって、「倫理学」は個人の問題を集団との関係で考察するのに対し、「権利の学」は集団の問題を個人との関係で論じるのである。それらは、当為 Sollen としての「倫理学」と許容 Dürfen としての「権利の学」というように役割を割り振られてはいるが、「絶対的意志」というより高次のものの実現を目指すという点では、同じ問題を別の方向から解決しようとしているにすぎない。そのため、理想の状態においては、両者はおよそ同一の学となるはずである。しかし、そのような状態は、はたしてどのように達成されるのだろうか。

シェリングはここまで、人間の自然状態とそこから脱け出た理想状態の成立を描いてきたが、かれの筆致はそこから「後半部」にかけてネガティヴな現実の記述へと急激に向かう。「後半部」でかれが言わんとしているのは、たとえ自然状態を脱け出た状態であっても、それは所詮「万人の万人に対する闘争」の継続にすぎず、法自体がそうした闘争を根本的に解決してくれるわけではないということである。たとえば、そのような立場が如実にあらわれているのは、かれが後半の最初にある「第八五節」に自ら付した注釈のなかで、「契約論」を批判している箇所である。

私の意志の実質は意志そのものを決して規定できないから、また意志そのものは各々の客観的規定を無限に回避するから、ある契約を確実なものとするためには、無限なる一連の諸契約が仮定されねばならないだろう。それらの諸契約の各々は、先行する契約を保証するが、しかし、それ

自身がまた新たな保証を必要とするだろう。(Vgl. AA I, 3, 157)

自由を保証するための「契約」はまた、それ自体を保証するための別の「契約」を必要とする。こうした無限後退を防ぐことは、契約自体によっては不可能なのである。こうした元も子もない指摘からもわかるように、シェリングは(道徳領域での)個人同士の対立や、(倫理学や権利の学の領域での)個人と全体とのあいだの対立が、法律や契約によって解消されるとはまったく想定していない。

いかなる法や権利といえども、結局のところは「強制法 Zwangsrecht」に過ぎないのであって、他者を「物理的法則」に則って征服することを意図しているのだという(§ 147 und 150)[25]。こうしてシェリングは末部において、次のような結論を述べている。

自然法はその帰結において、(それが強制法になるかぎりは)必然的に自己自身を解体する Das Naturrecht in seiner Consequenz, (insofern es zum Zwangsrecht wird) zerstört sich nothwendig selbst、すな

(25) なおシェリングは、「強制する」ということばのニュアンスについて次のように規定している。「ことばの最も普遍的な意味で、誰かを強制するということは、かれの意志の形式を実質によって制約することである。この説明は、ことばのより狭義の意味における物理的な(外的な)強制を包括すると同様に、心理的な(内面的な)強制をも包括している」(§ 147)。この点については、Hofmann (1999, 85)も参照。

> わち、自然法はあらゆる権利を廃棄するのだ。なぜならば、自然法が権利の維持を委ねる究極的なものは物理的優勢 *physische Uebermacht* であるからだ。（§ 162, AA I, 3, 174）

ここにおいて、自然法の根拠が物理的な力の優劣に過ぎないことが暴露される。こうした暴露は、ほとんど同時期に書かれたフィヒテの『自然法の基礎』（一七九六年）[26]が、法権利の源泉をあくまで人格同士の「承認 Anerkennung」関係のなかに見て取っていたことと比べても、やはりシェリングの独自性を表している。すなわち、シェリングの立場からすれば、「承認」関係を規定するものは、互いの人格のあいだにある権力や暴力の不均衡に過ぎないこととなる。

こうしたシェリングによる批判は、人間関係のあいだに根源的にそなわる暴力関係を指摘することで、もはや法の本来的な不可能性さえも示唆しているようにおもわれる。つまり、すべての法と権利は暴力によって正当化されるにすぎない。そこからさらに、もう一つ重要な最終節があることにも注意を向けたい。

> いまや理性が要求するのは、物理的なものが道徳的諸法則によって規定され、あらゆる自然的威力 Macht が道徳性と結びついていることである。したがって、自然法は必然的に新しい問題へといたる。すなわち、個人の物理的威力を権利の道徳的威力と同一にするという問題へと、あるいは、権利の一面には、つねに物理的権力もまた存在するという状態の問題へといたるのだ。ところが、わたしたちが、この問題の解決へと移ることによって、わたしたちはまた新しい学

neue Wissenschaft の領域へと足を踏み入れるのである。（§163, 同）

このように『新演繹』の最後は、「新しい学」への移行という宣言によって閉じられている。シェリングが考えるには、この「新しい学」によってはじめて、自然法がつねに「権力 Gewalt」へと転化する可能性や、「当為」と「許容」とのあいだの対立が解消され、それによって「絶対的意志」が達成されるのである。しかし、かれは、その「新しい学」が何であるのか、あるいはそれに対する展望といった肝心なことについては、これ以上なにも説明していない。

ここまでの記述から、『新演繹』の議論は次のようにまとめられるだろう。シェリングははじめ、ほかの論者たちと同様に、法 Recht を自我の自由から演繹しようとした。しかし、そのようにして構築された法は所詮、共同体内のほかの成員にとっては「強制」にほかならず、法が貫徹されるところでは結局のところ「物理的威力」が支配的となってしまう。[27] シェリング自身は明記しておらずとも、ここまでの筆致からしてかれは、諸個人の自由が十全に発揮されることを擁護してはいるが、やはりそうした個人が「自然の主人」として他者を「所有物 Eigentum」のように扱うことで、いわば「万人の万人に対する闘争」が招き寄せられる可能性に警鐘を鳴らしているのだ。そうなれば、

（26）Fichte（1971, Band 3）を参照。
（27）このような見解は、『啓蒙の弁証法』におけるアドルノとホルクハイマーの次のような指摘を想起させる。「いかに合法的体裁を装っていようとも社会的階層秩序が最後に拠り所とするのは暴力である。自然にたいする支配が人間の内部に再生産される」（2007, 225）。

物理的な闘争が続くだけで、結果的には誰の自由も実現されないこととなる[28]。こうした闘争を調和させるには、「倫理学」や「権利の学」ともまた区別される、「新しい学」[29]が必要であるというのが『新演繹』の結論であった[30]。

最終節で提起された「理性の要求」、すなわち、「個人の物理的威力」と「権利の道徳的威力」とを調和させること。このことが、シェリングのその後の政治哲学を貫くテーマといっても過言ではない。『新演繹』はその問題を、自然状態から人間集団が生成してくる過程を描くことで提起したが、次の『超越論的観念論の体系』では、歴史哲学的な視点を踏まえながらより具体的に論じられる。

第2節 「代補」としての国家――『超越論的観念論の体系』について

1 道徳的専制に対する批判と力学的な統治機構としての国家像

『超越論的観念論の体系』(一八〇〇年、以下『体系』)は、初期シェリングの主著といえる。そこでは、フィヒテの「自我哲学」への取り組みと、それ以降に自らが展開していた「自然哲学」への取り組みを首尾よく統合することが目指されており、精神と自然との「絶対的同一性」を標榜する一八〇一年以降の「同一哲学」にむけての助走としても位置づけられよう。後年にシェリング自身が振り返っているように[31]、かれはここで、自己意識の成立過程[32]を描くことによって、主体と客体との、ないしは精神と自然とのあいだには分断や分裂よりも、ゆるやかな連続性があることを証明しようとしたのである。

この著作のなかで思想史上もっとも有名なのは、末部に添えられたいわゆる「オルガノン・テーゼ」である。シェリングは、精神と自然とが根源的には同一であることを喚起し、そのあいだの分裂を治癒できるのは「芸術」であるとして、次のように述べている。「芸術とは、哲学の唯一にして真正なる器官であると同時に記録である」(SW III, 627f.)。すなわち、芸術には精神と自然とのあいだの対立と調和の物語が「記録」されており、よって、芸術は哲学の根本課題を解決するために不可欠な「器官」であるという。ここには、当時のイエナにおけるロマン派の面々との交流や、世紀末的な期待が反映されているようにおもわれる。

(28) 日暮はこの点を次のようにまとめている。「『新演繹』は、その題名にもかかわらず社会理論としては合法的な法制度を演繹していない。むしろ社会・国家の空間は、自由の実現の空間ではなく自由の抑圧の空間と考えられていることになる」(日暮 1994, 267)。

(29) ホフマンはこの「新しい学」の解釈をめぐって、(1)シェリングの自然哲学か、(2)歴史哲学か、(3)新しい神話か、といった三つの可能性を提示したうえで、(3)が最も有力であると考えている。Hofmann (1999, 87-8)を参照。

(30) なお、こうしたシェリングの洞察には、フランス革命における法体制の変革と混乱、そして自由を保証するために打ち建てられたはずの法体制がむしろ抑圧の装置に転じるといった、当時の動乱が反映されているとみて間違いないだろう。

(31) 後年の『近世哲学史講義』においてシェリングは、自らの過去の著作である『体系』を振り返っている。かれはそこで、『体系』が「超越論的過去 transsсendentale Vergangenheit」という概念で以て、「自我」と「世界」とのあいだの連関を説明しようとした試みであるとしている (SW X, 93f.)。

(32) 参考までに、『体系』の目次の順番では次のようになっている。根源的感受性→産出的直観→反省→絶対的意志作用→絶対的抽象→自己規定→対象へとむかう意志→主体と客体との調和。

『体系』において、「芸術」のほかにもうひとつ鍵となる概念が「歴史」である(33)。ここでいう歴史とは、カントが描く「普遍史」のことと言ってさしつかえないだろう。すなわちそれは、人間が自然との古代的な調和を失い、分裂と対立が占める文明世界を生きるよう強いられるも、やがてそこには陶冶された人類による平和状態が訪れるであろうという、「摂理」の顕現過程のことである。シェリングは、精神と自然との対立という哲学の根本問題が解決されれば、こうした普遍史も完成されるだろうと想定していたのである――ただし、そこで「芸術」を持ちだす点はカントとの大きな違いであろう。

この書はドイツ観念論と初期ロマン派美学のいずれにとってもメルクマールとなる重要な著作であるものの、このなかにシェリング独自の政治論が差し挟まれていることはあまり注目されない。その小論は、「実践哲学」部門の「課題E：何を通して自我にとって意欲はふたたび客観的となるのかを説明する」という節に添えられた「付論 Zusätze」として全体のなかに位置づけられている。たしかに、この息子全集版で三〇〇頁以上にもおよぶ大著のなかに付されたほんの数頁の付論が重要であると主張するのは、すこしばかり無理があるようにおもわれよう。しかし、その内容をみれば、前節でみた『新演繹』とそこで示された「新しい学」という構想が、ここにも活きていることがわかる。よって、シェリングの政治論や国家論を変遷としてばかりみるのではなく、継続と発展のもとでみるという本書の視座のもとでは、この付論はいっそう重要となってくるだろう。

シェリングはここでまたしても自らの政治論を、『新演繹』と同様に、何ものにも束縛されることのない個人の絶対的な自由から出発している。このような個人の衝動は、カント的な「自己規定」によっても抑えられない、とされている。それゆえに、こうした諸個人による自由の主張は利己的な衝動のもとで、他者との対立に入る。

ここまでは『新演繹』と内容をおよそ同じくしているが、『体系』においてはむしろ、そのような衝突を緩和するための積極的な役割が、法や国家に期待されている。人間が自分の行動や衝動を抑制するということがあるのだとすれば、それは外的手段によるものである。シェリングは、そのような法体制や国家を「第二の自然」と呼んで次のように述べている。

第二のより高次の自然が、いわば第一の自然の上に築かれなければならない。この第二の自然においては、自然法則ではあるが、目にみえる自然における自然法則とはまったく別の自然法則が支配している。それはすなわち、自由のための自然法則である。こうした第二の自然においては、他者の自由への侵害が起これば、無慈悲に、そして感性的自然において原因が起こればその結果が起こる鉄のような必然性をもって、すぐさま利己的な衝動に対する抵抗が生じねばならない。上で示したような自然法則が法律であり、そのうちでこの法則が支配している第二の自然が法体制なのであって、よってその法体制は、持続する意識にとっての条件として演繹されたことになる。(SW III, 583)

(33) シェリングは『近世哲学史講義』において、『体系』を記した頃から「歴史的なものへの傾向」が自らの思索のなかで前景化し始めたと振り返っている (SW X, 93)。

すなわち、物理的な自然とは区別されてはいるが、同様に法則が支配している無慈悲な機械としての法体制が、ここでは必要とされている。『最古の体系綱領』では、人びとを歯車のように扱う機械的な国家をことごとく批判していたシェリングが、どうして「機械力学 Mechanik」（583）による支配を肯定しているのか。この肯定には、シェリングなりのフランス革命、なかでもジャコバン独裁に対する省察が反映されている。[34] というのも、この箇所で徹底的に批判されているのは、一部の特権的な人びとによる恣意的な支配だからである。

法体制が目にみえる自然のもっぱら代補 Supplement であるべきであるということから帰結するのは、法的秩序が道徳的秩序ではなく、むしろたんなる自然秩序なのであって、自由はこのようなものを感性的自然の秩序とまったく同じように支配することは決して許されないということである。したがって、法的秩序を道徳的秩序へと転じようとする企てはどんなものであれ、それ自体の倒錯性と最も恐ろしいかたちの専制 Despotismus によって、非難されるべきであるような直接的帰結を示しているのは、いうまでもない。（III, 583-4）

ここに、シェリングが「力学」的な統治を期待する理由が記されている。つまり、物理的自然の領域と自由や道徳の領域とは完全に切り離されるべきであるとシェリングは考えており、政治や法による支配はもっぱら前者の領域に位置づけられているのだ。もし政治や法による支配が自らの領域を超え出て、道徳や自由を実質的に実現しようとするならば、それは「専制」に陥る。よって、「法論はけっして道徳の一部、あるいは一般に実践学問ではなく、純粋に理論的な学問である」べきなのだ（583）。

またこの箇所で注目すべきは、「代補」ということばである。このことばには、シェリング政治論の主要なモチーフが込められている。すなわち、政治や法は、シェリングにおいては、一貫して、自由を実現するための「条件」であるとされており、そのために物理的自然に施された補助なのである（「一般的な法体制は自由の条件である、なぜならそれなくしては、自由は保証を得られないからである」（593））。しかし、〈薬〉の過剰摂取がそれへの依存をまねき、いつでも〈毒〉へと転じる可能性があるように、[35]「代補」としての国家や法は、それなくしては自由を実現できないが、自由を失う原因となる可能性もある。シェリング自身は直接そのようには説明していないが、ここでの記述

（34）シュラーヴェンもこの箇所に、シェリングのフランス革命批判を見て取っている。Sandkühler（1998, 194 = 2006, 274）でのシュラーヴェンの記述を参照。

（35）ただしシェリング自身がここで、薬や毒といったことばを用いているわけではない。ここでは、デリダ（2013, 149）自身による「代補」と「パルマコン」（薬と毒のどちらも意味する）とのあいだの構造的類似性の指摘に依拠している。なお、「代補」にかんする次のような説明も参照。「形而上学とは、代補をたんなる外在性、純粋な付加あるいは不在と規定することによって非＝現前を排除するということである」（デリダ 1972, 50）。デリダがここでシェリングについて論じているわけではないが、この指摘を踏まえることで、シェリングの両義的な国家論を理解するための補助線が手に入る。すなわち、シェリングはまさに、国家を「形而上学」的に論じることを回避しようとしているのである。

から、国家や法体制自体がわたしたちの自由や道徳を改善したり向上したりしてくれるとまでわたしたちが期待することは、いわば〈薬〉の過剰摂取ともいえるのではないだろうか。

2 シェリングによる『永遠平和のために』の再構成

ここからシェリングは、カントの『永遠平和のために』に暗に依拠しながら、自らの国家論をより広い文脈に位置づけようとする。つづく箇所でシェリングは、機械的で無人格的な法則が支配していないところでは、一種の「裁判官の意志」(584)による恣意が人びとを操作していることになるという。特定の人格による支配は国内的には「三権分立」によって一見抑止されてはいるが、そのような抑止関係も結局のところは国際的な緊張の下では無力であり、危機においてはある支配者の恣意的判断や決断に依存することになるとシェリングは診断している(586)[36]。そうした現状に対してかれは、基本的にカントの『永遠平和のために』を踏まえながら[37]、互いの法体制を保証し合う「個々の国家を超える機関 Organisation、つまりあらゆる国家の連邦 Föderation」(586)を理想像として提示している。要するに、国内法の安定性は、個々の国家を超えて独立した国際的な「機関」[38]の存在によってはじめて保たれるのである。

このように、共同体が個人の恣意や自由によって運営されることが徹底的に拒否されており、それがさらに国際社会にも敷衍され、個々の国家の恣意的な判断ではなく、それらを超えた広域圏における内的な自然法則――部分ごとの恣意性を排した、まさに機械的な全体運動のイメージ――に則った自己組織的な「機関」が目指されていることがわかる。ここまでが、「付論」の内容である。

しかし、シェリングは、このような「自由」と「客観的な合法則性」とが対立せずに見事に調和しているような状態が、現に可能であるとは想定していないようである。ここからかれは、「歴史」の問題へと足を踏み入れる。ここから先が、「付論」の直後に添えられた歴史哲学にかんする記述の箇所である。

シェリングはここで、「自由」と「合法則性」との調和が将来において果たされるであろうとしながらも、かれは「進歩」について「イクシオンの車輪」に喩えながら、それが単線的で不可逆的な発展ではなく、元の地点に回帰してしまうこともあると示唆している（592-3）。また同時に、現代の分裂状況もすかさず喚起されている（「個人が自由になればなるほど、より多くの葛藤もまた全体のなかで生じるだろう」（598））。よって、期待できるのは、あくまで進歩や理念の、具体的には「普

(36) ホラーバッハは、この箇所には、フィヒテの『自然法の基礎』によって示された「監督官 Ephorat」制度のことが明らかに念頭に置かれているという。Hollerbach (1957, 128)を参照。

(37) ヤーコプスは、シェリングが『新演繹』を記したときにはすでに、『永遠平和のために』を読むことができたと想定している。(AA I, 3, 124)を参照。しかし、実際のところは、『新演繹』には直接的な言及や実質的な影響はみられず、一八〇〇年の『体系』でようやくみられる。

(38) ホラーバッハは、『体系』のこの箇所で用いられる「機関 Organisation」の語には、まだ生命的な「有機体 Organismus」のニュアンスが必ずしもないことに注意を促している（Hollerbach 1957, 138）。しかし、個々の国家が全体においては調和を保っているという点に注目すれば、日暮のように、この箇所を後のシェリングが展開する有機体国家の発想を予示するものとみなすこともできよう。この点については、日暮（1994, 271）を参照。

遍的法体制」の「漸次的実現」だけであるという(同)。

この点は、カントの普遍史構想と多くを共有している。しかし、シェリングにとっては、やはりこうした普遍史的理念が――後のヘーゲルの「理性の狡知」を思い起こさせる――神の存在が徐々につまびらかになる啓示の過程であるとされているのだ。(39) すなわち、諸個人がみずからの自由を発揮して行為にいたろうとも、そこから生まれる結果は制御することなどできず、最終的には必然性に屈してしまう。その必然性とは、諸個人ではなく人間という「類 Gattung」によってかろうじて実現される。そのような展開の場が、歴史であるとされているのだ。(40)

ここまでが、『体系』に収められた政治論の内容である。最後に、『新演繹』からの進展と、そこからの継続的な問題意識があることを確認しておきたい。

進展については、次の三つである。まず第一に、「絶対的意志」として抽象的に描かれていた共同体全体の意志が、「第二の自然」としての「国家」ないし「法体制」と呼ばれており、道徳や倫理とは切り離された客観法の領域に明確に置かれるようになった。第二に、国家間の対立を調停する上位の存在として「連邦」ないし「機関」の必要性が説かれるようになった。またそれは、自由と必然性との統一を体現する存在ともみなされており、シェリングが後に展開する「有機的国家」論の萌芽だとも考えられる。第三に、個人の絶対的自由が唱えられる点では同じだが、それが類的な必然性と調和する過程がカント的な普遍史のなかに位置づけられている。ところが、そこでは「神の啓示」が念頭に置かれており、その宗教的な強いニュアンスの点で、カントとは普遍史理解がいささか異なる。

ただし、『新演繹』とのあいだには問題関心の連続性も見て取れる。第一に、シェリングはあいかわらず、ここでも共同体全体の意志を反映するはずの中立的な「法」が、各人によって自らの利益を拡大するために利用されることで、結果的にだれか特定の個人のための恣意的な支配のための道具となることを警戒している。すなわち、国家や法は自由の実現を助けるかぎりで利用されるのであって、それ自体が人間の自由を保証するわけではないというのだ(41)。こうした洞察には、当時まだ色濃く残っていたフランス革命の混迷に対する記憶が反映されていよう。またその第一の点から帰結する第二の点として挙げられるのは、シェリングがまたしても、そのような法的対立は法自体によっては解決されないとして、「芸術」や「新しい神話」、「新しい学」や「歴史の進歩」といった、法以外のものに期待をかけている点である。このことをある種の「非政治性」ということもできようが、政治や法が自らの領域を超え出ないために、牽制する役割がそれらには期待されている

(39)「歴史とは全体として、絶対者が継続して徐々にあらわとなる啓示のことである」(SW III, 603)。なおヘーゲルの「理性の狡知」にかんする指摘は、日暮(1994, 272)を参照。

(40) ここには、前章で述べた「悲劇」のモチーフが垣間見える。というのも、ここでのシェリングにとって「個人」は結局のところ歴史の必然性の前で敗北するほかなく、その敗北で負った傷が治癒されるのはあくまで「類」による漸次的な実現によってでしかないからである。

(41) あるいは、『体系』の訳者である久保と小田部は、この点を次のように説明している。「〔シェリングの描く〕歴史に関しては、次のような矛盾がある。すなわち、普遍的な法体制(という自然秩序)は自由を保障するものであるが、この普遍的な法体制は自由によってのみ実現されうる、という循環がそれである」(久保・小田部編 2022, 432)。

のだとすれば、シェリングは、それらによって政治を牽制するという高次の政治的な意図をもっていたといえるだろ。この点は、本章と次章でも見ていくように、それ以降より明確に表現されるようになる。

第3節　『学問研究の方法にかんする講義』における両義的な国家論

『学問研究の方法にかんする講義』（一八〇三年刊行、以下『学問論』）は、大学とそこに集う諸学問の理想的なあり方をめぐって、シェリングが一八〇二年にイエナ大学で講じた講義内容が基になっている。シェリングの個人史でいえば、この時期は一八〇一年の『私の哲学体系の叙述』に端を発する「同一哲学」の時期にあたり、精神と自然との絶対的同一性という構想のもとで、様々な学問領域を体系づけようとしていた頃にあたる。

この書の背景には、当時のドイツの大学が様々な点から困難に立たされていた実情がある。[42] 革命戦争の敗北によって多くの大学が閉鎖に追い込まれ、また隣国のフランスではナポレオンの肝いりでエコール・ポリテクニークが創設されたこともあって、当時の教育界では実用主義の号令が吹き荒れていた。シェリングのこの講義は、そうした当時の流れに反して、大学が実用主義からは距離をとった自由な共同体であるべきこと、そしてそこでは諸学問が領域ごとに分断されるのではなく有機的な連関をなすべきことを説いている。

そのような時局性もあってか、この書には「国家」にたいする言及がところどころでなされている。すでに先行研究でも論じられているように、『新演繹』や『体系』においては、現実の法体制や国家が批判的に取り上げられているのに対して、この『学問論』では、「有機体」や「芸術作品」といったイメージでもって、理想の国家のあり方が論じられている。[43] 一貫して国家にたいしては消極的な役割しか期待していないはずのシェリングが、ここでは、国家に強い役割を期待しているようにみえるのだ。その点からも、この書をある種の逸脱としてみる論者もいる。[44]

そのような論者は、有機体や芸術作品としての国家像が唱えられている、「第一〇講　歴史学ならびに法学の研究について」を主に取り上げている。このような見方は、たしかに二〇世紀の全体主義との関係もあって、目を引きやすくもある。ナチズムにまでいたるロマン主義的な美的政治の起源にシェリングを置くのであれば、この箇所は格好の参照項になりうるからだ。[45] ほかにも、たと

(42)『学問論』が講じられ執筆されたときの社会背景については、西川 (2022)を参照。

(43) この点にかんしては、ヘーゲルとの当時の共同作業も影響していよう。この時期にヘーゲルは、かれとともに『哲学批評雑誌』を刊行しており、そのなかで「自然法の学的な取り扱い方、実践哲学における自然法の位置、および自然法と実定的な法学との相関について」(一八〇二・三年, Hegel 1986ff., Band 2)を発表した。そこでは、古代ギリシアのポリスが理想の共同体像として語られ、「人倫的有機体」ということばが用いられる。こうした語彙は、本書でも取り上げるように、『学問論』のシェリングに影響を与えている。

(44) たとえばソーンヒル (2012, 294-5)は、シェリングの政治思想が『学問論』を境に、個人の自由に重きをおくカント主義から、全体性の調和に重きをおくロマン主義へと変質し始めたとみなしている。

(45) ラクー＝ラバルトは、「有機体」という語にまつわる同様の問題を、シェリング研究に限らない「美と政治」をめぐるより広い文脈のもとで次のように提起した。「その本質において、政治的なものは有機的＝器官的である。ここでは、この語に二つの音色が響かなければならない。すなわち organon 器官の下に、ergon

えばデリダが、この書の根底にひそむ全体主義的な志向に注意を促してもいる。[46] このような見方に一理あることはたしかである。

ただし、それと同時に留意せねばならないのは、シェリングがこの書のなかで、大学というものをあくまで国家の拡大傾向を牽制する、国家とは別の秩序として構想しようとしている点である。つまり、シェリングにとっての「大学」は、人びとのあいだに均一性を敷いてかれらを道具のように扱う国家のなかに内在しつつも、他方で同時に国家ならざる領域として、いわばアジールとして機能すべきとされているのだ。その点を踏まえねば、たとえば、「国家は哲学にたいしては、無制限の自由のみをあたえる義務がある」(SW V, 284) といった箇所が全体のなかでもつ意味も見通しづらくなるのではないだろうか。

たとえば、シェリングは「第七講」で国家について、次のように規定している。

国家は〔…〕理念の世界の原像にしたがって形づくられている。ところが、国家はそれ自体、客体的なものとなった知 ein objektiv gewordenes Wissen にほかならない。まさにそれゆえに、国家は必然的にそれ自体のうちに、ふたたび知そのものにとっての外的な組織を、いわば理念的で精神的な国家をふくんでいるのだ。(282)

この「外的な組織 äußerer Organismus」とは、ここだけでは若干見て取りづらいが、前後をみれば、つまるところ「大学」であることがわかる。というのも、これに続く箇所では、「諸学問が国家を通じて、あるいは国家に関連して客観性を得ている場合には、それらは事実的な学問と呼ばれる」(同)とされているからである。なお、ここでいう「事実的な学問 positive Wissenschaften」では、神学部、医学部、法学部といったいわゆる「上級学部」が念頭におかれている。これらの学部は、「下級学部」である哲学部の上位にあって、国家や社会に仕える人材を育成する。(47)シェリングは、これらの学によって形成される「大学」は、国家の内部にありながらも、同時にその「外的な組織」として位置づけられるとしている。

大学ないしその根源知である哲学にそのような機能をシェリングが期待していると想定しなければ

作品を聴かなければならない。いわゆる「全体主義」の真理が隠されているのは、ここなのである」(ラクー=ラバルト 1992, 136)。この箇所に続いてラクー=ラバルトは、有機体としての共同体とは、ネイションという「ピュシス」が自らをより自覚して顕現するために施された「テクネー」の産物であると説明している。つまり、有機体国家は民族という「所与の同質性」が自らをより強く自覚するための場として「制作」され、「有機体」という語の孕む自然性はその「所与性」を担保するためのメタファーとして機能していることが指摘されている。

(46)(デリダ 1989, 201)を参照。

(47)シェリングはここで、カントの『諸学部の争い』を批判している(SW V, 283f.)。つまり、カントにとって「哲学部」は、国家や社会の利害からは距離を保ち、それらにたいする批判的機能をもっている。それに対してシェリングは、法学や医学、神学のいずれもが、哲学という「根本知」によって基礎づけられ、組織されている必要があるのであって、哲学部自体が組織のなかで部分を占めるべきではないと考えている。ただし、シェリングは、哲学を客体的な知へと転じることができるのは、強いていえば「芸術」であるので、昔の大学のように「芸術学」であれば良いとしている。

ば、直後に記された次のようなことばも理解できないだろう。

> 国家によって特権を与えられたり制限されたりするのは、先ほどの三つの学問〔神学部、医学部、法学部〕だけである。国家は哲学に対しては、無制限の自由のみを与える義務がある。[48] 無制限の自由を与えなければ、国家は哲学を完全に否定してしまうことになるであろう。(284)

国家は哲学ないし大学に「無制限の自由」を与えるべきであるという。ただし、シェリングはそのような理想が困難であることも同時に認めているようである。というのも、この書における国家と大学とのあいだの緊張関係にかんする描写には、つねに動揺があるからだ。たとえば、右でのように、国家からの無条件なる自由が語られる一方で、「第二講」では、学問や大学が国家機関の一部であることもまた認めざるをえないと、シェリングはその従属性を受け容れてもいる(229)。

このような微妙な筆致を理解するためには、シェリングがどのような点で国家を批判しているのかを踏まえておくべきだろう。かれは以前の著作とおなじく、国家や政治自体をその存在から否定しているわけではない。あくまで問題なのは、そのあり方である。ここでシェリングが国家を批判しているのは、それが根本的に「目的」をもたないからだ。つまり、かれにとって、「目的」を与えるのは哲学や学問のほうであって、国家はその目的をかなえるための手段ないし「代補」にすぎない。ところが、学問や哲学が力を失えば、国家は明確な目的を見失い、「有益なもの das Nützliche」(同)ばかりを追い求めるようになる。シェリングは、この「有益なもの」という基準ほど「移ろいやすい wandelbar」ものはなく、それが国家にとっての基準となるや、人びとの「活力を窒息させずにはおかない」という（259）。

またなによりも、このような国家は、「多くの個性 Individualitäten を抑圧し、力をまったく違った方向へと分散させ、それらをますます国家にとって役立つ道具にしてしまう」という（236）[49]。つまり、「国家」はある特定の基準のもとに個性を抹消して均質化するのに対し、「学問」ないし「大学」は人びとに個性を陶冶するための「絶え間ない自己形成」（238）の機会を与える場所とされているのだ[50]。本書の「第2章」とも関連するが、シェリングにとっては、個性の形成こそが人間にとっての条件なのである。

そのような背景を踏まえたうえで、悪名高い「第一〇講　歴史学ならびに法学の研究について」

（48）ただし、この箇所は一八〇三年初版にしるされていたわけではなく、シェリング自身による手沢本への書き込みを、全集編集者である息子シェリングが全集に付け加えたものである。SW版全集では［　］を付して記されている。

（49）この点は、『国家活動の限界』におけるヴィルヘルム・フォン・フンボルトの議論と相似している。たとえば、次のような箇所はシェリングのここでの論述と多くを共有している。「ほかでもない多数の人の結合から生じる多様性こそ、社会が与えてくれる最高の財であるが、この多様性は国家が介入すればするほど確実に失われてしまう。〔…〕国家は繁栄と安寧を望む。〔…〕しかし、人間が目指すもの、また目指さなければならないものは、それとはまるで別物、すなわち多様性と活動である」（フンボルト 2019, 22-3）。

（50）このようにシェリングの政治哲学の根本を定式化している論者にワースがいる。ワースは、シェリングにとっての「陶冶 Ausbildung」がファシズムが標榜した「画一化 Gleichschaltung」に抗するものであるとみなしている。Wirth (2016, 114) を参照。

の内容を確認しよう。そこでシェリングは、「歴史学」とその優れた姿である「法学」についての理想を語っている。かれが考えるに、真の歴史学は、教訓などを与えるだけのたんなる実用主義に陥るのでも、あるいは、過去の出来事を集めて記録するだけの実証主義に向かうのでもなく、古代ギリシアの時代にそうであったように、それ自体が叙事詩として「芸術」であらねばならないという。そのようにあることで、歴史学は人びとに「公共的な生」を喚起することが可能であるという。シェリングが「法学」を「歴史学」の派生であるべきだと考えているのも、この点と関係している。すなわち、真の法学もまた、個々の事件を経験主義的に追うだけでは「歴史的要素」をすぐさま見失ってしまい、人間にとっての理想の公的生についての洞察を欠いてしまうのである。このようなシェリングの前提を踏まえたうえで、次の箇所をみておきたい。(51)

わたしたちが狭い意味での歴史学 Historie の対象として規定したものは、自由の客観的な有機的組織体、すなわち国家の形成であった。自然の学が存在することが必然であるように、国家の学も存在する。しかし、国家の理念は自然の理念以上に、経験から得ることができない。というのも、自然はここではむしろ、それ自身、理念にしたがってはじめてつくりだされるのであり、国家は芸術作品 Kunstwerk として現象すべきだからである。(312)

シェリングの政治論を語るうえで、おそらくもっとも悪名高いのがこの箇所であろう。シェリングはここで、理想の国家を「有機的組織体」や「芸術作品」として語っており、前述の通り、その点に二〇世紀に吹き荒れたナチスの美的政治の源泉を見て取ることもできなくもない。こうした嫌疑を完全に晴らすことは難しい。というのも、そのような解釈はたとえシェリングの哲学やテクストそのものからほとんど離れて起こったとはいえ、そこに政治的メタファーとしての喚起力が潜在的にあったこと自体をその根本から否定することはできないからである。しかし、ここまでの点から、少なくともシェリングのテクスト解釈上の観点から、二つの点だけは付記しておくことができるだろう。

第一に、シェリングが国家を有機体ないし芸術作品として構成するように求めているのは、あくまで「歴史学者」にたいしてであるということだ。つまり、現実の国家が実際にそのようにあるべきというのではなく、それを記録し再構成する者たちが、現実や実際の姿に埋没せず、その理想的なあり方に視野を向けながら自らの任を果たすべきである、とここではいっている。その点からも、政治家や統治者が、そのように上から喚起することをシェリングが容認したわけでは必ずしもないことがわかる。ただしもちろんのこと、そのような歴史学者が実際には政治に影響を与えうるのであって、この点はシェリング哲学を全体主義的であるとする見方に対する、あまり有効な応答とはなりえないかもしれない。

第二に——こちらの点でもシェリングを完全に「免罪」できるわけではないが——、シェリング

(51) シェリングは、哲学の観念的な側面を客観化したものが「歴史学」であるとし、さらにそのすぐれて事実的であるpositivなものが「法学」であるとしている(SW V, 283)。

がここで用いている「有機的組織体 Organismus」には、二〇世紀に如実となった生物学的ないし人種主義的な意味合いはまだ明確には含まれてはいないということである。[52] かれがここで問題にしているのは、歴史の叙述スタイルや法のあり方であって、いわゆる「血と大地」のニュアンスを国民や国家にたいして喚起したいわけではない。当時の「有機的組織体」には、機械論的な意味合いが色濃く残っていたことは、『体系』について論じた前節でも述べた通りである。

以上の点をふりかえってみたときに、『学問論』の時期の政治論をシェリング政治哲学の流れのなかで逸脱や例外とみることにはたしてどれほどの妥当性があるか。たしかに、『新演繹』や『体系』の頃とはちがって、シェリングは同一哲学に基づいた理想の学問体系のなかに政治論・国家論を位置づけようとしており、歴史学や芸術学との連関でそれについて理想主義的に論じてはいる。しかし、かれがそこで意図しているのは、あくまで国家の影響力や介入領域が――「有益なもの」という空語を旗印に――無尽蔵に肥大化することにたいする批判であったことも強調されるべきだろう。

シェリングにとっての学ないし哲学は、人びとに個性を形成するための契機を与えることを使命としている。[53] かれはその意味で、哲学と道徳、そして宗教が本来的には同一であるとしている。この点は、その後のシェリングにも一貫して受け継がれていると言えるだろう。

第4節　「呪い」としての国家——『シュトゥットガルト私講義』について

1　「存在しないもの」という見えざる根底へのまなざし

『シュトゥットガルト私講義』（一八一〇年、以下『私講義』）は、シェリングが友人の法律家ゲオルギィからの依頼で、シェリングの哲学に通じている少数の人びとのまえでおこなった講義である。そのため、かれの思想体系が比較的率直なかたちで語られている。この頃のシェリングは、『自由論』を収めた自らの『哲学著作集』の第一巻を一八〇九年五月に刊行した直後の九月に、妻のカロ

（52）たとえば、コゼレックたちが編集した『歴史概念事典』の「器官 Organ」の項目（執筆者はベッケンフェルデ）には、「有機体 Organismus」という語が社会理論との繋がりをもつにいたった概念史が記述されている。そこではシェリングの用法が、たしかにA・ミュラーやサヴィニーの有機体国家論に引き継がれはしたものの、いまだに形而上学的なカテゴリーに留まっていたとされている（Böckenförde 1978, 602）。この項目によれば、サヴィニーの思想が、国家が法的装置というよりも「民族共同体 Volksgemeinschaft」を明確に表す転機であったとされている（604）。ほかにも須藤（2019, 214）は、アイヒェンドルフを読解するなかで、かれの有機的な共同体理解が、シュレーゲルやミュラーからの影響を受けつつも、かれらに特有の中世的秩序への賛美は見られないと指摘している。このことからも、当時の書き手たちのあいだでも、「有機体国家」のニュアンスは必ずしも統一的ではない。

（53）「宗教と哲学との緊密な一体性」（SW V, 257）。「哲学はまた同じ高まりであり、道徳とわかちがたく一致している。だが、この一致は哲学が道徳に服属しているということではなく、両者が本質的かつ内的に等しいものであるがゆえに生じるのである」（276）。

リーネを病気で失っている。その失意のもとでかれは、シュトゥットガルトでおよそ一年の静養を取っていた。よって、この講義は、『自由論』からその後の『諸世界時代』までの移行期に講じられ、そこでの内容も多岐にわたっているため、中期の代表作の一つといえる。

シェリングは『自由論』以来の悪と自由のテーマについてここでも語っているのだが、本書の文脈にとって重要なのは、その流れでかれが国家論についても展開している点である。そこでのペシミスティックな論調には、シェリング自身の当時の状況やシュトゥットガルト地域が反動政治にさらされていた背景など、様々な理由が想定されるが、本節では、それまでの政治論との連続のもとで内容を読解していく。(54)

『自由論』との連続性が如実に表れているのは、シェリングが最初のほうで、神という根源的存在をどのようなものとして描くべきかを論じている箇所である。かれは、『自由論』とまったく同様に、神を「突然完成して不変的に現存するもの」として理解することを批判し、それを「生き生きとしたもの Lebendigkeit」として理解するには「人格として persönlich」解する必要があることを説いている (SW VII, 432)。つまり、「神の生命は人間の生命と酷似している」のである——ただし、唯一「依存性 Abhängigkeit」だけは人間にしかない負の特徴なのであるが (同)。

ここまでは『自由論』でも示されていた内容である。ただし、『私講義』においては、そのような神の動態的なあり方が、神のたえざる「自己創造」というモチーフのもとで、いっそう明確な仕方で描かれている。「神は自己の前あるいは外には何ももたない現実的な存在者である」(同)。これはシェリングの根本前提である。しかし、そのような絶対的存在であるはずの神が、みずからのうちに「無意識的な暗闇」の原理（433）を抱え込んでいることもまた事実であるという。かれが思い描くに――まさにこれこそが『諸世界時代』構想に引き継がれるテーマなのだが――神はその暗闇を克服するために、その暗闇を素材として世界を創造し、みずからの姿を光のもとに確認したという。これこそがこの世界の由来であり、シェリングなりの「創世記」なのである。かれは次のように述べている。

神は自己自身を造る *Gott macht sich selbst*。そして神が自己自身を造ることが確かであるように、神ははじめから直ちに完成され現存するものではないということも確かである。というのも、そうでもなければ、神が自己を造る必要がなくなってしまうからだ。〔…〕世界創造の全過程は本来、――それは引き続き自然および歴史における生命の過程であるが――神の意識化、人格化の成就の過程にほかならない。〔…〕わたしたちの自己形成の過程は〔…〕、わたしたちのうちで無意識に現存するものを意識へと高め、わたしたちの内にある生まれもっての暗闇を光へと高めること、一言でいうならば明晰さへと達するという点にあるのだ。（432-3）

この箇所を読み解くうえでは、ここでいう神の無意識たる「暗闇」が「物質＝素材 Materie」と

（54）ホラーバッハは、『私講義』を当時の政治状況との関連で読むように促している。シェリングがこの講義をおこなったヴュルテンベルクでは当時、フリードリヒ王による新絶対主義的な圧政がしかれていた（Hollerbach 1957, 195）。

も明確に言い換えられていること（435）を念頭に置かれたい。すなわち、神は自己のうちの把握されざる「暗闇」の部分を「素材」にして、世界をたえず創造し続けているのである。それによって、被造物たる世界は「暗闇」を取り払われ、神にとってますます慣れ親しんだものとなるわけだ。

要するに、シェリングが言わんとしているのは次のようなことである。まず第一に、根源存在としての神は、この世界におけるあらゆる対立物のあいだの交渉が成り立つためにも、「絶対的同一性」として実在している。しかし、ただあるだけでは、実在的 real ではない。神はその不確かさに一種の不安を感じるのである。そこで神は、自己の内にありながらもいまだに理念化ないし精神化されていない素材 Materie に働きかけ、この世界を不断に創造し続けているのだ。その過程によって、この物質界たる世界が神にとって徐々に慣れ親しんだものと、いわば故郷となる。

このような前提を確認したうえであれば、シェリングがここで新たに導入する「存在しないもの Nichtseyendes」という概念も理解しやすくなるだろう。シェリングがこの講義のなかでその奇妙な概念の例として展開しているのが、「物質」や「無意識」、「暗闇」、「悪」といったものであり、それらは存在にたいする単なる対極である「無 Nichts」とは明確に区別されている。分かりやすい例は、『自由論』でも盛んに取り上げられた「病」の状態である。シェリングの説明に依るならば、「病」はわたしたちの生につねに潜在しているが、その生はというと、たいていの場合にその潜在性としての病を存在していないかのように扱っている。しかし、生がなにか危機にさらされたときには、それが「恐るべき現実性」（437）でもって突如立ち現われるのである。それはまるで、わたしたちを支える根底 Grund が普段は意識されないものの、ひとたび地震などの災厄が起これば、わたしたちを脅かす深淵 Abgrund に姿を変えるかのようである。しかし、その根底なくしてわたしたちの生活は営まれないように、「病」の潜在性そのものを絶ってしまっては、わたしたちの生命自体が活動をそもそも続けることができない。いわば死こそが、病から完全に逃れるための唯一の選択肢なのである。

このようにシェリングは、存在一般が「存在していないもの」という「曖昧なもの dunkel」[55]によって支えられているというそもそもの逆説に目を向けている。右でもみてきたように、かれにとっては「神」という完全なる「存在」ですらも、そうした逆説からは逃れることができず、むしろその逆説こそがこの世界を可能にしているとまで、ここでは論じているのだ。

2 人間が不完全であることの証として立ちはだかる「国家」

シェリングがここまでで論じていたのは、精神的存在である神と、物質的存在であるこの世界とのあいだの関係であった。そこからかれは後半にかけて、それらのあいだの中間的存在である人間を導入し、そこから「国家」についての論述へと足を踏み入れる。「第三章　人間と人間的自由の

(55) ドイツ語の dunkel という形容詞には、「曖昧である」と「暗い」という二つの意味が含まれていることを念頭に置かれたい。この語のもつ両義性を活用して、バウムガルテンの美学がいまだに「明瞭な klar」領域に留まっていると批判したのはヘルダーであった。「人間の魂の曖昧な深淵」に根差した美学というヘルダーの構想は、広義のロマン主義の思想家たちに受け継がれていく。なおシェリングもその流れのなかに位置づけられるだろう。ヘルダーのこうした企てについては、Menke (2017=2022) のとりわけ「第三章」を参照。

概念、悪の起源」では、まさにその題名が示しているように、人間の自由についての議論がすすめられる。シェリングは、「自由を擁護する論者たち」が「人間が自然から独立していること」をただ論じることだけに満足している現状を批判し、次のように述べている。

人間は自然という存在しないものと絶対的に存在するものである神との中間に立つことによって、その両方から自由である。人間は自然のうちに独立した根をもつことによって神から自由であり、自然のただなかにあって自然を超えた神的なものが人間のうちに覚醒されることによって自然から自由なのである。(SW VII, 458)

ここでの「存在する／しない」ということばの用法については先述した通りである。重要なのは、人間が精神的でかつ自然的でもあるという中途半端な存在として位置づけられるも、その中途半端さゆえに「自由」を獲得しているという洞察である。すなわち、人間は神のようには自然と完全に調和することができず、あくまでその調和にいたるように「存在しないものから自分をもう一度高めなければならない」(459) のである。神が「永遠」に達成していることを、人間は「時間」をかけて達成しなければならない、いわば歴史的な存在なのである。

このような「自然への退行」はまさに、シェリングが「堕落」や「悪の起源」として語ってきたことの再論である。ただし、ここでの真新しい興味深い点は、人間が「自然」に退行していることが、人間存在の条件である「複数性 Mehrheit」として説明されているところである(「人間は一人で世界のうちにいるのではない。複数の人間が存在し、人類、人間性が存在する」(460)[56]。このような複数性は、人間が神のように見事な統一を達成できないことの原因でもある。しかし、そこから不完全で何らかの統一をつくりださなければ、人間は他者と共同して生きていくことができない。そこで必要とされるのが、「第二の自然」としての「国家」なのである。

> 神はもはや自由な存在者〔人間〕の統一であることができないので、自由な存在者は自然の統一を追い求めねばならないのである。ところが、その自然の統一も、自由な存在者にとっての真の統一ではあり得ないので〔…〕一時的なはかない紐帯 vergängliches Band に過ぎないのである。自然の統一、この第一の自然を超えた第二の自然を、人間はやむをえず自己の統一としなければならない。それこそが国家なのである。したがって国家は、率直に言ってしまうと、人類に宿る呪いの帰結なのである。人間は神を統一のために抱えることができないので、物理的な統一のもとに屈しなければならないのだ。(461)

ここでいう「呪い」ということばは、『体系』でも示された「代補 Supplement」という規定とも響き合っている。すなわち、人間が国家を必要悪として抱えざるをえないそのこと自体が、人間が

(56) 政治の条件に人間の「複数性」を置くアーレント(1994)の『人間の条件』を想起されたい。ただしシェリングの場合には、その「複数性」が人間存在の不完全さをしめす悲劇性として両義的に捉えられている。

不完全で有限であることの証なのである——ただし逆にいうと、人間がもし仮に完全な存在になれば国家は不要になるということも、ここでは示唆されているのだが[57]。

さらに示唆的なのは、続く箇所でシェリングが、このように国家は人間にとって不十分な仮宿でありつづけることを国家自体が重々承知していると思弁的に記している点である。それがゆえに、「国家は〔…〕高次の精神的動機を要求しなければならないことを十分に知っているのだが、国家はその動機を支配することができず、その動機はというと国家の力の外にあるのだ」（同）という。すなわち、国家はみずからが「代補」にすぎない機械装置であることを知っていて、それを支える動機や正当性を調達するために外部を求めるのだ[58]。それが最悪なかたちで現われた例として、「フランス革命」が引き合いに出されている。シェリングにとってフランス革命はまさに、国家が人間とのあいだに調和を無理にもたらそうとして、みずからが「倫理的状態を生み出すことを誇った」（同）がゆえに道徳的な専制に陥ったいまだ生々しい実例なのである。

ここで、右で述べた「存在しないもの」という概念について想起されたい。シェリング自身はそれを国家と直接に結びつけてはいないが、その概念が指していたのは人間を支える根底Grundたる自然であったことからも、それは「第二の自然」としての国家にも適用可能である。だとすると、シェリングにとっての国家とは、悪や病といった人間の生にとって不可避な現象であり、普段はその存在を意識せずに済んでいるが、危機の際には「恐るべき現実性」でもってわたしたちに襲いかかる幽霊のような存在であることがわかる。

以上のような議論をうけて、たとえばハーバーマスは、それまで共和主義的な共同体像をもっていたシェリングが、『私講義』においてはそれを撤回したと指摘している。[59] また他にもこうした文言からシェリングの反動化の契機を見て取ることもできるかもしれない。しかし、右の引用箇所の直後には、そういった結論を必ずしも許容しない両義性があることも確認しておきたい。

わたしは次のように考えている。国家そのものはまったく真の絶対的統一を見出すことはできないということ、あらゆる国家はそのような統一を見出す試みに過ぎず、そして、つねに実際にその全体になることはできない、あるいは少なくとも、〔…〕有機的な全体 organische Ganze になろうとする試みなのである。〔…〕真のポリテイアは天のうちにのみあり、自由と無邪気さとが絶対的国家の唯一の条件である。〔…〕しかし、プラトンは、わたしがここで記述しているような国家を完成せよといっているのではない。そうではなく、もし絶対的に完全な国家が存在しうるとしたら、それはかくあらねばならないというのである。（462）

つまりここでシェリングは、共同体を創設する試み自体が結局のところ失敗にいたるがゆえに空

（57）本書の「第4章」で議論される「哲学的宗教」とは、まさにそのような状態についての考察である。
（58）Schmiljun (2015, 67) も指摘しているように、シェリングのこのような見解は、法学者エルンスト＝ヴォルフガング・ベッケンフェルデの有名な次のテーゼと響き合う。「自由な世俗国家は、それ自体が保証することのできない前提によって存する」。
（59）Habermas (1978, 175) を参照。

しいものとして拒否しているわけではなく、完全なる天の国を地上に「完成」させようとすることを問題にしているのではないだろうか。シェリングにとって、フランス革命が目指した「理性国家 Vernunftstaat」（同）とは、まさにその最たる例であった。右でも確認した通り、かれはより高次へと自らを再び高めようとする存在として人間を規定しており、国家はその過程における一種の失敗作にすぎない[60]。

よって、シェリングの国家はつねに未完の全体性にとどまり、かれの議論構成においては、『最古の体系綱領』のときのように「国家の先 über den Staat hinaus」がつねに想定されていることになる。要するに、シェリングにとっての「政治的なもの」とは、国家の「真の」完成態を実現することではなく、有機的な全体をその都度に「見出す」ことであり、目の前の現実を不変的な必然性と捉えることを徹底的に拒否する姿勢だといえないだろうか。そしてそれを見出す試みは、哲学や芸術、そして宗教の役割であるというのが、シェリングの『新演繹』以来の主張である[61]。とりわけ、『私講義』においては、これに続く箇所で「宗教」が問われている。

シェリングにとって、人間と国家とのあいだの関係を論じるだけでは、「人間の没落」のありようについて考察しているにすぎず、そこから歩み出して、「人間が再び高まること」について踏み込まなければならないとする（463）。「単に外面的な統一をもたらそうとする試み」にすぎない国家に対して、人びとのあいだに「心情の統一」をもたらすのは「教会」の役目である（463f.）。しかし、現実の教会や宗教はそのような役割を果たしてはいない。かれが期待するのは、次のような国家と宗教のあり方である。

究極の目標が何であろうとも、次のことは確かである。それはつまり、人類における宗教的認識の最高にしてもっとも全面的な展開だけが、国家を不必要にして破棄するわけではなくとも、国家を働かせ、国家そのものが、それを支配している盲目的な力から次第に解放され、自らを知性 Intelligenz へと変容させるようにすることができるであろう、ということである。（464f.）

つまり、国家が宗教と対立して他方を支配するというのでも、また宗教が国家に取って代わるというのでもなく、両者が均衡しながら並立していることがさしあたりの理想なのである。それによって、国家は道徳や人間の内面に踏み込まない外面的な支配装置のまま存在し、宗教は人びとの内面的な陶冶や良心の形成に専心することができるのである。この図式は、『学問論』でみられた国家と学問との関係を言い換えたものにほかならず、シェリングの国家論はその点で一貫していると言えよう。

（60）ベンスーサンはこの箇所を暗示して次のようにいう。「シェリングにとって、政治は活動――たとえばアーレント的な意味での活動――に属するのではなく儚い製造 fabrication éphémère である。この儚い製造物は単なる人工物にすぎないのであって、それゆえ人間が徹頭徹尾、政治的なものの切迫性と必然性に限定されていると考えることはできない」（Bensussan 2001,78 = 2018, 108）。

（61）本書では立ち入らないが、『芸術哲学』における理想の国家にかんする記述もそのようなものである。「学問と宗教、芸術が生き生きとしたかたちでたがいに浸透し合った一つのものとして、統一されたあり方で客観的となるところが国家である」（SW VI, 575）。

第5節　国家は超克されるためだけに存在するという逆説
――『神話の哲学への歴史的序論』「第二三講義」と「第二四講義」をめぐって

1　『神話の哲学』の背景とその体系における「第二三講義」と「第二四講義」の位置

『私講義』からおよそ三〇年後にシェリングは、紆余曲折を経ながらも最終的に、ヘーゲルの後任としてベルリン大学の哲学教授に着任した。かれは青年ヘーゲル派たちの面々をまえに、『神話の哲学』や『啓示の哲学』と題された講義をつづけた。しかし、フォイエルバッハがすでに宗教批判を熱心に展開していたような一八四〇年代の言論状況にあって、シェリングが諸民族の神話やキリスト教の歴史について語り続けていたことは、かれらの目には奇異に映っただろう。とくに後期シェリングのこのような姿は、かれに対する非政治的ないし保守的といった評価に一躍買ったかもしれない。そうしたいずれの評価にも一理ないわけではない。というのも、たとえば一八四八年の革命の際にかれは、革命の動乱に対しては日和見的で(62)、時局のなかで基本的には君主制を擁護していたこともあり、そういった姿勢だけをみるとかれの思想は保守的と映らざるをえないからである。

ところが、本節が検討する『神話の哲学への歴史的序論もしくは純粋合理哲学の叙述』「第二三講義」と「第二四講義」の記述をみてみると、かれが国家権力を徐々に最小化していく必要性を説き、それに比して「社会 Gesellschaft」という領域が拡大していくこと、そしてそれを可能にする人間の「良心」が育っていくことに最期まで期待をかけていたことが明らかとなる。この講義は、後期シェリングの「積極哲学」ないし「哲学的宗教」といった構想と密接に関係しており、その名前からして一見すると、本章がみてきた国家論とは関係がないかにみえるが、これまでみてきたシェリング政治論の一貫性を多くの点で示唆している。

それではまず、『神話の哲学』というテクスト全体について説明するところからはじめたい[63]。シェリングの『神話の哲学』は息子のK・F・A・シェリングによって一八五六年から五七年にかけて遺稿集として編集された。ここでの内容は、一八二一年から四二年のあいだに各大学で繰り返されてきた講義をもとに、シェリングが息子に編集指示したものである。この遺稿集は主に以下の四つの部から成る。

（1）『神話の哲学への歴史的批判序論』（第一〜一〇講義に相当：SW XI, 1-252）

（2）『神話の哲学への歴史的序論あるいは純粋合理哲学の叙述』（第一一〜二四講義に相当：XI, 253-572、以下『純粋合理哲学』）

（3）『一神教』（第一〜六講義：XII, 1-131）

（4）『神話論』（第七〜二九講義：XII, 133-674）

（62）シェリングは、ベルリンで三月革命が勃発した際には、ウンター・デン・リンデン七一番地に住んでおり、革命の経過をつぶさに日記で遺している。Sandkühler (1998, 37 = 2006, 58)を参照。

（63）『神話の哲学』の全体像と成立事情にかんする説明は、ペーツによる整理を参照（Sandkühler 1998, 150-1 = 2006, 217-9）。

本節で主に検討するのは、（2）『純粋合理哲学』のなかに収められた「第二三講」と「第二四講」であり、それらは直前の「第二二講義」とともに、シェリングによって「実践哲学」部門と位置づけられている。(64)（1）では「神話の哲学」を論じるための方法論が論じられ、この書のなかで最も有名な箇所である「トーテゴリー」と「アレゴリー」との対比などが取り上げられる。(65)続く（2）では、古代から現代までの、つまりプラトン、アリストテレスからカントまでの哲学史が広範に論じられる。その標題のせいもあって誤解されやすいが、（2）はあくまで、神話の哲学への「序論」であって、神話について直接論じているわけでは必ずしもなく、それを論じるにあたって必要な、かれの哲学的基礎がまとめられているといえるだろう。

もう一点、（2）を論じるうえで重要なのは、それが時系列の上では最も晩年に準備された草稿であるということだ。それが執筆されたのは、およそ一八四七年からかれが死ぬ五四年までの時期に相当し、ちょうど一八四八年の革命とその余波がのこるベルリンで書き溜められていたことになる。(66)そのため、ここでの論述には三月革命のことはまったく触れられてなくとも、かれのその時期の思索や省察が反映されていてもなんら不思議ではない。

次に、『純粋合理哲学』の全体構成へと移ろう。それを知るうえでは、後期シェリングの研究者であるマルクス・ガブリエルによる整理図式が一つの視座を提供してくれる。ガブリエルは、その全体像をわかりやすくするために、ヘーゲルの『エンチュクロペディー』と照らし合わせて晩期シェリングの体系を以下のように図式化している。

ヘーゲル：　a. 論理学　b. 主観的精神　c. 客観的精神　d. 絶対精神
シェリング：　a. 消極哲学　b. 有限な諸個人　c. 国家　d. 積極哲学〔＝社会、哲学的宗教？〕[67]

この図式からわかるように、シェリングは、人間という歴史的存在を想定しない純粋に理論的な状態を「a. 消極哲学」としてそこから出発し、次に主体としての個人について論じ、さらにその意志の客観態である国家を演繹しようとする。この流れを踏まえてみていくと、「第二二講義」は〈bからcへの移行〉を、アリストテレスの魂論を下敷きに、魂の拡張体としての共同体を論じている箇所にあたる。つづく「第二三講義」では、〈c〉の国家論が展開されている。そこから最終

(64) 全集を編纂した息子が作成した目次によると、「第二二講義」の内容が「実践哲学への移行」とみなされている。なおこの部分は当時講義されず草稿しかなかったので、青年ヘーゲル派の面々は基本的にその内容にアクセスできなかったと推察される。
(65) 神話を別のことばや概念によって置き換えるのではなく、それ自体の構造や内部連関から読み解こうとする方針が「トーテゴリー」と呼ばれている。それに対する「アレゴリー」においては、神話や宗教が、なにか別の事象を暗に示すものとして捉えられているとし、シェリングは後者を批判している（SW XI, 195-6）。
(66) 全集編者である息子による報告を参照（SW XI, VI）。なおこの頃のシェリングは、『啓示の哲学』講義を無断刊行されたことにたいする怒りからベルリン大学での講義を辞退し、ベルリンアカデミーなどの限られた場所でしか自らの思索を披露しなかった。そのため、この晩年の政治論も死後に全集版に収められてはじめて、人の目に触れるようになった。
(67) Gabriel (2006, 317) を参照。なお〔　〕は引用者による補足。

の「第二四講義」では、〈cからdへの移行〉が展望されているといえる。

なおヘーゲルの「絶対精神」と類比されていることからもわかるように、「積極哲学」（あるいは哲学的宗教）は後期シェリングにとって、国家から新しい人類への移行の結果、あるいは、来るべき救済のモチーフを帯びているのであり、「第二三講義」はこうした未来の救済の手前にありながらも、半ば永遠に持続する現在を考察する箇所ともいえる。

2 「理性は偶然を排除できるわけではない」――国家の「事実的側面」について

それでは「第二三講義」の内容をみていこう。「第二三講義」はおおまかに二つの部分に分けられ、シェリング自身のことばに沿っていうと、前半では国家の「事実的側面」が、後半では「歴史的側面」が叙述されている。

内容を先取りしておくと、前半では、個々の人間が絶対的な自由を希求しつつも、集団生活を営むうえでは共通の法則に従わざるをえないという個人と全体とのあいだの矛盾から、かれらを拘束する外的法則の客観態である国家が生じ、実際にそれが力 Gewalt をもつにいたるその過程が説明される。それに対して後半では、こうした「事実」が歴史的過程のなかからいかに成立してきたのかということが、キリスト教の成立を中心にした歴史的観点から再構成される。シェリングが考えるには、複数の部族を束ねる一つの民族が古代において成立したときに、単独の強力な個人が君主制を敷いたことが国家の由来であるという。この時点ではある特定の個人が共同体を支配しているが、やがて「人格 Person」という発想が特定の地域の指導者という性質から、キリスト教の誕生と普及を経て、ローマ帝国をも超えていく普遍的な性質を獲得したことが確認される。

つまり、シェリングにとって「人格」という概念は、地域や国家を超えていく普遍主義の象徴であり、来るべき「社会」のための鍵概念なのである。以下では、その内容をシェリングの叙述に沿って確認していく。

シェリングは最後の政治論をはじめるにあたって、およそ半世紀も前に書いた最初期の『新演繹』を思い起こさせるような書きぶりで（本章第1節を参照）、自我の自由とその共同体とのあいだの葛藤を論じている。「自分だけでありたいと、ほかならぬ自我自身でありたいと、現実に絶対的でありたいと、換言すると、あらゆることから自由でありたいと望む」（SW XI, 534）、それこそが自我の本性であるという。しかし、現に自我は「そのような状態にはない」（同）。むしろわたしたちは、「ほかの異質な権力 Gewalt によって取り囲まれているように感じるのだ」（同）。ここで自我は、自らの自由を抑制する「法 Gesetz」があることをはじめからア・プリオリに認識し、同時に「法からの解放」を望むようになる。

だからといって、シェリングがこのような「法」の存在自体を否定しようとしているわけではない。この「法」がア・プリオリに存在しなくては、自我と自我のあいだには支配─被支配というむきだしの闘争関係が現出してしまうのであって、それを避けるためには「法自体が実際に力 Macht になっていな」くてはならない。そのために必要とされるのが「国家」なのである（535）。つまり、自我による法からの逸脱や法に対する侵犯が、「実際の力」によって「違法」とみなされ処罰されるのでなければ、人間の共同生活はそもそも成り立たなくなるというわけだ。

シェリングはこのような法のア・プリオリ性を論じたうえで、以前と同様に、「契約説」によって共同体の起源を説明することを拒否している。つまり、人間は「自由な自我」でありたいと根源的に望んではいるものの、それを実際に望むやいなや、そうした自我の実現を阻む見えざる「権力」や「法」を感じ取ってしまう。そのため、個人の意識よりも先に、権力や法がア・プリオリに存在するのだ。そのため、「自由もないのに、どうすれば個人が相談したり、自発的な合意や国家を形成する契約を結んだりできるというのであろうか」（537）とシェリングは疑問を投げかける。

そこからシェリングは、この「法」がおよそ「自我」に先行して存在するという事実のなかに、「躓きの石 Anstoß」（535）を見て取る。わたしたちは互いの自由を侵さないために、「法」やその客観態たる「国家」を根源的に必要としている。しかし、その「法」自体がわたしたちを自由にしてくれるわけではない。つまり、法は仕方なく必要とされるが、あくまで物理的な闘争を緩和するだけで、個々人が自らの自我を実現することを保証してくれるわけではないのである。かれが考えるに、あくまでそれを実現するのは、わたしたちの「心術 Gesinnung」であるという。そこからシェリングは、法が個人の自由におよそ先立って存在することの利点は、それに従うか否かの自由をわたしたちに喚起してくれる点にあるとしている。かれはその自由を、この後の箇所でルターのことばを引きながら、「律法に従おうという気持ち Lust zum Gesetz」（555）とも呼んでいる。そのような前提を踏まえたうえで、シェリングは次のように述べている。

それゆえに、たんなる法の力によって人間はむしろ不自由になるであろうこと、そして、個人が

> 一般にはじめて自由であるのは、個人の意志から独立して先んじてある共同体がすでに存在する場合であるということは、明らかである。〔…〕国家は――あるいはカントがいっそう厳密に規定しているように法的立法――は、心術に無関心である。つまり、より適切に言い改めるなら、〔…〕法的立法はそれによってはじめて可能となるもの〔心術〕を促進することができないのである。(536)

このような記述のあとに、おそらく誤解を誘発するであろう次のようなことばが続く。「個人は国家によってはじめて人倫的に自由であり、人格なのである」(536)。「ただ国家においてのみ人間は現実の自由を見出し、手に入れるのだ」(537)。これらはいずれも、とくにそのことばだけでみれば、人間の自由が国家への服従のもとでかろうじて成り立つものであるという、きわめて保守的で権威主義的な意味合いをわたしたちに喚起する。しかし、注意が必要なのは、以下でも見ていくように、「国家」が「個人の自由」にとっての条件＝制約であることは、それがそのまま目的であることを帰結するわけではないということである。

そしてやはり、一見権威主義的にみえるこのような論述がシェリングのいかなる意図から必要とされているのかを確認しておくべきだろう。かれがここで批判しようとしているのは、あいもかわらず、共同体を合理主義的につくりあげようとする「理性国家」の発想である。絶対的な自由を求めるのではなく、外的な法則への支配に身を委ねること。シェリングは、こうした人間の心性につけこんで理性による秩序を外的に打ち立てようとする立場を諸々の契約論のなかに見出して厳しく批判しているのだ。かれによれば、「あれこれの国家や体制を造る *machen* ことができる」という根本的な「誤解」のもとに、こうした契約論の立場は成り立っているのだという（537）。

かれが振り返るには、「ここ最近の半世紀上にわたっておこなわれた同じ方向性をもつ試み」はいずれも失敗に終わり、最終的には過激化し、「天国を地上に創設する」という急進的なユートピア主義に陥ったという（537-8）——まったく同様の記述が『私講義』にもあったことを想起されたい。シェリングはここで、特定の個人や集団による恣意的な支配を一見すると廃したかにみえる、理性による統治こそが、結果的には、ある一部の人間による支配に過ぎないことを指摘しているのだ。この逆説に対するシェリングの視座は、本章で何度も確認してきた通り、かれの初期から一貫している。

なお「ここ最近の半世紀以上」ということばで具体的にどの事件が想定されているのかはテクストの上では特定が難しい。とはいえ、シェリングの生涯からして、およそそれが若き日に体験したフランス革命、そしてそこから生じたドイツでの保守反動的な専制政治、一八三〇年の七月革命、そしてかれが直近で経験した一八四八年の三月革命のすべてを指していたとしてもなんら不思議ではない。シェリングは長い生涯にわたって、これら三つの重大な革命とその後の保守反動をも経験した時代の証言者だったので、そうした想定はそれほど筋違いではないだろう。[68]

とはいえ、ここでは、シェリングが具体的に何を念頭に置いていたのかということよりも、かれが「理性」への過度な信頼を戒めていることのほうに注意を向けたい。かれは以下のように述べている。

理性が事実として力 Macht をもったからといって、それは偶然 das Zufällige を排除できるわけではない。この理性から分離できない偶然こそ、本質的なものが――換言すると、理性そのものが――獲得した褒賞なのである。〔…〕〈事実的なものを完全に除去し、遠ざけるまでになった時代には、偉人は存在しない〉、そんなふうに自称、理性の国の代弁者たちは、わたしたちの時代のために予言していた。〔ところがそれでは〕純粋な理性の国とともに平均人の楽園が開かれてしまうだろう。（538-9）

ここでシェリングが言わんとしていることは二つである。まず第一に、理性による支配はどれほど徹底しようとも、決して「偶然を排除することはできない」ということである。いかなる法に則した合理的な支配であっても、必ずそこから逸脱してしまうのが人間の心性である。そして第二には、それでもなおそのような支配を徹底しようとすると、そこではいっそう無人格的で合理主義的な支配が無慈悲に貫徹されるだけで、統治者ないし被統治者の個性（あるいは偶然性）はないがしろにされるだろうということである。かれのことばを繰り返すと、そこで訪れるのは「平均人の楽園」にほかならないのだ。

（68）松山（1994, 25）はシェリングのことを、「ドイツ古典哲学に属する哲学者のうちでただ一人、三つの革命（一七八九年、一八三〇年、一八四八／四九年）を体験した」人物として特徴づけている。

以上のことからして、シェリングが民主制ではなく立憲君主制をあくまで支持していた背景には、民主主義という政体を批判する意図よりも、無人格的で合理主義的な支配が貫徹されることへの恐れがあったことが強調されるべきであろう。ここまでが、シェリングによる「国家の事実的側面」に対する分析である。

3 国家を内的に超えることと「社会」の到来——国家の「歴史的側面」について

次に「第二三講義」の後半である。シェリングは、前半で述べたのと同じことを「歴史的側面」から捉えることで、これまでの内容がより多くの人にとってわかりやすくなるだろうと述べている(SW XI, 539)。

かれはまず、古代社会において、個人と家族から民族という単位が生まれ、国家が生じてくる人類史の壮大な過程をほんの数文で再構成している。

個人による支配は家族から始まり、次に部族 Stamm の全体、さらには複数の部族におよび、この複数の部族から民族 Volk が生じる。ここでの支配が最初にして最古の君主制、自然なる君主制である。〔…〕道は、この自然な(無自覚的な bewußtlos)君主制を起点とし、しかも対立(共和制的な諸理念)を経て、自覚的な君主制へといたるのである。(SW XI, 540)

ここでの記述を、このあとに続くシェリングによる歴史的な叙述を踏まえたうえで図式にまとめると、次のようになる。

家族↓部族↓民族（無自覚な君主制：アジア）↓共和制（ギリシアのアテナイ）↓自覚的な君主制（ローマ）

ここでは、こうした歴史的叙述の妥当性を問うことが目的ではない。注目すべきは、シェリングがローマの段階においてもまだ、「人格」という概念が国家を超えていくニュアンスを帯びていなかったがために、「国家」の成立は不十分であったと考えている点である。つまり、かれにとって、国家の成立は人格が脱国家的な意味を帯びることと切り離しえないのである。

たしかにローマにおいても「人格」という概念は法律の上で用いられてはいた。しかしそれは、「国家を超える人格ではなく、国家の内部にとどまる人格」（543）にすぎなかったというのがシェリングの見解である。こうした「人格」概念が刷新されるのは、キリスト教の普及、そしてそれと平行するローマ帝国が衰退していく時期にあたるという。

ローマ人は国家を乗り越えてしまい、キリスト教にとってのみ可能な世界帝国を希求していた。〔…〕ローマ人は世界帝国を――なるほど世俗的君主制によって――試みたが、しかし失敗に終わった。別の原理が到来せねばならなかったのである。〔…〕コンスタンティヌスは国家から宗教の独立を宣言せざるをえなかった。これによって実際、国家は自ら手段 Mittel であることを認めたのである。キリスト教とともに国家は別の高次の目的――換言すると、国家を超えている目的 Zweck――を手に入れたのである。(545-6)

要するに、国家はキリスト教という普遍宗教の原理を踏まえることで、自らを自己目的化することなく、より高次の精神的なものを実現するための「手段」とみなすことができるようになったのである。こうした文脈のもとでいよいよ、晩期シェリングが反動保守とみなされるきっかけとなった、熱心な国家擁護が展開されるのである。

わたしたちにとって重要だったのは、次のことを示すことであった。すなわち、国家(もちろんすべての国家がそうではないが)は、個人的自由を抑圧する代わりに、むしろそうした自由をはじめて可能にするということ、国家は個人 Individuum を人格 Person へと高めるということである。〔…〕国家は自我に媚びるために設置されているのではなく、あるいは自我への報酬としてあるのではなく、むしろ自我への懲罰としてあるのだ〔…〕。〔…〕国家は永遠に根ざし、人間の生とさらなる発展のための全体的な基礎 *Grundlage* である。この基礎は持続し、決して廃棄さええず、これ以上は探究不可能であり、先行条件 *Vorbedingung* なのである。(546-50)

この箇所だけを読むかぎりは、シェリングが熱心に国家という存在を擁護しているようにまたしてもみえる。かれにとって国家は、自我への「懲罰」の証であり、わたしたちが生きるうえでの

「先行条件」であるために放棄することはもはや不可能なのである。ここから、たとえばハーバーマスは、シェリングが若き日の自由主義者から転向したとみなしていた[69]。

ところが、議論の道筋はそれほど単純ではない。というのも、シェリングはこの講義のなかで、国家は自らが乗り越えられていくための条件をも人びとのために準備すると示唆してもいるからだ。「国家は個人を人格へと高める」という右のことばは、そのように理解されねばならない。そのうえで、この講義の末部をみれば、シェリングの国家論が少なくとも現状追認の方便ではないことが明らかだろう。

> それゆえ課題は、個人に最大限に可能な自由（独立自存の状態）を与えることである。自由とはつまり、国家を超えて über den Staat hinaus、いわば国家の彼岸にあるという自由である。〔…〕国家はありとあらゆるものを吸収し、個人に余暇 Muße を与えることなく、むしろ個人をありとあらゆるものへと拘束し、あらゆる人の時間を国家自体のために略奪し、あらゆる人に国家の重荷を負わせる。〔…〕国家はたんなる外面的な共同体であり、事実的な世界に対立する事実的な共同体である。このようなものである以上、国家は目的ではありえない。同じ理由からして、最も完全なる国家〔を目指すこと〕は歴史の目標ではないのである。（551-2）[70]

（69）Habermas（1978, 172-7）を参照。

（70）引用中の「国家を超えて über den Staat hinaus」が『最古の体系綱領』以来の標語であることに留意されたい。Hofmann（1999）を参照。

ここには、国家にたいする最大限の批判が展開されている。シェリングが考えるに、「国家」は人びとの活力や時間を無慈悲に奪うのであって、端的に「自由である」とは、そのような「国家を超えたところで über den Staat hinaus」存在することができるということなのだという。つまり国家とは、その実質の良し悪しにもかかわらず、その本性からして、人びとに「懲罰」を与える牢獄のような装置なのである。よって、「完全なる国家は歴史の目標ではない」。しかし、だとすると、国家といういわば必要悪のもとで徐々に育つ人びとの「人格」[71]や「心術」、そして「良心」といったものが追い求めるのは、どのような未来の共同体なのか、歴史の終着点には何があるのだろうか。

残念ながらシェリングは、その内実について語っていない。もし仮にそうした未来について具体的に語ってしまうならば、シェリングが自ら批判するところの「理性」の「専制」に陥ってしまうということなのだろうか。かれが未来を語ることを禁欲している理由や背景は定かではない。わたしたちにとって知ることができるのは、そうした未来の状態に与えられた「社会」という名前だけである。

> これらの徳 Tugend〔社会的徳〕の出現とともに、非自発的な共同体をこえて自発的な共同体、その意味で高次の共同体が出現する。この高次の共同体をわれわれは社会 *Gesellschaft* と名づけよう。この意味で国家は社会の担い手 *Träger* なのである。〔…〕国家は社会が発展するのを遅延させたり、その行く手を遮ったりすることができる。同様に反対のほうからは、社会が国家を弱体

化させたり、自己の支配の下に置いたりする試みが生じるのである。（541-2）

ここでいう「国家は社会の担い手である」のニュアンスはいかなるものなのか。たとえばシュラーヴェンは、国家が社会を「運ぶ tragen」という含意から、シェリングの考える「社会」とは、国家の外部に実体として広がっているわけではないと強調している。[72] つまり、ここでいう「社会」は「国家」の内部で育っていくものであり、「国家」は自らへの対抗者であるはずの「社会」を「運ぶ」というわけである。シェリング自身が説明しているわけではないのでこれについても結論づけるのは困難ではある。とはいえ、右での引用からして、やはりそれは国家の「内部」で個々人の徳が現実化する過程とでも考えることができるのではないだろうか。なお、このような議論構成からして、ここでいう「社会」は『学問論』における「大学」や『私講義』における「真の教会」に相当しており、その名前は変わろうとも実質的な機能は同等であるといえよう。[73]

（71）ここで立ち入ることはできないが、ここまでみてきたような「人格」概念の内実を踏まえることで、プロイセンの擁護者である保守派のフリードリヒ・ユリウス・シュタールに対する後期シェリングの影響についても、公平に論じることができるだろう。たとえば、ソーンヒル（2012）は、シュタールの君主制論にシェリングの哲学が与えた強い影響について指摘しているが、その点については即断をせずに、いっそうの考察が必要であろう。なおソーンヒルは、後期シェリングの政治思想が『学問論』から始まるとしており、その点でも本書の視座からは問題含みである。

（72）Schraven（1989, 172）を参照。

（73）さらにここには、本書の「第1章第3節」でみた「敬虔主義」からの影響も見て取れるのではないだろうか。

この箇所は、この講義の末部にある次のことばと照らし合わせてみると、いっそう興味深い。「現今の秩序なんぞは目的ではない。それはただ揚棄されるためだけに存在するのだ die gegenwärtige Ordnung ist nicht Zweck, sie ist nur um aufgehoben zu werden」(552)。ここでいう「現今の秩序」とはおそらく「国家」を指している。だとすると、国家はわたしたちの良心や心術を試し、それを発揮させるためだけに、そして「国家を超えるもの」をこの世界に媒介するためだけに存在しているといえはしないだろうか。

ここまでの要諦をシェリングは、この「第二三講義」の別のところで、次のようにも述べている。

> 国家は個人に心術をはじめて可能にする。国家そのものはしかし、心術を要求するわけではない。国家は心術を要求せず、可能にするだけであって、外面的な公正さで満足し、そのための配慮にかんしては自己の義務とする。まさにそのことによって、国家は個人を自由にし、個人に徳を実施するための余地を与える。これらの徳は自由な意志にもとづくのであって、そうであるからこそはじめて人格的であるのだ〔…〕。(541)

国家は個人の自由にとっての「先行条件」であるが、それはあくまで積極的に人びとが自由を実現することを阻むということではなくて、「法」という姿で立ちはだかることによって、その自由を発揮する可能性に「余地」を与えているのである。もし仮に、国家がただ存在だけで人びとにすべてを——幸福や自由、徳など——保証してくれるのであれば、それはユートピアであるか、さもなくばディストピアである。

ここにはまたしても、シェリングが好んだハラーの詩の一節が反響している。「世界が欠点をもっていても、意志のない天使の王国よりは善い」[74]。シェリングが言わんとしているのは、そのような国家万能論では決してない。国家が万能であれば、「意志のない天使の王国」をもたらすことになるだろう。むしろ、人間の側が国家に対してそのように強い期待をすれば、ただちに国家は専制に陥るというプロセスにかれは目を向けてきた。よって、かれにとって国家とは、一貫して、国家を超えていく人間の心術とその形成 Bildung の機会を「運んできてくれる tragen」必要悪として考えられているのだ。

4 「哲学的宗教」に向けて——「律法」との人格的な関係は可能か

以上のような見解を、『純粋合理哲学の叙述』の最後である「第二四講義」も——そしてそれは同時に、時系列からして最晩年の思索におよそあたるわけだが——補強している。その冒頭は次の

そもそも敬虔主義の運動は、一六七〇年のフランクルトにおける「敬虔の集い」に端を発している（ヴァルマン 2012, 64）。敬虔主義にとっての「集い Gesellschaft」とは、教会が管轄する通常の公的な集会とは異なる、少人数者による私的で自由な集まりを、「教会内の小教会《エクレシア》」を意味していた。そこでは、教条主義的な解釈からは離れた自由な聖書研究と、修練による内面の陶冶が重視された。テュービンゲンにおいても一七〇三年頃には、宗教局の審理によって制約を受けたかたちではあるが、そのような小集会の権利が勝ち取られた（同，224-5）。

（74）本書の「第2章第1節」の末部を参照。

通りである。

それゆえに、高次の発展にかんしては、国家はたんに基盤、下に置かれているもの、通過点Durchgangspunktでしかなく、またこのような意味でしか、この講義においては国家は論じられていない。前進するものdas Fortschreitendeは国家を超えていくものに存している。しかし、国家を超えていくものとは個人Individuumである。〔…〕国家は心術に対して無関心なので、心術にかんする吟味はそれだけいっそう個人に任されている〔…〕。国家には誰も属していないが、道徳法則には誰もが無条件に属している。国家とは、人がそれと折り合いをつけるもの、それに対して完全に受動的に振舞うものであるが、倫理法則はそうではない。国家は、それがいかに強力でも、外面的な正義、換言すると、同様に事実的な正義にしかたどり着かない。反対に、いかに国家が無力であり、それどころか完全に解体しても、あの内的な、心のなかに書き込まれた律法は持続し、その分だけいっそう切迫しているのである。(553f.)

国家はあくまで外面的な権威に留まるのであって、個人の内面に深く刻み込まれている「律法」を呼び覚ますのは「心術」である。シェリングがここでも言わんとしているのは、「理性の力」とその客観態である「国家」はあくまで「非人格的なもの」に過ぎず、諸個人の「律法に従おうという気持ちLust zum Gesetz」を喚起できるわけではないということである(555)。「律法」は外的な強制からではなくて内面的な発露によって順守されねばならず、その意味でただ「人格」のみが

「律法」とのあいだに（外からの強制というかたちではなく）内面的な関わりをもつことができるのである。

シェリングが、「律法」による外面的支配のなかに、「理性」による専制へとおちいる可能性をみて、それに対置される「人格」による自律的支配をここでも説いていることはいうまでもない。このことをかれは本講義の末部で、「旧約から新約への、律法から福音への、自然から精神への移行」（571）と呼んでいる。その点からも、シェリングがここである種のキリスト教的な倫理を唱えていることは明らかである。ただし、かれはあくまで「キリスト教」という呼び名を避けて、キリスト教倫理の核が徹底された理想状態のことを、現実のキリスト教とは明確に区別して「哲学的宗教」と呼んでいる。

「第二四講義」は、まさに将来の来るべき「哲学的宗教」への移行が唱えられることで閉じられている。しかし、この突如導入された「哲学的宗教」という聞き慣れない概念は、一体何を意味しているのだろうか。それは端的には、「現実的な諸宗教である、神話的宗教と啓示された宗教とを、実在的に reell 把握しなければならない宗教」（568f.）とされるが、それについては『啓示の哲学』で主に論じられており、本書の「第4章」で詳しくみる。

ただし、現時点で一点だけ付け加えておくと、シェリングがこの将来の「宗教」に「哲学的」ということばを付している背景には、神話や啓示を理性的認識が及んでいない非合理なものとして片づける当時の宗教批判がある。つまり、シェリングはここで、人間の根底にひそむ「救済」への欲求を擁護することで、そのような反宗教の風潮を批判しつつも、同時に、宗教や神秘主義がもつ不可解さがア・ポステリオリに認識される可能性と必要性も——その不可解さに学的に到達しうることが「人間の自由」を保証している——説いているのだ。(75)

(75) かつてレッシングは『人類の教育』のなかで、「理性」と「啓示」が「互いに奉仕する」ような未来を構想し、若き日のシェリングに影響を与えたが、そうした最初期のモチーフがここにもみられる。たとえば菅原は、最初期シェリングの思想形成（なかでも「新しい神話」構想とマギスター論文の『悪の起源について』）においてレッシングが果たした役割について論じている。菅原（2001, 52-54）を参照。

第4章　ケノーシス的終末論としての哲学的宗教

――『啓示の哲学』の「未来」

シェリングの国家論について論じた前章の最終節において、かれのいう「哲学的宗教」が国家を超えた先に実現されるべき未来の宗教のあり方として構想されていることを確認した。しかし、はたしてその「哲学的宗教」とは何だろうか。この点は、シェリングを政治哲学として読もうとする昨今の研究動向においても注目されている。本章はそのような動向に応えつつ、主に『啓示の哲学』のなかにかれの「哲学的宗教」構想の内実を探っていきたい。以下でも指摘されるように、この構想はシェリングのキリスト教理解と切り離すことができない。

本章の流れは次の通りである。まず「第1節」では、後期シェリングのなかにユートピア主義的な政治哲学をみる昨今の解釈を紹介し、その可能性と問題点について指摘する。なかでも本書が取り上げるのは、サイティヤ・ブラータ・ダスによる研究である。かれの研究を本書は、『啓示の哲学』研究という視座から補うことを目指す。次の「第2節」では、シェリングが提示した「哲学的宗教」という構想の内実について明らかにする。そして「第3節」では、シェリングがキリスト教の核心を理解するにあたって用いた「ケノーシス」というモチーフに注目し、それを手がかりに『啓示の哲学』の最終部分について読解していく。とくに最終部分のヨアキム主義的な箇所はこれまでの研究史においても軽視されてきたが、それがもつ体系上の重要性についても焦点を当てる。

第1節　シェリングの終末論とその政治批判
――サイティヤ・ブラータ・ダスの『シェリングの政治神学』（二〇一六年）を例に

二一世紀に入ってこのかた、シェリングの宗教思想をその政治的側面に注目して研究する動向が興隆をみせている。火付け役となったのは、ジェラール・ベンスーサンの一連の研究であろう。ベンスーサンは、たとえば主著の『メシア的時間』(1)のなかで、ヘーゲルの目的論的な歴史哲学を批判して、シェリングのなかに、目的論とは区別されるメシアニズムないし終末論の可能性を看取していた。その動向がひろく英語圏に知られるようになったきっかけは、ベンスーサンの弟子にあたるサイティヤ・ブラータ・ダスの『シェリングの政治神学』（二〇一六年）(2)であろう。ダスは、ベンスーサンが案出した「メシア的終末論」という切り口(3)で以て、シェリングのテクストを広範に読み解いた。この画期的な研究にたいしては、ミグラーをはじめ現代を代表するシェリング研究者が応答している。かれらは、ベンスーサン＝ダスによって切り拓かれた「シェリングと政治神学」という問題圏を新たな戦場として発見したのである。(4)

しかし、そこで用いられている「政治神学」とはそもそも何を意味するのだろうか。これについては確定的な定義があるわけではなく、解釈者たちのあいだにも共通の見解や合意があるわけではない。強いて言えば、一連の議論の出発点がC・シュミットの著作『政治神学』（初版一九二二年）にあることは、多くが認めるだろう——ただしシュミット自身のその語のニュアンスをめぐっても、尽きせぬ議論がある(5)。そのためここでは、「政治神学」ということば自体の直接的な意味よりも、それがいかなるテーゼや問題圏をめぐってなされているのかを暫定的に記しておくにとどめたい。それは、アライダ・アスマンやヤン・アスマンたちのことばを借りれば、「政治的秩序が正統性を獲得するために訴えることのできるような「内在的な」カテゴリーは存在しない(6)」というテーゼをめぐる言説だといえる(7)。つまり、二〇世紀以降、拡大された意味で用いられる「政治神学」と

（1）Bensussan（2001＝2018）を参照。

（2）Das（2016）を参照。

（3）McGrath（2021）を参照。

（4）メイ・モーリッツもシェリングの政治哲学を論じるにあたって、「政治神学」ということばを標題に用いている。ただし、そこでも必ずしもその規定の内実は定義されていない。Hühn（2022, 279-297）を参照。

（5）たとえばメーリング（2022, 13-6）を参照。また「政治神学」という語彙自体は、シュミット自身が指摘しているように、アウグスティヌスの『神の国』とかれが依拠するテレンティウス・ヴァロにまで遡ることができる。シュミット（2007, 262-3）を参照。

（6）このテーゼは、シュミットとタウベスのあいだにある共通の見解を、ヴォルフ＝ダニエル・ハルトヴィッヒとアスマン夫妻が約言したものである。『パウロの政治神学』に収められた編者たちによるあとがき（タウベス 2010, 256）を参照。

は、政治的共同体が自らの正統性をいかに調達し獲得するのかをめぐる問いと学である。

それでは、「政治神学」にかんして暫定的に規定したうえで、画期となったダスのシェリング読解をみておこう。かれの全体方針をつかむうえで最も重要なのは、「目的論 teleology」と「終末論 eschatology」の区別である。この区別自体はヤーコプ・タウベスの研究に元は由来するが(8)、その変奏であるダスにとっての「終末論」とは、現行の秩序や調和を揺るがすような「例外」を、既存の政治体制や現在の主権の正当化のために専有することを徹底的に拒否し、例外をまったきカオスのままに受け入れる思想態度のことを言い表している。そうした系譜に対して、かれがヘーゲルやC・シュミットを念頭に批判する「目的論」はというと、「例外」をあくまで「主権」の延命へと従属させてしまう哲学志向を意味しており、それらは国家の存続を正当化するためのロジックとして仕える傾向にある。

このような区分を踏まえてダスが一貫して批判しているのは、シュミットの根底にあるヘーゲルの歴史哲学である。ダスによると、そのような見解は、「超越性という神学的な発想を、地上の政治的主権の形象を神学的基礎のうえに正当化するために導入する〔…〕内在的な歴史形而上学」(9)であるという。それに対してシェリングの哲学はというと、主権性に従属させないかたちで「例外状態」について語ろうとした、ベンヤミンやタウベスといった真の「終末論」の系譜に位置づけられる。

そうした後者の系譜の根本基調としてダスが挙げるのは、「主権をまぬがれた例外性 Exception without Sovereignty」という根本モチーフである。こうした概念は、真の意味での「終末 eschaton」

とも言い換えられ、次のように説明されている。

終末《エスカトン》が優れた意味での例外という観念であるのなら、それは〈主権的な例外性〉とは別であるにちがいない。〈主権的な例外性〉は、合法性という規範的で一般的な秩序を、決‐断という行為によって宙吊りにすることで、新たなノモスの秩序を可能にし、それを正当化するに過ぎない。〔…〕例外についてのこうした合法性原理〔アルケー archē〕とは対照的に、私〔ダス〕が思考しようとしているのは、アナーキー *an- archē* でしかありえないような、〈脱‐正当化する例外性〉であって、それは「原理」や潜在力 potentiality、すなわち力を免れた例外性なのである。(10)

(7) ほかにも、「政治神学」という研究領域が何を扱うのかをめぐっては、二〇二一年に刊行された政治神学論集の編者まえがきが参考になる。そこでは、次の三つの点をめぐる問題圏が「政治神学」によって扱われると綱領的に規定されている (Chepurin and Dubilet 2021, 2)。①神学領域と政治領域とのあいだの構造的かつ体系的な類比性、概念や操作の歴史的以降について。②近代の世俗的（だとされている）性格について。③超越性と主権性の中心性について。なお本書が扱う研究は、②の側面よりも③に焦点を絞っているようにおもわれる。前注で挙げたアスマンらによる暫定的な定義も、①と③に寄っている。

(8) ダスの議論の骨格を成す重要な思想家としてはもうひとり、ライナー・シュールマンの名前が挙げられるが、本書では論じられない。ダスのシュールマン哲学に対する理解については、Das (2016, 2-4) を参照。

(9) Das (2016,210).

(10) Das (2016, 29-30:〔　〕は引用者による補足).

ここで説明されているように、「主権的な例外性」は、正当性の危機や中断をも、新しい法秩序を創設するための契機として機能させ、あくまで「目的論」に仕える。それに対して、そうした「正当化」の無限連鎖から解放されたかたちで、「例外性」について思考することのできる哲学を、ダスは、シェリングやベンヤミン、タウベスのなかに見出しているのだ(11)。

本章の直接的な目的は、こうしたダスの野心的かつ壮大な構想全体を評価することではない。あくまでここでの問題は、かれがこうした構想をシェリングの『啓示の哲学』に見出していることをどのように評価すべきなのか、という点である。そもそも後期シェリングの思索を代表する『啓示の哲学』は、長らくのあいだ、青年ヘーゲル派による厳しい批判もあいまって、かれの保守化を象徴する著作だとされてきたことについては、何度も指摘した通りである。そのような流れのなかで、ダスとそれに触発された論者たちが、この著作のなかに、政治や国家を根底から否定するメシアニズムやユートピア主義の可能性を見て取ろうとすることは、きわめて野心的である。そのため、シェリング政治哲学のポテンシャルを探る本書にとって、そうした動向は示唆的である。

たとえば、ダスによる『啓示の哲学』読解を象徴する箇所を一つだけみておこう。かれが注目するのは、かの有名な「本質存在／〜である／もの was, quid sit」と「事実存在／〜がある／こと daß, quod sit」とのあいだの区別（SW XIII, 57-8）である。振り返っておくと、シェリングは『啓示の哲学』のなかで、従来の西洋哲学全体と自らのそれまでの立場を「消極哲学 negative Philosohie」とみなし、それとは一線を画する別の哲学のあり方に「積極哲学 positive Philosophie」という名前を与えた。前者が、存在する対象が「何であるのか was」という本質を「理性」によって把握しようとするのに対して、後者は、理性や概念ではなく「経験」に根ざして、その対象そのものが「存在すること daß」自体を問おうとする。

ダスはこの箇所を引用し、後者の「事実存在 daß」のうちに「主権を免れた例外性」のモデルを見て取っている[12]。そこでダスは、わたしたち人間が、あらゆる概念把握を拒絶する「純粋な事実存在」に直面することで、「つねに新たな様態でもってでも同じものへと回帰する、潜在力の神秘的な内在性が根本的に中断され、黙示録的にそのラディカルな外部へと解き放たれる」[13]ことを経験すると述べている。すなわちダスは、シェリング自身による「消極哲学」から「積極哲学」への移行という身振りのなかに、国家の正統化に資する「目的論」を絶つアナーキズム的な契機を見て取っているのだ。

哲学（あるいは宗教）と国家主権とのあいだの共犯関係を批判し、それに代わるオルタナティブとして、現存する国家主権を正当化するための装置に成り果てることのない、あるいは、国家主権との手打ちを断ち切るような哲学のあり方は可能だろうか[14]。このような壮大な問いにシェリングが

（11）なお、ここでいわれている「終末」は、現在の出来事も未来に実現するはずの目的 telos に仕えているとかいった、目的論的な意味での「救済」を意味しているわけではない。むしろダスが汲み取ろうとしているのは、既存の秩序がなんらかの契機によって「中断」ないし「中間休止 caesura」され、そのときに生じる空白を何かによって埋め合わせるのではなく、いわばその空虚のままに捉えられるような思考のあり方が「終末論」である、という視点である。「神的なるものとは、神秘的な内在性の中断なのである」（Das 2016, 60）。

（12）Das（2021, 217）.

（13）Das（2021, 217）.

取り組んだとみなすダスの視座は、従来の研究では到達できなかった高みに達している。

しかし、そのような視座にも疑問がないわけではない。たとえば、本書の前章でみてきたように、シェリングは他方で、国家の存在そのものを必要悪として受け入れていた上に、三月革命という主権のラディカルな問い直しに対しては否定的であったこともたしかである。ダスが提示してみせたアナーキスティックな「終末論」と、シェリング自身のテクストに否定しがたくある現実主義《リアリズム》とは、どのように折り合いがつくのだろうか。シェリングはたしかに、合理主義や理性主義からの「脱自Exstase」を語ってはいたが[15]、他方で、そのような契機が「学的に wissenschaftlich」捉えられるべきことも執拗に唱えていた。この一見した矛盾を考える上での手がかりとして本章が注目するのが、『啓示の哲学』に断片的に記された「哲学的宗教」という概念である（本章の「第2節」に対応）。

もう一点、ダスに対する重要な疑問は、シェリング哲学のなかに「政治神学」や「終末論」の契機をみてとるといいながらも、『啓示の哲学』においては実際に政治について述べられているところや、結論部（第三六・三七講義）にある肝心のヨアキム主義に関係するところに言及していない点である。シェリングは、キリスト教の核心について理解することが未来の宗教を現実へと媒介することになると考えている。そのため、シェリングの政治神学とかれのキリスト教理解は切り離しがたいのであって、それをみないわけにはいかないはずである。この点について先取りしておくと、かれにとって、キリスト教が偉大であるのは、それが「ケノーシス（神性放棄）」を唱えた宗教であるからだ、ということが明らかとなる（本章の第3節に対応）。

第2節　来たるべき哲学的宗教の時代《アイオーン》

1　『啓示の哲学』の背景と目的

「哲学的宗教」について展開するまえに、まずはそれが論じられている『啓示の哲学』のほうの背景と内容を確認しておこう。

いわゆる『啓示の哲学』は、息子版全集（SW）の第一三巻と第一四巻に収められており、およそ八八〇頁にもおよぶ。全体は三七の講義で構成されており、第一講義から第八講義までが「第一書　積極哲学の基礎づけ」と、第九講義から第二三講義までが「第二書　啓示の哲学第一部」、第二四講義から第三七講義までが「第三書　啓示の哲学第二部」と題されている。「第一書」は、一八四〇年代前半のベルリンでの講義とそれに関係するシェリング自身の草稿を基にしており、ほ

(14)『学問論』においてシェリングが国家に対して、学問や大学に介入することを強く批判していることも、このような視点から取り上げることはできないだろうか。

(15) 後期シェリングが「理性の脱自」を強調したことは、二〇世紀においては実存主義哲学に示唆を与えてきた。しかし、研究者のミグラーは、いわゆる「実存主義」との違いも強調している。ミグラーが整理するところによると、「純粋な事実存在 daß」や「実存の経験」を理性活動の「結論 conclusion」とみなすのが「実存主義」であるが、シェリングはそれらをあくまで新たな理性活動のための「前提 premise」であると想定している。McGrath (2021, 47) を参照。この点はいっそう強調されるべきであろうし、本書が「哲学的宗教」に注目するのにもそのような背景がある。

かの「第二書」と「第三書」は、シェリングの草稿群を死後に息子がまとめたものである。ただし「第二書」と「第三書」の内容に、シェリングが死ぬ前には誰もアクセスできなかったわけではなく、その内容自体は、まだシェリングがミュンヘンにいた頃の一八三一年以降から、[16]様々なかたちで繰り返し講じられていた。ただし、以上のような背景からして、『啓示の哲学』を「著作」というかたちで、全体として概観できるようになったのは、シェリングの死後に息子が全集を完成させてからであることには留意が必要である。

このような、内容も膨大で、長い年月をかけて準備されたものを、どのように歴史・批判的に分析すべきなのか、というシェリング研究上の根本的な問題にかんしては、またそれだけで別論が必要であろう。[17]しかし、本書ではひとまず、『啓示の哲学』という「著作」にどのような政治思想的ポテンシャルがあるのか、という視点にあくまで立ち、詳細な成立背景にはいったんは踏み込まずにおきたい。よって、ここでは、本書の対話相手である研究者たち（ダスやミグラー）と同様に、息子版全集の『啓示の哲学』を主に考察の対象とする。

それでは次に、『啓示の哲学』がそもそも何を企図して書かれているのかという点である。この書の「使命 Aufgabe」については、全集編者である息子のことばをそのまま借りれば、「神話と啓示という現実の宗教を把握し、それらを把握することを通じて、哲学的宗教と名づけられるものを媒介すること」（SW XIII, III）であると、ひとまずはいえよう。すなわち、様々な民族のあいだにみられる「神話」（あるいは自然的宗教）[18]とキリスト教という「啓示」を、なにかの「教説」や「教義」として受けとるのではなく、「歴史上の現象」として哲学的に解明することで、新たなかたちの来るべき宗教を人類が手にするための条件を整える、というのがこの書の目的である。そして、こうした学問的な解明が完了することではじめて、わたしたちの元にもたらされるのが、「全人類に共通の宗教」（XIII, 524）としての「哲学的宗教」であるという。

2 「哲学的宗教」とは何か——三つの根本特徴

それでは、あらためて「哲学的宗教」とは何なのであろうか。これについては、シェリング自身があくまで未来の目標や標語として掲げているだけで、明確に定式化しているわけではない。そのため、それが実際には何を指しているのかをめぐっては研究史上も議論があるが[19]、ここでは三つの点（①それ以前のシェリングの思索との連続性、②それが「学的な」宗教であることの意味、③それが「未来の」宗教であることの含意）にしぼって理解の目安としたい。

①はじめに、それ以前のシェリングの思索との連続性についてである。そもそも「哲学的宗教」という構想は、シェリング自身の思索の歩みにとって突然現われたものではなく、以前から不明瞭

(16) 一八三一年から三二年にかけて、ミュンヘンにおいておこなわれた講義の原草稿は、*Urfassung der Philosophie der Offenbarung* という名前で一九九二年に Meiner 社から出版された（Schelling 1992）。
(17)『啓示の哲学』をめぐるテクスト成立上の諸問題をめぐっては、たとえば藤田（1994）を参照。
(18) またシェリングは、自らが論じる「啓示の哲学 Philosophie der Offenbarung」が、啓示を権威の源泉とみなす「啓示哲学 Offenbarungsphilosophie」とは区別されるとも述べている（SW XIII, 139-140）。
(19) たとえば、この概念の内実をめぐっては Buchheim（2015）を参照。

なかたちではあれ、用意されていたといえる。この「哲学的宗教」ということば自体は、一八三一・三二年のミュンヘンにおける講義のなかですでに以下のように登場している。

学問的な宗教と非学問的な宗教（後者は）自然宗教と啓示宗教）という概念の発展からして、わたしが注記しておきたいのは、それらが互いに結び合う鎖 Kette を築いており、そこからはどんな部位も切り離しえないということである。哲学的な宗教は、もっぱら第三の、自然宗教と啓示宗教とを通じて媒介するものとしてもたらされるだろう。自然宗教は始まりで、必然的であり、盲目的な宗教、迷信の宗教である。啓示はというと、人びとを盲目的な宗教から救済してくれる。〔…〕そして最終的にようやく、自由な洞察の宗教が生じることが可能なのである。(Schelling 1992, 15)

ここにおいて、「哲学的な宗教」は自然宗教と啓示宗教という「非学問的な宗教」を通じて現われる「学問的な宗教」だとされている。この箇所からして、その語彙がこの時点でほとんど、後に展開される意味で用いられていることがわかるだろう。おさえておくべきなのは、それがあくまで過去の諸宗教を「部位」としてつなぎ合わせる「鎖」のイメージで喚起されている点である。つまり、シェリングにとって過去の歴史や現実は、新しいものによって、あるべからざるものとして乗り超えられるわけではない。この点については、シェリングの時間論をみる後の箇所でも確認しよう。

哲学と宗教が本来的には一体であるべきであるという主張にかぎるなら、一八三〇年代からさらにさかのぼって、「第2章」でみた『哲学と宗教』にもすでにみられるが、おそらく最も意識的にその構想が以前に予告されていたのは、『自由論』の最終部である。[20] そこでは、次のように述べられていた。

自然はだれも解き明かしていない範型を含んでいる。この記されざる啓示の理解が開かれたならば、宗教と学問の唯一真なる体系が、若干の哲学的・批判的概念の乏しい寄せ集めの装いのうちにではなく、真理と自然の十全なる輝きのうちにそのうえにまた現われ出るであろう。（SW VII, 415f.）

文字のかたちでは啓示されていない「自然」と歴史上の文字で書かれた「啓示」、この二つを「十全なる輝きのうちに」捉えることができる「宗教と学問の唯一真なる体系」を打ち建てることを宣言して、『自由論』は閉じられていた。その構想は『諸世界時代』では一度完全に挫折したものの、一八三〇年以降の思索にあきらかに引き継がれていることがわかる。

②次に、「哲学的宗教」は「学的に探究されねばならない」という点である。そこでの含意は、「理性宗教」の立場に対する批判に照らし合わせてみると理解しやすい。[21]「理性宗教」とは、宗教を

（20）「哲学的宗教」の構想を『自由論』にまで遡る解釈としては、橋本（2002）を参照。

教会権力の正当化や幸福の実現のために利用するのではなく、ただ「道徳」や「実践理性」に適うかぎりで信じるという立場のことであり、シェリングが具体的に念頭に置いているのは、『たんなる理性の限界内の宗教』（一七九三年）におけるカントの立場である。シェリングは、理性宗教が当に批判している、宗教を権威化したり利用したりする立場については批判を当然同じくしているが、他方で、その理性宗教の立場についても否定的である。

こうした立場との違いが、最もまとまったかたちで分かりやすく宣言されているのが、次の箇所である。

> キリスト教を何かある哲学と一致させるためにわたしはキリスト教をどのように解釈しなければならないか、が〔理性宗教などのように〕問われるべきではなく、その反対で、キリスト教をも取り入れて把握することができるためには、哲学がどのような性質のものでなければならないか、が問われるべきなのである。そのうえでなお、わたしがはっきりと表明するのは、わたしたちが事実として――〔すでに〕前提としているキリスト教を証明することではなく、キリスト教を説明することがもっぱら問題なのである、ということだ。そこではやはり、キリスト教は事実 *Tatsache* としてのみ考慮され、教説 *Lehre* としてのキリスト教は本来、問題とはならない。とにかくわたしは、キリスト教を考察するにあたっては、わたしが神話を考察したのと同じように、詳しくいえば、わたしができるだけ神話自らの前提条件から理解される現象として〔…〕考察したのと同じようにするであろう。（SW XIV, 34f.）

これにつづく箇所ではなお、「教義的・独断的なもの」を断固として拒否することがシェリングによって宣言されている（35）。こうした姿勢は、「キリスト教は直接的には教説 *Lehre* ではなく、事柄 Sache、客観性であり、教説はつねにこの事柄の表現にすぎない」（XIII, 197）などといったかたちで、『啓示の哲学』の各所で何度も確認されている。この引用箇所で興味深いのは、本書と姉妹編である『神話の哲学』との方法論上の連続性が示唆されている点である。『神話の哲学』においても、「わたしたちによって解明される神話ではなく、それ自体が自らを解明するような神話」（XII, 139）ということばがあるように、「神話」を別のことばや概念によって置き換えるのではなく、それ自体の構造や内部連関から読み解こうとする方針が「トーテゴリー」という概念とともに取られていた[22]。

要するに、神話や宗教は、「事柄」としてそれ自体の内在的な語りのもとで読み解かれねばならない、というのがシェリングのここでの根本前提である。かれはここで、過去の出来事を——たとえば、キリストの死と復活という出来事を——理性的な解明へと還元するのではなく、それ自体を

（21）「理性宗教」への明確な批判は随所にみられるが、たとえば『学問論』がその一つである（SW V, 299-300）。またおよそ同様のカント批判が、『啓示の哲学』のなかにもみられる（SW XIII, 144-5）。

（22）「トーテゴリー」とは対照的に批判されているのが、「アレゴリー」的な解釈である。後者においては、神話や宗教が、なにか別の事象を暗に示すものとして捉えられている、とシェリングは批判している（SW XI, 195-6）。

「まったき事実」として解釈することを模索しているのだ。ここに、「理性的」な宗教とは異なる「学的 wissenschaftlich」な宗教というニュアンスが込められている。

前者においては、ある哲学に合致するように宗教が「翻訳」(23)されてしまう。しかし、後者においては、現に存在する宗教の現実性と歴史性をそのままに受けいれることが可能な哲学のあり方が模索されている。この点は、本書の「第2章」でも論じた、中期シェリングの「可謬的な哲学体系」という構想とも響きあっている。これまでの枠組みでは説明できない、新たな事象が立ち現われたときには、その事象のほうを曲げてこちらの枠組みに適応矯正させるのではなく、その枠組みのほうこそが進化しなければならない。ここでいわれていることは、まさに「科学的 wissenschaftlich」な原則であるともいえるのであって、シェリングはそれを自然現象だけでなく、歴史や宗教に対しても実践すべきであると主張しているのだ。

このような哲学と宗教とのあいだの持ちつ持たれつの絶妙な関係を、シェリングは次のようにも述べている。

哲学と啓示とのこの結合は、哲学あるいは啓示のいずれの犠牲も払わないこと、いずれの部分もいささかも損なわないだろうこと、いずれの支配力も受けないことが、啓示の哲学にとっての第一原則として立てられねばならない〔…〕。(SW XIII, 142)。

以上のことからも、シェリングがけっしてキリスト教を教義化したり、正統主義に与したりしようとしているわけではないのは明らかである。かれ自身、次のように言っている。「なんらかの教義学が提示したり主張したりするものは、わたしにとって実際まったくどうでもよいことである。なんらかの教義学と一致することは、わたしの使命でもなければ、哲学者の使命でもない。わたしにとっては、キリスト教のまったき固有性においてキリスト教を理解することだけが問題なのである」(SW XIX, 80)[24]。

わたしたちがいかに否定しようとも、キリスト教という「現象」は「説明すべき」ものとして現に存在する。シェリングはそうした前提から出発している。

わたしたちは、あらゆる技巧をもってしても、キリスト教を世界から取り除くことはできない。わたしたちはキリスト教そのものを生じなかったことにすることも、キリスト教の結果として生じたものを〔…〕なかったことにすることもできない。キリスト教を存在しているものとして承認しなければならないのである。(XIV, 22)

---

(23) この発想は現代においては、タラル・アサドがハーバーマスのポスト世俗主義にかんする議論を批判するときにも展開される。アサドにとって、宗教的言語をコミュニケーション的理性に「翻訳」することは、その相手がもっている生活形式や固有の文化的背景などを切り詰めてしまうことになる。詳しくは、アサド(2021)を参照。

(24) 同様の言明は、他の箇所にもみられる。「わたしは、人が正統と呼ぶいわゆる正統であることにいかなる関心もない。わたしにとってキリスト教は、わたしが説明したい一つの現象にすぎないのだ」(XIV, 201)。

素朴な啓蒙主義的価値観からすると、神話や啓示宗教は迷信ないし非合理的なものかもしれない。しかし、それらは否定しがたく現に存在し、現実的な力をともなって作用し、それらを頼りに生を営んでいる人びとが現に存在しているのだ。わたしたちが為すべきは、その神話や啓示宗教を一つの系譜のもとに位置づけることができるような体系や方法を編み出すことなのである。まさにこの「系譜」というモチーフを喚起するかのように、シェリングは『啓示の哲学』のなかでとくに、「道 Weg」や「順序 Folge」ということばを好んで多用している。

印象的なのは、「卵の孵化」についての例である（XIV, 155)。シェリングは、わたしたちが多くの事柄にかんして、それが最終的に何に成るのかという帰結しか知らず、その「進展経過の順序 *Folge*」（同）には目を向けないとしている。しかし、自然科学者は自然を真に理解するために、当然ながらその発生過程の「順序」に目を向ける。シェリングにとって、宗教にたいする理解もそのようでなければならないのである。つまり、ここでは、ある宗教の「教説」ばかりに目を向けることは、その孵化の結果しか知ろうとせず、生物や有機体の発生過程を解明しようとしない態度と暗に比せられているのである。

なおこれほどまでに「宗教」が「学問的な道」によって理解されるべきであることが強調されているのは、シェリングが終始こだわった、「独断主義」への徹底的な予防線でもある。本書の「第2章」でも詳しくみてきたように、たとえば、テュービンゲンの正統主義者たち、ヤコービ、そしてエッシェンマイアーといった論者たちは、宗教的な確信には知性や理性が立ち入る隙がないことを主張してきたが、シェリングはその都度、そのような陣営に対して抵抗してきた。その方針が、晩年にまで継続していることはいっそう強調されるべきだろう。

③最後に、シェリングのいう「哲学的宗教」がいまだ存在しない未来の宗教として構想されていることが挙げられる。それは一体、何を意味するのだろうか。まずかれ自身の端的な言明をみてみよう。「哲学的宗教は〔…〕実在しない *existirt nicht*。それは〔…〕偉大にして長きにわたる進展の順序 Folge によってしか到達されないのだ」（XIV, 255）。ほかの箇所でも、「真の宗教は未来の宗教である」（129）という。これらの言明から一見すると、「哲学的宗教」は、カント主義的な意味での「統制的理念」であるか、あるいは、ある確定した未来によって規定された因果系列の一部として現在をみる弁神論的な目的論のようにおもわれるだろう。前者で取るなら、それを「存在するかのように」想定することで探究活動が可能になるといった仮象の意味になり、後者で取るなら、過去や現在のもつ意味はすでに未来の視座から確定してしまっていることになる。しかし、かれのいう「哲学的宗教」はいずれでもない。

まずシェリングのこの構想には、歴史上のキリスト教とその現状に対する強い否定が根底としてあることを見て取るべきである。かれにとって、キリスト教そしてそれ以前の宗教は一度として、「自由で学問的な認識」に根差して捉えられたことがなかった。

キリスト教世界は認識のなかで成長しなければならなかったが、この認識は啓示によって、それゆえ特別な関係によって、使徒たちに与えられるような種類の認識でもあるべきではなかった。

こうした認識は、あらゆる状況のもとで、あらゆる時間とあらゆる場所で、人間にとって可能であり手に入れることのできる認識でなければならなかった。手短に言えば、一般的な人間の認識、それゆえ自由で学問的な認識でもあるべきだったのである。(296)

ただし、それは伝統のたんなる否定を意味してはいない。かれの認識では、キリスト教はその核においてそもそも「自由で学問的な認識」を唱えていたにもかかわらず、それをこれまで捉え損なってきたのである。シェリングが『啓示の哲学』において大部を割いて、『ヨハネの福音書』冒頭の「はじめにロゴスがあった」という一節を分析しているのも、そのことと関係している。つまり、「はじめに」すでに真理は与えられていたのであって、この世界に実は秘密はもはや存在しない。しかし、それをわたしたちは十全にはいまだ把握してはおらず、真理と神の「栄光」は目にみえるかたちにはいまだなっていない noch nicht offenbar というにすぎない。

その意味でシェリングは、聖書という「自然の大いなる書物」を真に理解することが、人と神とのあいだの媒体であるキリストを通じて、この世界が原初以来つづけてきた「永遠の生命」の運動を、個々人がみずからのうちに「回復すること」につながると示唆しているのだ(98)。次のことばも、このような文脈のもとで解されるべきだろう。「キリスト教は世界の基礎づけ以来用意されていたし、キリスト教は世界の諸原理そのものの諸関係のなかにすでに存在している思想を実行することにすぎない」(332)。

ここでおさえておくべきなのは、シェリングの念頭にある独特な時間の捉え方である。かれの図式においては、過去と現在と未来がそれぞれ独立して、単線的な時間軸の上で安定した明確な位置を占めているわけではない。過去には現在と未来とが、現在には過去と未来とが、未来には過去と現在とが孕まれており、それらは複雑に入れ子となっている。たとえば、キリスト教という現在の事象はキリスト教という制度が存在する以前の過去にも思想としては存在しており、いまだなき未来の宗教にも思想として保存されるだろう。しかし他方で、その「出来事」は「ロゴス」という潜在的には理解可能なかたちで与えられてもいるのだ。

もしシェリングが過去・現在・未来を発展的な単線の上にみているのなら、たとえば、歴史上は以前の地点に位置づけられる「神話宗教」よりも、後にくる「啓示宗教」のほうが優れているということになり、キリスト教中心の進歩主義的な目的論に回収されてしまうだろう。そのような見解は容易に「教義」へと転化してしまう。それに対して、ベンスーサンが喚起しているように、シェリングにとっての「過去」とは、現在や未来と直線上にならぶ安定した一点ではなく、現在と未来とが折りたたみ込まれた「襞[25]」として不安定で動的なものとして捉えられているのだ。つまり、その「現在」や「未来」のほうにも、別の時間が織り込まれているので、わたしたちの生きる〈い

(25)「メシア的な襞が、ある時代《アイオーン》と別の時代《アイオーン》の時間性を折りたたみながら組み合わせるとしても、間違いなくこの襞は存在論的二元論ではない」(Bensussan 2001 = 2018, 73)。「襞によって折り曲げられるのは、「今あるこのもの」と「到来するあのもの」の直線的な画一性である。こうしてできた層は、継起と重層化、同時性と期待、瞬間性と忍耐を考えさせる。〔…〕出来事がどの今日のうちに折り込まれているのか決して分からないのだ」(2018, 228)。

ま・ここ〉にはつねに複数の時間が交差し流動していることとなる。(26) そのようでなければ、未来に実現されるはずの「真の宗教」が、他の箇所では、「すべての時代を通じて存在しない宗教であるなら、真の宗教ではありえない」(77) と、すなわち、いかなる時と瞬間においてもなんらかのかたちで存在していると、シェリング自身によって規定されていることの説明がつかない。

そのようにしてみると、カール・レーヴィットが後期シェリングのなかに見出した、世俗化された終末論あるいはヨアキム主義という整理(27)にも留保が必要であるようにおもわれる。この点については後でも深めるが、レーヴィットが想定するほどには、シェリングの想定する時間の流れは目的論的ではなく、「進歩」や「救済」ということばでも捉えがたいはずである。

以上までが、「哲学的宗教」というシェリングの構想を理解するうえで留意すべき三つの核心である。これまでの内容をまとめると、次のようにいえるだろう。①「哲学的宗教」は、哲学と宗教とのあいだの「持ちつ持たれつ」の関係を思索し続けてきたシェリングにとっての継続的課題であると同時に、その課題に与えられた最終的な名前である。②「哲学的宗教」は、過去の宗教と現にいま存在している宗教を、独断主義のように教義化するのでも、理性宗教のようにその道徳的含意にしぼって翻訳して理解するのでもない仕方で、そのあるがままに一つの体系のもとで理解することを目指している。③「哲学的宗教」は、いまだ存在しない「未来の宗教」であるが、それは未来の理想状態から現在や過去を規定したり正当化したりする目的論には与しない。それはむしろ、過去や現在のなかに潜んでいる永遠の核（ロゴス）を捉えるところで始まる。

第3節　哲学的宗教へといたる「道」としてのケノーシス的終末論

1 「ケノーシス」とはなにか

本節では、シェリングのキリスト教に対する理解を実際に読解していく。前節まででも整理したように、人間が現状の不完全なままに留まらざるをえないことの証としての「呪い」たる「国家」を超えた先にある「哲学的宗教」を、この世界へともたらすためには、キリスト教という普遍宗教に対する徹底した「自由で学問的な認識」が必要である、というのが後期シェリングの主眼であった。

それでは、その肝心なかれのキリスト教理解とはいかなるものなのだろうか。本節では、その特徴と核心をキリスト教の「ケノーシス（空になること、神性放棄）」という概念に注目して詳らかにする。(28) 以下でみていくように、その概念モチーフは『啓示の哲学』の「第三〇講義」や「第三三講

(26) このような文脈で、シェリングが『ヨハネの黙示録』の次の一節を好んで引用していること（SW XIV, 72）も考えられるべきだろう。「神である主、今おられ、かつておられ、やがて来られる方、全能者がこう言われる。「わたしはアルファであり、オメガである」」（『ヨハネの黙示録』1.8 新共同訳）。

(27) レーヴィット（1964, 271-3）を参照。なお『世界史と救済の出来事』における主張は次のようなものである。「〔…〕私がこれから述べるわれわれの歴史的指向に関する歴史学的な概観は、次のことを、すなわち、近代の歴史哲学は、成就を信ずる聖書の信仰に端を発したのであり、結局においてそれは、それ自身の終末論的な原型の世俗化にゆきつくということを、示すであろう」（レーヴィット 1964, 8）。

義」で登場し、イエス・キリストという人物の本質を理解するうえでも用いられるが、そこで展開された着想は、最終部の「第三六講義」と「第三七講義」で示されるヨアキム主義的な終末論の箇所にも活かされている。

はじめに、「ケノーシス κένωσις」という概念についての一般的な理解を確認しておきたい。その概念は直接的には、『フィリピの信徒への手紙』第二章における使徒パウロの次のことばに由来する。

キリストは、神の身分でありながら、神と等しいものであることに固執しようとは思わず、かえって自分を無にして、僕の身分になり、人間と同じ者になられました。人間の姿で現われ、へりくだって、死に至るまで従順でした。(29)

この「自分を無にする」というキリストの行いのことを「ケノーシス Entäußerung」(30)(SW XIV, 159) という。神はみずからの全能性によってすべてを支配するのではなく、みずから「へりくだって」場所を空けることで創造のための余地をもたらしたのである。

この概念に孕まれた倫理的含意は、二〇世紀になってから特に注目され、たとえばヴェイユやレヴィナスによって積極的に取り上げられた。(31) ほかにも、タウベスやアガンベンによるパウロの政治神学的な側面に対する再評価もあって、そのメシア主義的な含みにも関心が集まっている。ダスもこの概念をシェリングの政治哲学を理解するうえでの根本に据えている。ダスによると、「シェリングは現実という出来事を、現世のヘゲモニーというノモス的秩序を構成する潜在力を空にすることだと考えている」(32)という。ほかにも、アッペルのように(33)、後期シェリングが提示した「消極哲学から積極哲学への移行」というモチーフを「ケノーシス」の概念によって特徴づけようとする研究もある。

これらの見解は示唆的で、本書もそのような立場に否定的なわけではない。しかし、かれらは、『啓示の哲学』でそれについてシェリング自身が論じている肝心の箇所に触れていない。以下では、実際にそれがシェリングのキリスト教理解の核心にあることをみていく。

(28) なお Breton (2011, 147) は、ケノーシスに対する代表的な思弁解釈の例としてシェリングの名前を挙げている。
(29)『フィリピの信徒への手紙』2.6-8.
(30) たとえば大橋良介 (2018, 379) は、西谷啓治の『宗教とは何か』のドイツ語訳ではケノーシスが "Selbstäußerung" や "Sich-Entäußerung" と訳されていることにかんして、「空にする」のニュアンスを含んだ "Entleerung" の意味も喚起している。その指摘は、このシェリングの文脈にも当てはめられるだろう。
(31) ヴェイユ (1995) とレヴィナス (1993) を参照。レヴィナスは、「ケノーシス」をキリスト教ではなくユダヤ教ないし旧約聖書の核心に置いている。かれはトーラーの核心について次のように述べている。「神の全能以上に重要なのは、人間の倫理的な同意に神の全能が従属することである。これもまた、ケノーシスが有するもっとも重要な意味のひとつなのである」(レヴィナス 1993, 209)。
(32) Das (2021, 208).
(33) Appel (2022) を参照。

2 「サタン」に抗する「物質化」の「心術」——「第三〇講義」と「第三三講義」について

シェリングにとって、なぜ「ケノーシス」がキリスト教理解の中心となりうるのだろうか。それは、かれの次のような根本前提と関係している。「キリスト教の本来的な内容は、まったくもってキリストの人格にほかならない。〔…〕キリストは、一般的に言われているような教師ではなく、かれは〔キリスト教という宗教の〕創設者でもない。キリストはキリスト教の内容なのである」（XIV, 35）。つまり、キリスト教を理解することは、イエス・キリストという「人格」について理解することと同義であると、かれは前提にしているのだ。

それでは、その人格とはいかなるものか。シェリングはそれを、「〔神の子としての〕自立性を自ら進んで服従させ、犠牲にすることによってこの自立性を利用した」（228）点に見出している。そのような積極的な「自己犠牲」の「心術 Gesinnung」こそが、キリストの特徴にほかならない。これについては、以下のようにも表現されている。

> キリストは、人間の意識が異教のなかで被ったあらゆる苦悩とあらゆる誘惑とを経験した。〔…〕キリストは人類のなかに自ら現われ出ることによって、つまり人間として自ら苦悩して死ぬことによって、媒介を成就した。しかし、キリストは永遠の媒介者、つまり世界時間以来の神と人間との仲保者——それゆえすでに、異教における媒介者なのである。（76）

シェリングは、こうした自己犠牲よる「媒介」の「成就」を、異教とキリスト教とのあいだの

「断絶」と「連続」という二つの方法によって特徴づけている。つまり、キリストの特異性は自己犠牲という「自由な意欲、自由な所行」(59)にあり、これによって、なすがままの自然による盲目的な支配(「異教」の時代)に、はじめて「自由な人格」による「行為」が介入したのである。それは前時代との「断絶」を意味している。

以前にシェリングは『自由論』のなかで、本来的な意味での自由を「善を為すことも悪を為すこともできること」とみなしていた。そのような規定がここにも通底している。つまり、キリストによる「自己犠牲」が、それ以前の自然法則 Gesetz を絶つ「決断 ent-scheiden」の自由であったのは、キリスト自身が自らを犠牲にしないこともできたが、にもかかわらず、あえてそれを為したからである。これによって、「律法 Gesetz」からの解放が始まる。「律法」による命令はあくまで絶対的であり、その通りに為したことがたとえ「善行」と呼ばれたとしても、それは自由な意志によって為されたものではない。キリストによる「自己犠牲」とは、まさに自由がもっとも究極的なかたちで発揮された歴史の分岐点にあたる。その意味で、キリストの「ケノーシス」は既存の「世界時間 Weltalter」からの「断絶」を意味しているのだ。

他方で、引用部の「媒介を成就した」ということばからも示唆されるように、そのような契機がはじめからわたしたちに与えられていたという「連続」にもシェリングは目を向けている——「連続」していなければ、「自由で学問的な認識」による普遍史を描くという前節でみたシェリングの構想がそもそも不可能となる。シェリングが実際に「ケノーシス」について論じている『啓示の哲学』「第三〇講義」は、まさにそのことを争点としている。

シェリングはそこで、この「ケノーシス」を、神がみずからの全能性を「単に使用しなかったbloßen non-usus」（159）と説明する解釈に対して、異議を表明している。シェリングにとって「ケノーシス」は、神が神としての能力を放棄するという消極的な無為ではなく、神が「人の子」として「誕生」する瞬間であり、誕生を欲するという「行為 Actus」（169）なのである。「人間キリストは放棄〔ケノーシス〕という作用そのものによって純粋にしてもっぱら誕生した」（159）。そしてそれは、「人間であることを欲するロゴス」の帰結なのである（159）。

ここでシェリングが念頭に置いているのは、またしても『ヨハネの福音書』の第一章である。関係する二つの箇所を以下に引用しよう。

> はじめにロゴスがあった。ロゴスは神と共にあった。ロゴスは神であった。万物はロゴスによって成った。成ったもので、ロゴスによらずに成ったものは何一つなかった。ロゴスの内に命があった。命は人間を照らす光であった。[34]

> ロゴスは肉となって、わたしたちの間に宿られた。わたしたちはその栄光を見た。それは父の独り子としての栄光であって、恵みと真理とに満ちていた。[35]

とりわけ、「ロゴスは肉となって」という部分が重要である。シェリングはこの部分と、「キリストは肉において現われ〔…〕」[36]とみなしたパウロの立場とを鋭く区別し、前者（ヨハネ）の見解に優位を置いている。シェリングにとって、受肉の主体はあくまで「ロゴス」である。シェリングがパウロの表現に否定的なのは、それが「神が人に成ったこと」を説明する際に、不可避的につきまとう「変身」のニュアンスを徹底的に排除するためである。「受肉 Menschwerdung は他のものに成ることではなく、目に見えるようになることにほかならない」(165)。

世界の成立や異教の時代と、それにつづくキリスト教の時代を普遍史でつなぐためには、この「ロゴス」が貫かれていなければならないのである。『啓示の哲学』において、基本的にヨハネが──シェリングは『福音書』と『黙示録』の作者を同一人物だとみなしている──高く評価されているのは、かれが「ロゴス」に主眼を置くことで旧世界との「連続性」に意識を払っていた(とシェリングが考えている)からである。

それでは、シェリングははたして結局のところ、キリストの誕生について、それ以前の時代からの「断絶」を強調したいのか、それとも、それ以前の時代との「連続」を強調したいのか、どちらなのだろうか。いずれにも還元できない、というのがそれに対する端的な答えであろう。あるいはここに、廃棄と保存のいずれの意味もゆうする「止揚 Aufheben」ということばを与えることもできよう。そのためにかれが「第三〇講義」で持ち出すのが、[37]「物質化 Materialisirung」という概念である。この語は『神話の哲学』にも頻繁に登場する後期思想の中心概念の一つであり、「ケノーシ

(34)『ヨハネの福音書』1.14。ただしここでは「言」を「ロゴス」と置き換えている。
(35)『ヨハネの福音書』1.14。
(36)『テモテへの手紙』3.16。

ス」を理解する上でも不可欠である。シェリングは、「物質化」について次のように説明している。

> 非物質的なものを物質化すること、しかもそのうえ自由意志によって freiwillig 物質化することはつねに、〈物質化することによって実在化する高次なるもの〉との関連ないし関係においてのみ生じることができる〔…〕。〈自分を物質化するもの das sich Materialisirende〉が、自らの上に高次なものを定立し、高次なものへと従属することによって、それ〔高次なもの〕は実在する。〔…〕ある時点で非物質的であるものは、高次なものに対してのみ自らを物質化することができるのだ。（170f.：〈 〉は引用者）

どれほど精神的に「高次な」存在であろうとも、自分よりも精神的に「高次なもの」をこの世界へと媒介する際には、それに対して従属し（『フィリピ』でいうところの「僕の身分になって」）、それを受け容れるためのいわば「母胎」[38]とならなければならない[39]。

同様の内容は、より印象的なかたちで「第三三講義」においても論じられている。そこでもシェリングは、「キリストの死」が偉大であるのは、わたしたちを支配する自然法則ないし必然性から、かれ自身は神の子であるがゆえに「自由」であったにもかかわらず、その自由をあえて放棄して、「死」という自然法則に屈服したからであるとしている[40]。ただし「第三三講義」において興味深いのは、この自然法則が「宇宙的支配力 kosmische Gewalt」や「宇宙的潜勢力 Potenz」と名づけられている点である。すなわち、キリストは「宇宙的支配力」からもっぱら逃れるのではなく、自然と自由とのあいだの失われた調和関係を再度修復するために、あるいは、「父」と「子」のあいだに調和をもたらすであろう「精霊」を地上へと媒介するために（XIV, 237）、あえて「宇宙的支配力」に屈したのである。

そこからさらにシェリングは、復活を果たしたキリストがなぜそのまま地上には君臨せず、天上へと戻ったのか、というキリスト教教義の核心について、次のように説明している。「後に続く者が来たるためには、先の者が行かなければならない、すなわち、余地 Raum を与えねばならない」（XIV, 236-7）。つまり、自己を犠牲にすることで人類を再生へと導いたキリストが、わたしたちの元を去ることによって、わたしたち自身が次なるキリストとなる必然性が生まれてくるということが説かれているのだ(41)。

---

(37)（SW XII, 171-7, 211-6, 572, 580 usw.）.

(38)「自らを物質化するということは、自分をより高次なものにとっての母とするということだ。〔…〕母 Mater と物質 Materie は根底においてただ一つのことばなのである」（SW XII, 193）。

(39)つまり、イエスが「偉大」であるのは、没落してみずからを他力の支えとしたからである。シェリングのこのような発想は、たとえば『近世哲学史講義』における「没落する zu-Grunde-Gehen」という概念にもみられる（SW X, 158）。

(40)「キリストの死において、神的なものが、キリストが犠牲にした自然的なものを貫通した」（XIV 238）。またダンツは、シェリングのこうしたキリスト理解を次のように約言している。「キリストは、はじめに自らの自由を返上するかぎりにおいて、自らの自由が損なわれた意識という条件のもとで自由の実現たりうる。〔…〕まさに直接的な自己貫徹を放棄することだと捉えられねばならない、こうした自由こそが、「服従 Gehorsam」というシェリングの中心カテゴリーをなしているのだ」（Danz 1996, 157）。

このような洞察が完遂されるところで、「人類のうえに振るっていた必然的で打ち克ちがたい〔…〕宇宙的支配力 Gewalt が取り払われ」、そして「精神と自由の宗教が始まりうる」とされている（237-8）。ここでも明らかにシェリングは、キリスト教の核心が完全に理解され、その精神が現実に実行されるところではじめて、人間精神の自由が達成されるとみなしている。そしてそのことを実際にキリスト教が本質としている根拠として、シェリングは『エフェソの信徒への手紙』を引用している（238 und 239）。

> 神は、この力をキリストに働かせて、キリストを死者の中から復活させ、天において御自分の右の座に着かせ、すべての支配、権威、勢力、主権の上に置き、今の世ばかりでなく、来るべき世にも唱えられるあらゆる名の上に置かれました。[42]

シェリングは引用後すぐさま、ここでいう「支配 ἀρχὶ」が「わたしたちが諸原理と名づけているもの」であり、「権威 ἐξουσίαι」が「わたしたちが潜勢力と名づけるもの」であると注記している（238）。

シェリングの聖書解釈が妥当であるかはともかく、ここで重要なのは、シェリングがまさに、「支配」という名の「原理」と、「権威」という名の「潜勢力」から完全に解放されたところに、神とキリストが存するとみなしている点である。ここにおいて、一見突拍子もなかったダスによる分析もおおいに活きてこよう。残念ながらダス自身はこの箇所にまったく触れてはいないが、かれがシェリング哲学の内に見出した、「「原理」や潜在力、すなわち力を免れた例外性」[43]というモチーフは、シェリングによるキリスト教理解の核心にたしかにみられはする。

その意味でダスの構想は、『啓示の哲学』の別の箇所を読み解くうえでも有効であるようにおもわれる。ただし、あくまでダスが汲み取ることができずにいるのは、そのような「例外性」が、単に「潜勢力」から逃れたり、停止させたりすることで成し遂げられるのではなく、それらに（打ち勝つために）屈服するという契機にこそ孕まれているという点だ。つまり、ここでシェリングが説いている「逆説」とはいわば、低次の潜勢力に屈さないためには高次の潜勢力に屈さなければならないという「悲劇」の発想なのである。

「第三三講義」の後半では、こうした「原理」や「潜勢力」が、新約聖書においては「サタン」として描かれていることに分析が向かうが、そこで説かれているのもある種の「悲劇性」である。シェリングにとって「サタン」は、「宇宙的支配力」の神話的形象であり、「神に人間の罪をたえまなく思い起こさせる」ことで「人間を神とたえず不仲にする者」（250）であるとされている。「た

（41）なおシェリングは、「三位一体」の教説を念頭に、「父」を活かした「子」であるキリストに代わって、次は各人 Personen が「精霊」とならねばならない、とも説いている（SW XIV, 236-7）。ここから、『自由論』の有名なことばが想起される。「人格的なものだけが、人格的なものを癒すことができる。そして神が人間にならなければならないのは、人間が再び神へといたるためである」（SW VII, 380）。

（42）『エフェソの信徒への手紙』1.20-21（新共同訳）。なお SW においては、ドイツ語と古典ギリシア語を混ぜながら引用されているが、ここではひとまず邦訳のみを記す。

（43）Das（2016, 30）.

えまなく」や「たえず」と喚起されているように、それは乗り越え不可能な根本条件なのである。

わたしたちは「サタン」という名の「潜勢力」と「支配力」を廃絶することなどできず、それらと上手くやっていくほかない。ただしそこで興味深いのは、シェリングがその「サタン」のことを「悪」であるとは必ずしもみなしていない点である。つまり、「サタン」はいつも「人間の心術を疑い、それゆえに人間を試す癖のある権力 Macht」なのであって、「心術が確証されるためにいわば必要な権力」(248)なのである。よって、たしかに「サタン」は人間を悪へと誘う「潜勢力」ではあるが、それを実際に現実化するのはあくまでいつも「人間」の方であるという。つまり、人間の自由や精神は、この「潜勢力」や「支配力」の原理との絶えざる抗争のなかで、その都度勝ち取られるものなのである。そこから最後にシェリングは、またしても『エフェソの信徒への手紙』を引き合いに出して「第三三講義」を閉じている。「わたしたちの戦いは、血肉を相手にするものではなく、支配と権威、暗黒の世界の支配者、天にいる悪の諸霊を相手にするものなのです」[44]。

以上までが「第三三講義」の内容である。「第三〇講義」と「第三三講義」を照らし合わせてみることで明らかになったのは、シェリングがキリスト教の核心を次のように考えているということである。つまり、「支配力 Gewalt」、「権力 Macht」といったものが野放図なものとして「潜在している」が、それをあくまで現実化するのは「母胎」たる人間のほうである。しかし、最高次の存在である神そのものは、人間のために直接、自らを「物質化」してこの世に降り立ち、「潜勢力」による支配(自然法則や律法による支配)から解放してやることはできない。「物質化」とは「より高次のもの」を受け容れるための手段なので、もし仮にそれを神が行ないうるのだとすれば、そこでは、神よりも高次のものが存在することとなってしまう。よって、そのような「自己犠牲」をすることができるのは、「神の子」にして「人の子」であるキリストだけであるというわけだ。

この「ケノーシス」によって、キリストは一度だけこの世界を「潜勢力」から解放したのである。ただし、最も重要なのは、キリストはその「ケノーシス」を何らかの命令に従っておこなったのではないということである。かれは「ケノーシス」をしないこともできたのに、「サタン」による誘惑を退けて、あえてそれを為したのである。それはかれの「自由」なる「心術」が為すところであったのだ。これによって、自然法則＝律法 Gesetz による専制が一度断ち切られ、「自由」の余地を内に孕んだ別の「世界時間 Weltalter」が開始されたのである。

3 「ヨハネの時代」を拓く「道」——「第三六講義」と「第三七講義」のヨアキム主義について

キリストの「ケノーシス」によって、別の「世界時間」がはじまった。ただし、それによってあらゆる「潜勢力」が絶たれたわけではなく、また新たなかたちの支配が産み出される。そのことをシェリングは、「サタン」の乗り越えがたさでもって示していた。[45] キリストが去った後となっては、次にそれに立ち向かうのは、歴史上の使徒たちである。シェリングは次のように述べている。

(44)『エフェソの信徒への手紙』6.12。
(45) カール・バルトによる「使徒」の定義が、ここには見事に当てはまる。「使徒とは、プラスの人間ではなく、マイナスの人間であり、このような空洞が見えるようになる人間である。〔…〕受ける者は、受ければ受けるほど、分け与える者となる」（バルト 2001, 78）。

キリストの最高の放棄 Entäußerung〔ケノーシス〕は、キリストが人間になることを決心したということに、その本質があった。この放棄を使徒は当然、賞賛しようとする。というのも、使徒が模範とするのはキリストの心術であるからだ。（XIV, 45）

「キリストの心術」を範とする使徒たちによる歴史が、『啓示の哲学』の最終部にあたる「第三六・三七講義」で描かれる。キリスト教の理念にあたる「内的歴史」から実際の「外的歴史」への「移行」は、「キリストのことばの実行を託された教会によって媒介される」（293）という。

ここからシェリングの「ヨアキム主義」的な教会史が論じられるが、この「第三六・三七講義」は、たとえば二〇一九年時点でミグラーが述べていたように、「疑いなく、研究者の関心が最も少なかった」(46)箇所である。この部分は、シェリングが生前に準備したなかでは時系列上の最後に位置するわけではないが、息子版全集においては「最後」に位置づけられているのであって、体系記述のクライマックスにあたるはずだ。にもかかわらず、その内容は研究上も軽視されてきた。例外的に、かつてレーヴィットが「終末論の世俗化」を物語る一事例としてこの箇所に触れたが(47)、それだけではこの箇所を理解するには不十分であろう。

この箇所がシェリングの哲学全体にとってゆうする意味とその必然性は、ここまでの論述によってようやく明らかとなる。つまり、シェリングはこの教会史を、キリスト以来引き継がれてきた、いわば「ケノーシス」のリレーとしてみようとしているのであって、その歴史をそれ以前の歴史との連続性でもって学問的に十全に把握することが「哲学的宗教」には必要であると考えていたのだ。講義の内容についてみていこう。ここの全体像が最も見て取りやすいのは、次の箇所であろう。

ペテロの権威の上に築かれた教会は、それを外面的な統一へともたらしたにすぎなかった。パウロにおいて準備された原理によって、教会は統一からというよりも、またもや盲目的な統一からだけかろうじて解放されることができた。こうした原理は、宗教改革においてはっきりと見えてきたが、その宗教改革はというと、第三の時期への媒介であり、移行にすぎなかったのである。第三の時期においては、統一が自由と共存して確信をもったままに欲せられた統一として、それゆえにはじめて、永遠に持続する統一として確立されるのだ。あらゆる外的な強制なしに存続するこの最終的な統一性は、偉大な使徒のうちの第三の使徒である聖ヨハネによってあらかじめ暗示されていた第三の時期に属している。（XIV, 324）

「第三六・三七講義」の大筋はここに尽きているといっても過言ではない。つまり、シェリングは、キリスト教の歴史を使徒の名前からそれぞれ取って、ペテロの時代（カトリックの時代に対応）、パ

（46）ミグラー（2020, 46）。論考の発表は二〇二〇年だが、その元となった講演は二〇一九年に開かれた。
（47）レーヴィット（1964, 271-3）。ほかにもエルンスト・ブロッホは、トーマス・ミュンツァーからレッシングへといたるヨアキム主義の系譜の延長に、シェリングの『啓示の哲学』末部にある第三六・三七講義を位置づけている（Bloch 1967, 220-6 = 1982, 304-7）。

ウロの時代（宗教改革以降のプロテスタントの時代に対応）、ヨハネの時代（それ以降の来るべき時代に対応）と三つの段階に分けている。いうまでもなく、このような歴史理解は一二世紀に生きたフィオーレのヨアキムに間接的に由来している。[48]

第一の「ペテロの時代」には、いまだに外的権威のみが教会ないし信徒を支配しており、「相対的に旧約聖書的な律法原理 gesetzliche Princip」（304）による支配の影が色濃く残っている。たしかにこのペテロ的原理は、ペテロがギリシア語の「石」に由来していることからも、その後の発展にとっての「前提」ではあるが、それはほかの原理に「優越」しているわけではないという（301）。

つづく第二の「パウロの時代」では、内面的で自由な原理が歴史の表舞台に浮上してくる。そのきっかけが「宗教改革」であり、広義の現代はこの時代に位置するとされている。しかし、シェリングはすぐさま、このような移行図式が「プロテスタント主義の擁護者を生み出すきっかけ」（321）を与えるのではないかと危惧している。たしかにプロテスタントは、盲目的な「律法原理」からの解放をある程度もたらしたという点で功績がある。ただし、もしそれが偉大であるとしたら、「まずもってあの真に普遍的な教会」（321）を目指しているからであって、そのような成果によってプロテスタント主義を教義化したり正統化したりすることは回避されねばならない。シェリングは次のように述べている。

プロテスタント主義は、自らがもっぱら移行であること、媒介であることを、つまり自らが媒介しなければならないより高次なものとの関係において、自らがなにものかであるにすぎない、ということを認識すべきである。ただし、まさにそれゆえにこそ、プロテスタント主義だけが未来を持っている〔…〕。(321)[49]

ここにも、右でみた「ケノーシス」の発想が垣間見える。つまり、プロテスタントが「優越」しているのは、自らがそれよりも「高次なるもの」がもたらされるための「媒介」であることを、いわば乗り越えられるべきであることを認識しているからだ。ここには「第3章第5節」と同様のロジックが見て取れる。そこでのシェリングの洞察とは、国家が偉大であるのはそれ自体が乗りこえられるためだけに存在するからである、というものであった。

そこから同時に、シェリングはカトリックの歴史的意義も認めている。かれは、カトリックがあったおかげで、「キリストとの歴史的連関」が保持されたのであって、それを保持して統一をつづけるためには、「律法」や「外面的なもの」に優位を置いていたこともやむをえないとしている(322)。ただし、そのことが当人たちによって、「学問的に」あるいは「歴史的に」理解されていな

(48) ただしシェリング自身は、この図式が直接には同時代の教会史家であるネアンダーから影響を受けたものであるとし、ヨアキムの存在は後から知ったとしている。(SW XIV, 298)を参照。

(49) ティリッヒであれば、シェリングのこのようなプロテスタント観を快く受け入れるだろう。かれは「プロテスタント時代の終焉I」のなかで次のように述べている。「プロテスタント時代の終わりを認めることは、〔…〕キリスト教の告知のプロテスタント的解釈からは繰り返し必要なプロテスタント的な態度なのである」(1999, 202)。

かったことが問題であった。その意味では、カトリックとプロテスタントは各々の役割を歴史上果たしたのであって、それらを十全に理解することが、「宗教改革をはじめて完成させる」（323）ことにつながるという。

そして最後は、第三の「ヨハネの時代」である。この時代に訪れるのは、「異教徒たちもユダヤ教徒たちも等しく入って行く、もはや何ものも締め出さない〔…〕未来の、はじめて真に普遍的な教会」（328）であるという。シェリング自身は必ずしも断言してはいないが、ミグラーは、その状態を「哲学的宗教」が訪れた時代であるとみなしている。[50] そしてそれは、「私秘的なもの」にも「国家的なもの」にも回収されない真の意味での「公的なもの」であることが、次のように唱えられている。

ヨハネは〔…〕未来の、最後の時代の使徒である。その時代には、キリスト教が普遍的認識の対象となっており、キリスト教が従来の教義的な諸宗派の、偏狭にゆがんで委縮したみずぼらしいキリスト教ではもはやなく、ましてや光をおそれる惨めな諸形式のなかに一時しのぎに閉じ込められたキリスト教でもなくなっていよう。また同様に、キリスト教が私的なキリスト教 Privatchristentum へと切り刻まれたキリスト教でもなく、国家の宗教 *Staatsreligion* としてではなく、キリスト教のなかに同時に最高の学を所有する人類の宗教としてはじめて真に公的宗教 *öffentliche* Religion であるような時代である。（328）

ここにまさに、シェリングによる目的論的な政治神学への批判が言い表わされている。つまり、かれにとって宗教は国家に仕えるための制度ではなく、「最高の学」をゆうする完成した人類のための教えであり、真の意味での「公的な宗教」とは国家を超えたところに存在する。ここから、『啓示の哲学』はクライマックスにむかう。この書を締めるにあたって、シェリングは、宗教改革の不徹底をまたもや批判している。宗教改革（パウロの原理）は、教会（ペテロの原理）によって伝承してきた教義を学問的に解明しないままに、ひたすら内面の探究にばかり重きを置いてしまった。ここでは、シェリングが若き日に影響を受けていた「敬虔主義 Pietismus」[51]にも、その内面性への逃避という傾向で批判の矢が向けられている（333）。しかし、真のキリスト教が到来するために不可欠なのは、「道 Weg」を「貫徹する durchmachen」ことであるという。

すべての人に共通であるものだけが道であり、それは、まさにすべての人に共通であるもの das Gemeinschaftliche であるべき教説によって、そしてさらに象徴的行為つまり（祭式による）祭りの順序によって、現にいま gegenwärtig 獲得されるべき歴史的な経過なのである。――この経過を認識することだけが、教会そのものにその客観性を確保し、しかもこの認識が一面では、たとえ敬虔な主観性であれ、単なる主観性への解消を防ぎ、他面では空っぽの普遍的なものへの、つ

（50）ミグラー（2020, 46）を参照。
（51）シェリングのその影響については、本書「第1章第4節」を参照。

まり単なる合理的なものへの解消を防いでくれるのだ。(333)

素朴な主観的な体験(独断主義や信仰主義)にも、空虚な普遍性による合理的認識(批判主義)にも、いずれのほうにも還元されないかたちで、真の意味での主観性と普遍性とを同時に獲得することはいかにして可能だろうか。シェリングはそのように問いかけて、自らの歩みを終えている。

このような究極的な問いは、『啓示の哲学』で急に浮上したわけではなく、本書の「第2章」でも主に示してきた通り、かれが神学院の頃から答えを追い求めてきた問いであった。そうしたシェリングが生涯歩んだ「道」は、わたしたちが生きる現在をたやすく突き抜けて、有史以前の神話的想像力や、さらにその先の、もはや人間が誕生する以前の世界や自然の記憶といった、大いなる「過去」に通じているが、その道をさかのぼっていくと、それはそのまま「未来」のユートピアにも通じている。『黙示録』を書いたヨハネの「眼」を借りてシェリングが幻視したのは、そのような過去と現在と未来とが入れ子になった異空間としての「第二の新たなエルサレム」なのであった。

シェリングが『啓示の哲学』の最後で、わたしたちに対して投げかけているようにおもわれるのは、次のようなまさに究極の問いである。「第二の新たなエルサレム」へといたる「道」が「ありありとしたかたちで gegenwärtig」保存され、伝承されるような共同体はいかにして可能だろうか。「哲学的宗教」がもたらされたとき、あるいは、「ヨハネの時代」が訪れたとき、そして、国家を内側から食い破るように生い育った「社会」においては、わたしたちはそれぞれの仕方で完成した個体として存在するはずであり、それらの人格から成る終局の共同体は、そのような「道」がいつ・

どこからでも追体験できるような、歴史と意味に充溢した御国であるだろう。(52)

このような御国は、自らの潜勢力を外部へと押し広げて支配を拡張するような政治的主体から成るわけではない。そのような場には、栄光と権力がなおも君臨するばかりである。そうではなく、「同一性の故郷」としての御国は、みずからへりくだり、いまだなきもののためには没落することをも受け容れることのできる、物質化して空虚化する主体によって担われるのだ。そのような自己空化《ケノーシス》によってこそ、わたしたちは他なるものへと開かれ、最悪の終焉を抑止《カテコーン》するものとして新たに何かをはじめつづけることができるのだろう。

(52) まさにこのような共同体像への問いを、シェリング哲学から受け継いだのがローゼンツヴァイクであり、とりわけ『救済の星』第三巻で展開されている、というのが筆者の見立てである。これについて論じるのは次なる課題である。

結論

本書の目的は、これまでの研究史において軽視されてきたシェリングの政治哲学を、その思想形成史を踏まえたうえで、明確に特徴づけることであった。本書を閉じるにあたって最後に、本書の論旨を補強してくれるであろうかれの記述を三つ示しながら、全体の内容を再確認しておきたい。

一つ目は、晩年の『啓示の哲学』からの一節である。シェリングは「第九講義」において次のように述べている。

人間の生は一般的にみて、二つの極を、つまり国家と宗教とをめぐって動いている。〔…〕国家と宗教とをそれらの歴史的現実性において把握するのではなく、国家や宗教をつくることが重要なのである、と考えるならば、それは〔…〕害となるだろう。〔…〕わたしたちは、みずからが置かれている時代から決して出ることはできない。あの二つの権威、国家と宗教は同時にまたたいそう緊密に結びついているので、一方なしでは、いずれも、真の作用をもちえない。国家は、秘教的なものがあってはじめて両立する公教的なものにすぎないのだ。〔ただしあくまで〕ここでいう秘教的なものとは、概念化され理解された宗教のことである。（SW XIII, 179）

シェリングはこのような発言に続けて、そのような「秘教的なもの」をかつて司っていたエレウシスの「秘儀」のようなものを、現実の宗教も担う必要があると述べている。というのも、そのような「秘儀」のなかにこそ、「現在のなかには決して現われ出ない未来」（同）や「現在の状態においては同等で均一ではないものすべてを調停する別の国」（同）が予示されているからだという。かれはこの箇所で、わたしたちの生の均衡が、公的国家に依るだけでも、あるいはその逆に、私的な内面宗教に依るだけでも失ってしまうと考えている。また同時にここでは、後者の「秘教的なもの」は「現在」とは異なる秩序（それは歴史的過去であると同時にユートピア的未来でもある）をわたしたちに喚起してくれるのであって、もしそれが完全に失われるなら、わたしたちは現実の政治に追従するだけの停滞した生を営むことになるとも示唆されている。

やはり重要なのは、この冒頭の「〜をめぐって動いている sich um 〜 bewegen」という表現であろう。国家が存在するだけでは、人間の生や意志は「知 Wissen」として固着してしまう（『学問論』において「国家」が「客体的なものとなった知」（V, 282）と規定されていたことを想起されたい）。他方で、宗教があるだけでは、人間の生や意志は「信 Glaube」として固着し、何らかのかたちでドグマ化してしまう。両極間の引っ張り合いのなかではじめて、わたしたちの「生 Leben」は活発となり、自由になるのだ。

ここで二つ目の引用を紹介したい。それは、『啓示の哲学』からは打って変わって、およそ半世紀も前の一七九五年七月二一日に、シェリングが同級生のヘーゲルに宛てて書いた手紙の一節である。そこでかれは、フランス革命の悲惨な成り行きを振り返りながら、次のように書き記している。

どれほど多くのあの道徳的な専制支配が害をなしてきたかは数知れません。それはいまだにここ数年でも続いてきたし、政治的な専制支配が為しえたであろうよりも、より深く祖国の思考の自由 Denkfreiheit を抑圧してきたでしょう。(AA III, 1, 27)

シェリングはここで明らかに、「思考の自由」が奪われることは、どのような政治支配にもまして凶悪であると示唆している。

これら二つの箇所を照らし合わせてみれば、「思考の自由」とは現在の状態への追従から逃れて別の「道」へといたる可能性のことであるといえはしないだろうか。いわば法や国家は、別の可能性への思索を阻むためにこそ存在しているのだ(「この道しかない!」)。人びとのあいだにある個性的な差異や複数性をあるがままに実現することは、機械的装置である「国家」にとって所詮不可能ではあるが、ただしシェリング自身は、そうした国家の狭隘な本性そのものを根本から否定してはいない。[1] むしろ、わたしたちがそのような画一化のための補助装置(「代補 Supplement」)を必要といない。

(1) ここまでの記述からもわかるように、シェリングにとっての「国家 Staat」とは法体制とおよそ同義である。

しているという現在の事実こそが、わたしたちが有限な存在であることを、いまだ完成せざる存在であることを、しかし同時に、そこから脱出するための思考の余地がいまだにあることを喚起してくれるのだ。

よって、シェリングは、国家といういわば「鉄の檻」の只中には、実はそこから逃れるための「道」が無数に敷かれていることに、たえず注意を促している。その「道」はときには、「芸術作品」であったり、「大学」であったり、「教会」であったり、「秘儀」であったりと様々なかたちで言い表される。哲学と宗教は、普段は視えざるままの「道」を視るための、別の「眼」をわたしたちに与えてくれるのだ。このような「眼」はかれにとって、パウロから黙示録のヨハネを経て、敬虔主義、そして預言者ハーンを介して自ら引き受けたものである。

このようなシェリングの立場を指して、かれの思想を「神秘的である mythisch」と揶揄することもできるだろう。かれの哲学は実際、当時からもそのような批判にさらされていた。しかし、かれはそのような批判に対して、『近世哲学史講義』のなかで次のように応答している。

> 今日では、「神秘主義」や「神秘主義者」といった概念が、無知の徒によってもっとも奇怪な用い方をされており、たとえば、啓示を信じているのであれば誰であれ総じて、それだけでもう神秘主義者と呼ばれています。〔…〕特定の概念や主張をはじめから閉め出したり黙らせたりしようとして用いられるこの種のことばは、リベラルである *liberal* ことを自慢しながらも実際にはもっとも狭隘な時代〔…〕にまったく似つかわしいことばでしょう。（SW X, 190-1）

ここにシェリングの痛烈な皮肉があることはいうまでもない。わたしたちの生きるこの時代は、「思考の自由」（X, 190）を表面的には奉じていながらも、実際には一部の人たちに対してそれを許していないのである。シェリングが「同一性」という概念にこだわったのは、そのような閉め出しの対象になりうる思想や人びととのあいだに、交渉とコミュニケーションが成り立つ可能性の自由な余地を切り拓くためであった。

シェリングの哲学は、たいていの場合、一部の天才や哲学者の「直観」にだけ開かれた狭隘なものとみなされがちであるが、むしろそのような例外にも開かれているような学であればこそ真に自由な学たりうるというのが、かれの言わんとしたことではなかろうか。そしてこれは「哲学的宗

そのため、現在のわたしたちが「国家」という時に思い浮かべる、「民族 Volk」の統一体ないし共同体としての「国民国家 Nation State」とはいささか異なり、あくまで法制度とそれを執行する機関のことを名指している。シェリングは、プロイセンを中心とする一八七一年のドイツ統一を目の当たりにすることはなかったが、それ以前の時代にあって、「民族」統一を望んだ形跡もさほどみられない。よって、シェリングが国家を批判するさいには、基本的には「法による支配」への抵抗が基本的には念頭に置かれているといえるだろう。ただしそれは、シェリングがナショナリズムに与する可能性がまったくなかったということを意味しない。というのも、国家や法による支配から逃れるためなら、「民族」に訴えかけることは思想上ありえるからだ。実際シェリングが、法や国家による外面的支配を批判するときに引き合いに出す、学問や宗教にはドイツ的な固有性への訴えかけがみられなくもない。「ドイツ的なもの」ということでシェリングが何を念頭に置いていたのか、その点を踏まえたうえで本研究はいっそう補強されねばならないだろう。

教」という理想として名指されていた。このようなシェリングの哲学的姿勢は、イアン・H・グラントの次のような規定に則って「唯物論」と呼ぶことができるのではないか――「何ものも消去しない観念論だけが物質の哲学でありうる」(2)。

もちろん、このようなシェリングの企図が成功しているのかどうかについては留保が必要であるし、こうした見解が現代の問題に対してどれほど有効かはより慎重に問われねばならないだろう。(3)しかし、その意味でも、シェリングの思索はいまでもなお、比類ないほどの価値とアクチュアリティをゆうしている。

ここまで振り返ったうえで、もう一度、本書の「序論」にかかげた三つの主要テーゼを再述しておこう。それは以下のようなものであった。

【A】シェリングにとっての「(反)政治」は、「独断主義(信)」と「批判主義(知)」とのあいだには広大な余地 Spielraum があり、そのはざまにこそ「人間的自由の本質」が存在することを喚起する。(この点は、本論の「第2章」で主に論じたが、【B】と【C】のテーゼのための重要な下敷きとなっている。)

【B】シェリングにとっての「(反)政治」は、国家の存在を必要悪の装置として認めつつも、「思考の自由」の絶えざる行使によって国家秩序の神権政治化《テオクラシー》を牽制することを意味する。(この点は、本論の「第3章」で主に論じた。)

【C】シェリングにとっての「(反)政治」は、悲劇的意識に根差しながらも、〈いま・ここ〉のなかに潜む、未来へといたる「道」をつねに哲学的に模索し、その「道」を探求することで人格の完成へとむかう、人格主義とユートピア的終末論を特徴とする。(この点は、本論の「第2章」と「第4章」で主に論じた。)

以上がシェリングの「政治哲学」である。シェリングの「政治哲学」と聞いて、かれがより詳細でかつ具体的に、理想の政治体制や社会制度について語ってくれることを期待した読者もいるだろう。あるいは、わたしたちがより良い政治をおこなうための「万人に妥当する」行動方針や政策を提示してくれることを期待した読者もいるかもしれない。しかし、そのような安直な希望を求める姿勢こそ、シェリングが批判したものではなかったか。

たとえばベンスーサンは正しくも、シェリングにとっての「政治の問い」が、アリストテレスや

(2) Grant (2006, 202 = 2023, 412)。当然ながらグラントはこのことばをシェリングの自然哲学に宛てているわけだが、本書で論じてきた「哲学的宗教」にもそれがあてはまると筆者は提起したい。

(3) たとえばハーバーマスが、その著書の標題にも掲げた「自然主義と宗教のあいだ」をめぐる問いは、シェリングのこうした動機と大いに重なるだろう。Habermas (2009)を参照。ただし、かれの場合は、その「あいだ」を「脱超越論化した理性」による翻訳によって媒介することを提案するわけだが、その「翻訳」のあり方自体がそもそも一部の文化や生活形式への還元にほかならないのではないか、というタラル・アサド(2021)からの批判もある。このような問題圏のなかでシェリングを論じることが可能かどうかが、今後の課題である。

ヘーゲルとは明らかに異なって、「最良の国家をめぐって検討される政体（ポリティア）の問い」[4]で、はないと指摘している。むしろシェリングが忌避しているのは、制度や体制を「上から」変更するだけで、わたしたちの自由が実現するとみなす、設計主義的な操作の発想である。自由はあくまで、個々人が自己を形成することで実現されるべき対象なのであって、制度が保証してくれる所与ではない。ただし国家や制度は、それを実現するための条件ではあるので、それにわたしたちはある程度は依存せざるをえない。しかし、それに依存するばかりで、中毒のようになってしまうと、わたしたちは単なる表面的で外的な政治支配に飽き足らず、さらに道徳や内面の領域にまで支配が及ぶ可能性に自分たちを明け渡してしまうのだ。

　わたしたちは、国家や法に依拠しつつも、自由と個性を形成するための余地が奪われないように、それらを絶えず牽制しなければならないのである。そして何よりその牽制のためにこそ、哲学や宗教は存在するのだ。シェリングが特に、それらの理想的なあり方とみなす「哲学的宗教」は、わたしたちが潜在力や権力を過度に行使するのではなく、それらに振り回されないための余地をつくりだす「ケノーシス」についての良き理解を喚起する。ケノーシスを体現したキリストは、自然と律法による支配から人間が自由でありうることを実践して、それまでの潜在力の支配を絶つことに成功し、さらには使徒たちもその行為に歴史上続いた。それこそが、キリスト教の良き遺産であったというのである。

　留意すべきは、未来の内実や具体像に対してシェリングが沈黙していたことが、かれの生きた時代の限界を意味しているわけではないということである。シェリングの同時代には、すでにサン・

シモン主義についても盛んに議論され、[5] シェリングの教え子であったローレンツ・フォン・シュタインなどによって、社会主義をめぐる言説がドイツでも大いに紹介されていた。シェリングは、「プロレタリアート」ということばについて、バイエルン王に教えを説いたりと、同時代の言説については終生敏感であった。よってシェリングがかれらのようには、理想の体制やユートピアについて具体的に語らなかったのは、かれの無知や時代遅れに由来するのではなく、そこには意図的な理由があったのである。

つまり、シェリングが生きた時代には、「理想の政治体制」について、ひょっとすると現在よりもいっそう盛んに語られていたのであって、かれはそのなかで、未来や理想、ユートピア、そして希望についてあくまできわめて慎重に語っていたといえるだろう。それらに逸《はや》る時代においては、慎重に語ることすらも周囲からは、現状追認のようにみえたかもしれない。しかし、シェリングの両義性、つまり、かれは現状をたえず批判する一方で、現実を素朴に否定してユートピアを一足飛びに実現しようとすることが招く悲劇にも敏感だったことは、本書で確認してきた。

このようにしてシェリングが歩まんとした「道」はいわば、素朴な勝利主義 triumphalism からは完全に切り離された、真の意味での「ユートピア主義」だといえるだろう。そしてそれが、蒙昧や

（4）Bensussan (2001 = 2018, 115).
（5）先述の『啓示の哲学』からの引用箇所 (SW XIII, 179) でシェリングは、新しい宗教をつくろうとしている「フランスの宗派 eine französische Sekte」(同) の動きを批判しており、それは当時「人類教」を掲げていたサン・シモン主義のことだと想定される。

無知にたいして理性の光を浴びせんとするアポロン的な理性（昼）にも、現実の秩序からの逸脱を志向するディオニソス的な陶酔（夜）にも与しない、困難な「道」であったことは言うまでもない。しかし、それでもなお、シェリングの「眼」は、幼き日に預言者ハーンの眼差しにさらされたその瞬間からずっと、「醒めながらにみる夢 Wachtraum」(6)へと向かっていたのである。

（6）エルンスト・ブロッホが自らのユートピア主義のことを、「醒めながらにみる夢」や「白昼夢」として語ったことを想起されたい。Bloch（1964=1997）を参照。

あとがき

本書は、博士論文「反政治の黙示録としての哲学と宗教――シェリング政治哲学研究序説」(京都大学大学院人間・環境学研究科：二〇二二年度提出)を加筆・修正したものである。「まえがき」は、本書を刊行するにあたって新しく書き下ろしたが、それ以外の構成は基本的に提出した論文を踏襲している。同論文の審査にあたっては、細見和之教授に主査を、小林哲也准教授、菅利恵教授、大河内泰樹教授に副査をお引き受けいただいた。審査員の方々には、たいへんご多忙ななか、わたしの拙い文章に丁寧に目を通し、多くの貴重な助言をしていただいた。改めて感謝申し上げたい。

本書を完成させるためには、数え切れない方々からご助力をいただいた。わたしが博士課程に在籍していたのは二〇二〇年四月から二三年三月のちょうど三年間で、まさに「コロナ禍」の時期と重なっていた。不安な日々が続くなかで、その方々からの励ましがなければ、研究活動の継続もままならなかったとおもう。全員の名前を列挙することはできないが、とりわけ以下の方々にここで謝意を伝えたい。

まず指導教官の細見和之先生には、コロナ禍の大変な時期だったにもかかわらず、論文の完成まで数え切れない場面でサポートいただいた。また修士課程の際にお世話になった大川勇先生にも、ドイツ語講読の基礎など多くのことを教えていただいた。

研究上の先輩である稲葉瑛志さん、須藤秀平さん、益敏郎さんには、修士課程から現在にいたるまで、たえずサポートいただいている。研究科の先輩である谷川嘉浩さんには、様々な読書会や研究会に誘ってもらった。大学院の入学同期である郭旻錫さんと今井慧仁さんからは、修士課程に進学して最初に出た授業・ゼミで出会って以来、その関心の広さと博学さに絶えず刺激を受けてきた。学部生時代からの仲間である田村豪さん、吉村雄太さん、山村玲央さん、山名諒さん、山下泰正さんとは、一緒に同人誌を作ったり、読書会を催したり、研究上の愚痴と弱音をよく聞いてもらったりした。批評家の小峰ひずみさんにも、鴨川を歩きながら、本書にまつわるテーマについて相談や議論によく付き合ってもらった。そして論文を完成するにあたっては、同じ研究室の木戸吉則さんと高橋奏子さんに、校正や公聴会の記録作成の面でサポートいただいた。

シェリング研究では、まずなによりも、修士課程のときに『自由論』の講読ゼミでわたしをシェリング研究へと導いてくださった浅沼光樹先生に学恩を伝えたい。研究仲間として中島新さんと八幡さくらさん、フェルナンド・ウィルツさんからも、多くの示唆と刺激を受けてきた。また研究の先達である小田智敏さんと田中希生さんからも、様々な場面で励ましのことばをいただいてきた。わたしの研究に関心をもってテュービンゲンの間文化哲学センターに快く受け入れてくれたニールス・ヴァイトマンさん、そして本研究の重要な対話相手であるサイティヤ・ブラータ・ダスさんにも謝意を伝えたい。本書の第四章で展開されたケノーシスについての議論は、ポスドク期以降両氏のもとで間文化哲学という新たな視座を得てさらに発展された。その成果は近いうちに筆者編の英語論集として出版される予定である。そしてなにより、これまでの研究活動は家族の理解と支えがあってのものである。ここに記して感謝したい。

また人文書院の松岡隆浩さんは、公聴会の時点から書籍として形になるまで、的確なアドバイスでその都度導いてくださった。心よりお礼を申し上げたい。

なお出版に際しては、「令和六年度京都大学人と社会の未来研究院若手出版助成」を受けた。記して京都大学に感謝したい。

二〇二四年一二月　京都にて

中村　徳仁

初出一覧

本書の基となった論文について、初出のあるものは以下に示す。ただし、博士論文としてまとめて、さらに本書の形にする際には、いずれの論考にも大幅な改稿を施している。

序論第2～5節　「正統と革命のはざまに立つシェリング――二〇世紀後半のドイツ語圏における政治思想的解釈史」『シェリング年報』第三〇号、日本シェリング協会編、二〇二二年。

第2章第4節　「シェリングにおける「非体系性」と「自由」の思索」『哲学』第七二号、日本哲学会編、二〇二一年。

第3章第1節　„Das Unbehagen im Naturrecht : Was bedeutet die Neue Deduction des Naturrechts hinsichtlich der Entwicklung von Schellings politischer Philosophie?" In: *Schelling-Studien Internationale Zeitschrift zur klassischen deutschen Philosophie 10*, 2023.

第4章第1節　「主権批判としての「哲学的宗教」――後期シェリングの『啓示の哲学』を「政治神学」として読む」『シェリング年報』第三一号、日本シェリング協会編、二〇二三年。

日暮雅夫「シェリングの社会哲学――自由論の展開と国家の構想」『シェリング読本』法政大学出版局、1994 年。

藤田正勝「積極哲学と消極哲学」『シェリング読本』西川富雄監修、法政大学出版局、1994 年。

細見和之『「戦後」の思想――カントからハーバーマスへ』白水社、2009 年。

松山壽一「シェリングのアクチュアリティ」『シェリング読本』西川富雄監修、法政大学出版局、1994 年。

松山壽一『叢書シェリング入門 1――人間と悪』萌書房、2004 年 a。

松山壽一『叢書シェリング入門 2――人間と自然』萌書房、2004 年 b。

松山壽一『叢書シェリング入門 3――知と無知』萌書房、2006 年。

松山壽一『叢書シェリング入門 6――悲劇の哲学』萌書房、2014 年。

八幡さくら『シェリング芸術哲学における構想力』晃洋書房、2017 年。

山下和也『カントと敬虔主義――カント哲学とシュペーナー神学の比較』晃洋書房、2016 年。

山根徹也・今野元「「長い 19 世紀」」『ドイツ史研究入門』木村靖二・千葉敏之・西山暁義編、山川出版社、2014 年。

吉田治代「歴史への遡行、世界市民的介入――トレルチとブロッホ」『ドイツ語圏のコスモポリタニズム――「よそもの」たちの系譜』共和国、2023 年。

【辞書、その他】
Böckenförde, Ernst Wolfgang. Organ. In *Geschichtliche Grundbegriffe Historische Lexikon zur politisch-sozialen Sprache in Deutschland.* Band 4 Mi-Pre. Hrg. von Otto Brunner, Werner Conze, Reihnart Koselleck. Stuttgart 1978.
Allgemeine Literatur-Zeitung. Thüringer Universitäts- und Landesbibliothek Jena 1785-1949.
『聖書　聖書協会共同訳』日本聖書協会、2018 年。

後藤正英「シェリングとヤコービ――『自由論』の根本思想をめぐって」『シェリング年報 18 号』こぶし書房、2010 年。

四日谷敬子「同一性と個体性――シェリングの『人間的自由の本質』」『講座ドイツ観念論 第 4 巻：自然と自由の深淵』弘文堂、1990 年。

清水颯「完全性と義務づけ――18 世紀ドイツ倫理思想の一側面」『研究論集』21 巻、北海道大学大学院文学院、2022 年。

菅原潤『シェリング哲学の逆説――神話と自由の間で』北樹出版、2001 年。

須藤秀平『視る民、読む民、裁く民――ロマン主義時代におけるもうひとつのフォルク』松籟社、2019 年。

高山守・藤田正勝編『シェリングとヘーゲル』晃洋書房、1995 年。

田端信廣『書評誌に見る批判哲学――初期ドイツ観念論の展相 『一般学芸新聞』「哲学欄」の一九年』晃洋書房、2019 年。

田端信廣『哲学的思惟と指摘思惟のインターフェイス――フィヒテ vs ヘルダーリン、ノヴァーリス、Fr. シュレーゲル』晃洋書房、2022 年。

辻村公一「無底」『ドイツ神秘主義研究』上田閑照編、創文社、1982 年。

中島新「理性の他者・生成としての自然」『ニュクス』第 2 号、堀之内出版、2015 年。

中島新・中村徳仁「I・H・グラントの「超越論的地質学」――シェリング主義とドゥルーズ」『夜航』5 号、2021 年。

中島秀憲「ヴュルテンベルク地域の宗教的風土――その歴史的素描」『九州産業大学国際文化学部紀要』第 24 号、2003 年。

長島隆「訳者解題：自然法の新演繹」『日本医科大学基礎科学紀要』11 巻、1991 年。

中村徳仁「政治思想家としてのシェリング――その国家論を手掛かりに」『シェリング年報』28 巻、2020 年。

中村徳仁「パウル・ティリッヒによる「歴史主義」の乗り越えとリアリズム――シェリング読解を軸にしたガブリエルとグラントとの比較から」『季報唯物論研究』第 169 号、2024 年。

成瀬治『伝統と啓蒙――近世ドイツの思想と宗教』法政大学出版局、1988 年。

西川富雄「補論Ⅰ　シェリング研究の現況」『シェリング哲学の研究』、法律文化社、1960 年。

西川富雄「シェリング『学問論』の成立と背景」『学問論』岩波書店、2022 年。

橋本崇「哲学的宗教とは何か」『シェリング年報』第 10 号、2002 年。

レーヴィット、カール、信太正三・長井和雄・山本新訳『世界史と救済史——歴史哲学の神学的前提』創文社、1964 年。

レーヴィット、カール、三島憲一訳『ヘーゲルからニーチェへ——19 世紀思想における革命的断絶（上）』、岩波書店、2015 年。

レヴィナス、E.、合田正人訳「ユダヤ教とケノーシス」『諸国民の時に』法政大学出版局、1993 年。

ルカーチ、ジェルジ、暉峻凌三訳『理性の破壊（上）』、白水社、1968 年。

ローゼンツヴァイク、フランツ、村岡晋一・細見和之・小須田健訳『救済の星』みすず書房、2009 年。

浅沼光樹『非有の思惟——シェリング哲学の本質と生成』知泉書館、2014 年。

浅沼光樹「シェリング——反政治と再自然化」『POSSE』36 号、堀之内出版、2017 年。

浅沼光樹『人間ならざるものと反政治の哲学』青土社、2024 年。

伊坂青司・原田哲史編『ドイツ・ロマン主義研究』御茶の水書房、2007 年。

伊坂青司「人間の悪と神の愛——シェリング『人間的自由の本質』を中心にして」『東北哲学会』第 28 号、2012 年。

石原あえか「イェーナ時代のシェリングとカロリーネ、そしてゲーテ」『シェリング年報』25 号、2017 年。

伊藤秀一「イェーナ・ロマン派の形成」『シェリングとドイツ・ロマン主義』晃洋書房、1997 年。

岩崎武雄「フィヒテとシェリングの生涯と思想」『世界の名著 43：フィヒテ・シェリング』中央公論社、1980 年。

益敏郎「詩人と思想家たちの Konstellationen——1790 年代の宗教構想の展開」『シェリング年報』第 28 号、2020 年。

大橋良介『共生のパトス——コンパシオーンの現象学』こぶし書房、2018 年。

岡村康夫「シェリングにおける哲学と宗教」『国際哲学研究』別冊 5、2014 年。

笠原賢介『ドイツ啓蒙と非ヨーロッパ世界』未来社、2017 年。

久保陽一「チュービンゲン・シュティフトにおけるシェリング」『シェリング読本』法政大学出版局、1994 年。

久保陽一『ドイツ観念論とは何か——カント、フィヒテ、ヘルダーリンを中心にして』筑摩書房、2012 年。

古賀敬太『西洋政治思想と宗教——思想家列伝』風行社、2018 年。

2020 年。

ティリッヒ、パウル、古屋安雄訳「プロテスタント時代の終焉 I」『ティリッヒ著作集第 5 巻 新装版』白水社、1999 年。

デリダ、ジャック、足立和浩訳『根源の彼方に――グラマトロジーについて(下)』現代思潮社、1972 年。

デリダ、ジャック、高橋允昭訳『他者の言語――デリダの日本講演』法政大学出版局、1989 年。

デリダ、ジャック、藤本一勇・立花史・郷原佳以訳『散種』法政大学出版局、2013 年。

トレルチ、E.、西村貞二訳『ドイツ精神と西欧』筑摩書房、1970 年。

バウムガルトナー、H 編、北村実監訳『シェリング哲学入門』早稲田大学出版部、1997 年。

バーリン、アイザイア、松本礼二編『反啓蒙思想 他二編』岩波書店、2021 年。

バルト、カール、小川圭治・岩波哲男訳『ローマ書講解上』平凡社、2001 年。

バーンスタイン、リチャード、J.、阿部ふく子・後藤正英・齋藤直樹・菅原潤・田口茂訳『根源悪の系譜――カントからアーレントまで』法政大学出版局、2013 年。

フェルスター、エッカート、三重野清顕・佐々木雄大・池松辰男・岡崎秀二郎・岩田健佑訳『哲学の 25 年――体系的な再構成』法政大学出版局、2021 年。

ブルーメンベルク、ハンス、青木隆嘉訳『神話の変奏』法政大学出版局、2011 年。

ホブズボーム、E.J.、安川悦子・水田洋訳『市民革命と産業革命――二重革命の時代』岩波書店、1968 年。

ミグラー、ショーン・J、八幡さくら訳「後期シェリングの宗教的世俗主義 The Religious Secularism of the Late Schelling」『シェリング年報』第 28 号、2020 年。

メーリング、ラインハルト、藤崎剛人訳『カール・シュミット入門』書肆心水、2022 年。

ヤンツェン、イェルク、北澤恒人訳「唯物論の視角におけるシェリング」『シェリング哲学入門』所収、バウムガルトナー、H 編、早稲田大学出版部、1997 年。

ラクー＝ラバルト、フィリップ、浅利誠・大谷尚文訳『政治という虚構――ハイデガー、芸術そして政治』藤原書店、1992 年。

Baden Baden 2013.

【二次文献（邦文）】


アサド、タラル、茢田真司訳『リベラル国家と宗教——世俗主義と翻訳について』人文書院、2021 年。

アドルノ、テオドール、ホルクハイマー、マックス、徳永恂訳『啓蒙の弁証法——哲学的断章〔文庫版〕』岩波書店、2007 年。

アーレント、ハンナ、志水速雄訳『人間の条件』筑摩書房、1994 年。

ヴァルマン、ヨハネス、梅田與四男訳『ドイツ敬虔主義——宗教改革の再生を求めた人びと』日本キリスト教団出版局、2012 年。

ヴィンデルバント、篠田英雄訳『歴史と自然科学・道徳の原理に就て・聖』岩波書店、1929 年。

ウィーナー、フィリップ編『西洋思想大事典第 3 巻』平凡社、1990 年。

ヴェイユ、シモーヌ、田辺保訳『重力と恩寵』筑摩書房、1995 年。

カッシーラー、エルンスト、宮田光雄訳『国家の神話』講談社、2018 年。

ゴッケル、ハインツ、藤田正勝訳「ロマン主義の新しい神話について」『初期観念論と初期ロマン主義——美学の諸原理を巡る論争（1795 ～ 1805 年）』昭和堂、1994 年。

ジープ、ルートヴィッヒ、上妻精監訳『ドイツ観念論における実践哲学』晢書房、1995 年。

シュミット、カール、大久保和郎訳『政治的ロマン主義（第 2 版）』みすず書房、1970 年。

シュミット、カール、長尾龍一訳「政治神学 II」『カール・シュミット著作集 II』慈学院出版、2007 年。

シュミット、マルティン、小林謙一訳『ドイツ敬虔主義』教文館、1992 年。

ソーンヒル、クリス、永井健晴・安世舟・安章浩訳『ドイツ政治哲学——法の形而上学』風行社、2012 年。

タウベス、ヤーコプス、杉橋陽一訳「カール・シュミット——反革命の黙示録を書く男」『批評空間』II-2、1994 年。

タウベス、ヤーコプス、高橋哲哉・清水一浩訳『パウロの政治神学』岩波書店、2010 年。

テイラー、チャールズ、千葉眞監訳『世俗の時代』上巻、名古屋大学出版会、

Sandkühler, Hans-Jörg（Hrsg.）: *F. W. J. Schelling*, Stuttgart 1998.〔ハンス・ヨルグ・ザントキューラー編、松山壽一監訳『シェリング哲学――入門と研究の手引き』昭和堂、2006 年。〕

Scheerlinck, Ryan: *Philosophie Und Religion: Schellings Politische Philosophie*. Freiburg 2017.

Schmiljun André: *Zwischen Modernität und Konservatismus. eine Untersuchung zum Begriff der Antipolitik bei F. W. J. Schelling（1775 - 1854）*. Dissertation 2015.

Schröder, Wolfgang M.: „Naturrecht, das sich selbst zerstört. Zur historisch-rechtstheoretischen Kontextualisierung von Schellings *Neuer Deduction des Naturrechts*（1796/97）". In: Friedrich Hermanni/Dietmar Koch/Julia Peterson（hrg.）, *„Der Anfang und das Ende aller Philosophie ist – Freiheit!" Schellings Philosophie in der Sicht der neueren Forschung*. Tübingen 2012.

Schraven, Martin: *Philosophie und Revolution. Schellings Verhältnis zum Politischen im Revolutionsjahr 1848*. Stuttgart 1989.

Schulz, Walter: *Die Vollendung des deutschen Idealismus in der Spätphilosophie Schellings*. Stuttgart 1955.

Stojkovski, Velimir: *Schelling's Political Thought: Nature, Freedom, and Recognition*. London / New York 2023.

Sturma, Dieter: Politics and the New Mythology, in : *The Cambridge Companion to German Idealism*. Cambridge 2000.

Tilliette, Xavier: *Schelling: Biographie*. Stuttgart 2004.

Voegelin, Eric: *The Collected Works of Eric Voegelin. Volume 25: History of Political Ideas, Volume VII, The New Order and Last Orientation*. Columbia and London 1999.

Whistler, Daniel/ Berger, Benjamin: *The Schelling Reader*. New York 2020.

Wirth, Jason: *Schelling's Practice of the Wild: Time, Art, Imagination*. Paperback. New York 2016.

Žižek, Slavoy: *The Indivisible Remainder: An Essay on Schelling and Related Matters*. London 1996.〔スラヴォイ・ジジェク、松浦俊輔訳『仮想化しきれない残余』青土社、1997 年。〕

Zöller, Günter: ,... die wahre πολιτεία ist nur im Himmel. Politische Geschichtsphilosophie im Spätwerk Fichte und Schelling. In *Schelling Studien 1*.

Marquard, Odo: *Abschied vom Prinzipiellen*. Stuttgart 1981.

Matthews, Bruce: *Schelling's Organic Form of Philosophy: Life as the Schema of Freedom*. New York 2011.

Mayer, Matthias: *Objekt-Subjekt: F. W. J. Schellings Naturphilosophie als Beitrag zu einer Kritik der Verdinglichung*. Bielefeld 2014.

McGrath, Sean: *The Dark Ground of Spirit: Schelling and the Unconscious.* London 2012.

McGrath, Sean : *The Philosophical Foundations of the Late Schelling: The Turn to the Positive*. Edinburgh 2021.

Menke, Christoph: *Kraft, Ein Grundbegriff ästhetischer Anthropologie*. Berlin 2017 [Original in 2008].〔クリストフ・メンケ、杉山卓史・中村徳仁・吉田敬介訳『力——美的人間学の根本概念』人文書院、2022 年。〕

Munz, Alfred: *Philipp Matthäus Hahn – Pfarrer und Mechanikus*. Sigmaringen 1990.

Nancy, Jean-Luc, avec Lacoue-Labarthe, Philippe: *L'Absolu littéraire,* Paris 1978.〔フィリップ・ラクー＝ラバルト、ジャン＝リュック・ナンシー、柿並良佑・大久保歩・加藤健司訳『文学的絶対——ドイツ・ロマン主義の文学理論』法政大学出版局、2023 年。〕

Palmquist, Stephen R.: What is Kantian *Gesinnung*? On the Priority of Volition over Metaphysics and Psychology in Kant's Religion. In: *Kantian Review*. Volume 22 Issue 2. 2015.

Pawlowski, Hans-Martin et al.: *Die praktische Philosophie Schellings und die gegenwärtige Rechtsphilosophie*. Stuttgart 1989.

Pinkard, Terry: *Hegel: A Biography*. Cambridge 2001.

Ritter, Joachim: Landschaft. Zur Funktion des Ästhetischen in der modernen Gesellschaft. In *Subjektivität*. Frankfurt/Main 1974.〔ヨアヒム・リッター、藤野寛訳「風景——近代社会における美的なものの機能をめぐって」『風景の哲学』ナカニシヤ出版、2002 年。〕

Safranski, Rüdiger: *Romantik: Eine deutsche Affäre*. München 2007.〔リュディガー・ザフランスキー、津山拓也訳『ロマン主義——あるドイツ的な事件』法政大学出版局、2010 年。〕

Sandkühler, Hans-Jörg: *Freiheit und Wirklichkeit, Zur Dialektik von Politik und Philosophie bei Schelling*, Frankfurt/Main 1968.

Hui, Yuk: The parallax of individuation: Simondon and Schelling. In: *Angelaki* 21（4）2016.

Hui, Yuk: *Recursivity and Contingency.* Lanham 2019.〔ユク・ホイ、原島大輔訳『再帰性と偶然性』青土社、2022 年。〕

Hui, Yuk: *Art and Cosmotechnics.* Minnesota 2021.〔ユク・ホイ、伊勢康平訳『芸術と宇宙技芸』春秋社、2024 年。〕

Jacobs, Wilhelm: *Zwischen Revolution und Orthodoxie?: Schelling und seine Freunde im Stift und an der Universität Tübingen. Texte und Untersuchungen.* Stuttgart 1989.

Jäger, Gertrud: *Schellings politische Anschauungen.* Berlin 1939.

Janke, Wolfgang: *Die Dreifache Vollendung des Deutschen Idealismus: Schelling, Hegel Und Fichtes ungeschriebene Lehre*. Padernborn 2009.

Jantzen, Jörg: Eschenmayer und Schelling. Die Philosophie in ihrem Übergang zur Nicht-philosophie. In: *Religionsphilosophie und spekulative Theologie. Der Streit um die Göttlichen Dinge（1799–1812）*. hg. v. Walter Jaeschke, Philosophisch-literarische Streitsachen 3, Hamburg 1994.

Jaspers, Karl: *Schelling: Größe und Verhängnis*. München 1955.〔カール・ヤスパース、那須政玄・山本冬樹・高橋章仁訳『シェリング』行人社、2006 年。〕

Kocka, Jürgen: *Das lange 19. Jahrhundert. Arbeit, Nation und bürgerliche Gesellschaft*. Stuttgart 2001.

Koselleck, Reinhart: Begriffgeschichte und Sozialgeschichte. In: R. Koselleck（Hrsg.）*Historische Semantik und Begriffsgeschichte.* Stuttgart 1978.

Laughland, John: *Schelling versus Hegel: From German Idealism to Christian Metaphysics*. Farnham 2007.

Leistner, Patrick: Anmerkungen zur Debatte zwischen Schelling und Eschenmayer in den Jahren 1803–1804. In: *Suplemento* 19. 2014.

Lessing, Gotthold Ephraim: *Sämmtliche Werke* Bd.13, 3. Auflage, Hg. v. Lachmann und Muncker, Berlin 1968.

Lovejoy, Arthur O.: *The Great Chain of Being: A Study of the History of an Idea.* Cambridge 1936.〔アーサー・O・ラヴジョイ、内藤健二訳『存在の大いなる連鎖』筑摩書房、2013 年。〕

Marx, Werner: *Schelling: Geschichte, System, Freiheit*. Freiburg 1977.

人文書院、2023 年。〕

Gratton, Peter: *Speculative Realism: Problems and Prospects*. London 2014.

Habermas, Jürgen: *Das Absolute und die Geschichte – Von der Zwiespältigkeit in Schellings Denken*, Dissertation 1954.

Habermas, Jürgen: *Theorie und Praxis. Sozialphilosophie Studien (1963)*, Frankfurt/Main 1978.

Habermas, Jürgen: *Zwischen Naturalismus und Religion: Philosophische Aufsätze*, Frankfurt/Main 2009.

Hahn, Philipp Matthäus: *Die Echterdinger Tagebücher 1780-1790*. Berlin/ New York 1983.

Haller, Albrecht von : Über den Ursprung des Übels. In: *Versuch von Schweizerischen Gedichten, 2.*, vermehrte und veränd. Aufl.. Bern 1734.

Hansen, Frank-Peter: *„Das älteste Systemprogramm des deutschen Idealismus": Rezeptionsgeschichte und Interpretation*. Berlin/New York 1989.

Hasler, Ludwig（Hrsg.）: *Schelling. Seine Bedeutung für eine Philosophie der Natur und der Geschichte.* Stuttgart 1981.

Heidegger, Martin: *Schelling: Vom Wesen der menschlichen Freiheit (1809)*. In: Gesamtausgabe 42.　Frankurt/ Main 1988.〔マルティン・ハイデガー、木田元・迫田健一訳『シェリング講義』新書館、1999 年。〕

Herder, Johann Gottfried: *Ideen zur Philosophie der Geschichte der Menschheit*; Werke Bd. 1, 2, Berlin 1965.

Hermanni, Friedrich: Der Grund der Persönlichkeit Gottes. In: *»Alle Persönlichkeit ruht auf einem dunkeln Grunde« Schellings Philosophie der Personalität*. Berlin 2004

Henrich, Dieter: *Konstellationen: Probleme und Debatten am Ursprung der idealistischen Philosophie (1789-1795)*. Stuttgart1992.

Hofmann, Markus: *Über den Staat hinaus. Eine historisch-systematische Untersuchung zu F. W. J. Schellings Rechts- und Staatsphilosophie.* Zürich 1999.

Hollerbach, Alexander: *Der Rechtsgedanke bei Schelling. Quellenstudien zu seiner Recht- und Staatsphilosohie*, Frankfurt/Main 1957.

Hühn, Lore / Schwenzfeuer, Sebastian（Hrsg.）: *„Wir müssen also auch über den Staat hinaus!" Schellings Philosophie des Politischen.* Baden-Baden 2022.

Breton, Stanilas: *A Radical Philosophy of Saint Paul*. New York 2011.
Buchheim, Thomas: Was heißt „philosophische Religion“? - Acht Thesen zur Zielsetzung von Schellings unvollendetem System. In: *Religion und Religionen im Deutschen Idealismus*. Tübingen 2015.
Cesa, Claudio: Friedrich Wilhelm Joseph Schelling, in *Pipers Handbuch der politischen Ideen.* Hg. v. Iring Fetscher und Herefried Münkler, München 1986.
Chepurin, Kirill & Dubilet, Alex（eds.）: *Nothing Absolute – German Idealism and the Question of Political Theology*. New York 2021.
Danz, Christian: *Die Philosophische Christologie F. W. J. Schellings*. Stuttgart 1996.
Das, Saitya Brata: *The Political Theology of Schelling*. Edinburgh 2016.
Das, Saitya Brata: Exception without Sovereignty. In: *Nothing Absolute – German Idealism and the Question of Political Theology*. New York 2021.
Eagleton, Terry: *Sweet Violence: The Idea of the Tragic*. Hoboken 2003.〔テリー・イーグルトン、森田典正訳『甘美なる暴力——悲劇の思想』大月書店、2004年。〕
Eagleton, Terry: *Culture and the death of God*. London 2014.〔テリー・イーグルトン、大橋洋一・畑江里美訳『文化と神の死』青土社、2021年。〕
Ehrhardt, Walter E.: *Schellings Leonbergensis und Maximilian II. Von Bayern Lehrstunden der Philosophie*. Stuttgart 1989.
Frank, Manfred: *Der kommende Gott. Vorlesungen über die Neue Mythologie*, I. Teil, Frankfurt/Main 1982.
Frank, Manfred. *Der unendliche Mangel an Sein : Schellings Hegelkritik und die Anfänge der Marxschen Dialektik*. 2. starke erweiterte Aufgabe. München 1992.
Gabriel, Markus: *Der Mensch im Mythos: Untersuchungen über Ontotheologie, Anthropologie und Selbstbewußtseinsgeschichte in Schellings „Philosophie der Mythologie“*. New York 2006.
Gabriel. Markus: *Transcendental Ontology: Essays in German Idealism*. New York 2011.〔マルクス・ガブリエル、中島新・中村徳仁訳『超越論的存在論——ドイツ観念論についての試論』人文書院、2023年。〕
García, Marcela: Schelling's Late Negative Philosophy: Crisis and Critique of Pure Reason. In: *Comparative and Continental Philosophy*, Volume. 3, Issue 2. 2011.
Grant, Iain Hamilton: *Philosophies of Nature After Schelling*. London/New York 2006.〔イアン・ハミルトン・グラント、浅沼光樹訳『シェリング以後の自然哲学』

Leibniz, Gottfried Wilhelm: *Die Theodizee*. Leibniz 1879.

Wolff, Christian von: *Vernünftige Gedanken von Gott, der Welt und der Seele des Menschen, auch allen Dingen überhaupt*. Halle 1720.

スピノザ、工藤喜作・斎藤博訳『エティカ』中央公論新社、2007 年。

プラトン、松永雄二訳「パイドン」『プラトン全集 1 ――エウテュプロン ソクラテスの弁明 クリトン パイドン』岩波書店、1975 年。

フンボルト、ヴィルヘルム・フォン、西村稔訳『国家活動の限界』京都大学学術出版会、2019 年。

ヤコービ、F.H.、田中光訳『スピノザの学説に関する書簡』知泉書館、2018 年。

【二次文献（欧文）】

Arnold, Christopher: *Schellings frühe Paulus-Deutung*. Stuttgart 2019.

Appel, Kurt: The Self-Evidence of Illusion: Alternative Truth by Schelling and the Gospel of Mark 16:1–8. In: *Interdisciplinary Journal for Religion and Transformation in Contemporary Society*. Issue 8. 2022.

Behler, Ernst, Hörisch, Jochen（Hrg.）: *Die Aktualität der Frühromantik.* Paderborn-Munich-Vienna-Zürich 1987.

Beiser, Frederick C.: *Enlightenment, revolution, and romanticism*. Cambridge 1992.〔フレデリック・C・バイザー、杉田孝夫訳『啓蒙・革命・ロマン主義――近代ドイツ政治思想の起源 1790–1800 年』法政大学出版局、2010 年。〕

Bensussan, Gérard: *Le Temps Messianique: Temps historique et temps vécu*. Paris 2001.〔ジェラール・ベンスーサン、渡名喜庸哲・藤岡俊博訳『メシア的時間――歴史の時間と生きられた時間』法政大学出版局、2018 年。〕

Bloch, Ernst: *Geist der Utopie. Bearbeitete Neuauflage der zweiten Fassung von 1923*. Ders. Gesamtausgabe Bd. 3. Frankfurt/ Main 1964.〔エルンスト・ブロッホ、好村冨士彦訳『ユートピアの精神』白水社、1997 年。〕

Bloch, Ernst: *Thomas Münzer als Theologe der Revolution*. Ders. Gesamtausgabe Bd. 2. Frankfurt/ Main 1967.〔エルンスト・ブロッホ、樋口大介・今泉文子訳『トーマス・ミュンツァー――革命の神学者』国文社、1982 年。〕

Bohrer, Karl-Heinz: *Die Kritik der Romantik.* Frankfurt/Main 1989.

Bowie, Andrew: *Schelling and Modern European Philosophy: An Introduction*. London 1993.

1813. Hrsg. Von Manfred Schröter. München 1946.

Schelling, Friedrich Wilhelm Josef: *Briefe und Dokumente von 1775-1809*. Hrsg. von Horst Fuhrmans, 1 Band, Bonn 1962.

Schelling, Friedrich Wilhelm Joseph: *Initia Philosophiae Universae, Erlanger Vorlesung 1820/21*. Hrg. von Fuhrmans, Horst. Bonn 1969.

Schelling, Friedrich Wilhelm Joseph: *Das Tagebuch 1848*. Hamburg 1990.

Schelling, Friedrich Wilhelm Joseph: *Urfassung der Philosophie der Offenbarung*. Hamburg 1992.

Schelling, Friedrich Wilhelm Joseph: *Philosophie der Offenbarung 1841/42*（1977）. Frankfurt/Main 1993.

Plitt, G.L（Hg）: *Aus Schellings Leben in Briefen*. Band 1-3, Leipzig 1869-70.

Baader, Franz von.: Ueber die Behauptung: dass kein übler Gebrauch der Vernunft sein könne. In *Morgenblatt für gebildete Stände* 197. Stuttgart und Tübingen1807.

Benjamin, Walter: *Gesammelte Schriften Band II-1*. Frankfurt/Main 1977.〔久保哲司編訳『図説 写真小史』筑摩書房、1998 年。〕

Eschenmayer, C.A.: *Die Philosophie in ihrem Übergang zur Nichtphilosophie*. Erlangen 1803.

Schlegel, Friedrich: *Kritische Friedrich-Schlegel-Ausgabe*. Band 2. Hrsg. von Ernst Behler. München / Paderborn / Wien 1974.

Fichte, Johann Gottfried: *Fichtes Werke Band 3*. Herausgegeben von Immanuel Hermann Fichte. Berlin 1971.

——藤沢賢一郎・渡部壮一・杉田孝夫訳『フィヒテ全集第 6 巻——自然法の基礎』哲書房、1995 年。

Hegel, G.W.F: *Sämmtliche Werke*. Band 1-20. Frankfurt/Main 1986ff.

——村岡晋一・吉田達訳『ヘーゲル初期論文集成』作品社、2017 年

——熊野純彦訳『精神現象学上巻・下巻』筑摩書房、2018 年。

Kant, Immanuel: *Kants gesammelte Schriften*. Herausgegeben von der Königlich Preußischen Akademie der Wissenschaften. Band I – XXIII. Berlin 1900ff.（Kant と巻数を略記）

——福田喜一郎・望月俊孝・北尾宏之・酒井潔・遠山義孝訳『カント全集 14——歴史哲学論集』岩波書店、2000 年。

参考文献

【一次文献】

シェリングを参照する際は以下の文献を使用し、本文中の括弧内（　）に略号とともに巻数と頁数を記す。なお既訳を参照した場合でも、原文に照らして本書の文意や表現に合わせて変更した。

Schelling, Friedrich Wilhelm Joseph: *Sämmtliche Werke*. Hg. v. Karl Friedlich August Schelling, Stuttgart u. Augsburg 1856ff. （SW と略記）

Schelling, Friedrich Wilhelm Joseph: *Historisch-kritische Ausgabe*. Stuttgart 1976ff. （AA と略記）

――伊坂青司・神林恒道編『シェリング著作集第 3 巻』燈影舎、2006 年。

――高山守編『シェリング著作集第 1a 巻』文屋秋栄、2020 年。

――久保陽一・小田部胤久編『シェリング著作集第 2 巻』文屋秋栄、2022 年。

――藤田正勝編『シェリング著作集第 4a 巻』文屋秋栄、2018 年。

――山口和子編『シェリング著作集第 4b 巻』文屋秋栄、2018 年。

――諸岡道比古編『シェリング著作集第 6a 巻』文屋秋栄、2019 年。

――諸岡道比古編『シェリング著作集第 6b 巻』文屋秋栄、2021 年。

――諸岡道比古編『シェリング著作集第 6c 巻』文屋秋栄、2022 年。

――細谷貞雄訳『近世哲学史講義』福村出版、1974 年。

――西川富雄・藤田正勝監訳『学問論』岩波書店、2022 年。

――高橋秀誠訳「学としての哲学の本性」『帝京大学宇都宮キャンパス研究年報 . 人文編』21 巻、2015 年。

――神林恒道訳「ドイツ観念論最古の体系計画」『ドイツ・ロマン派全集第 9 巻』国書刊行会、1984 年。

――浅沼光樹訳「神話の哲学への序論 第 23 講義」『Prolegomena』8 (1)、2017 年。

――長島隆・日暮雅夫訳「自然法の新演繹」『日本医科大学基礎科学紀要』11 巻、1991 年。

Schelling, Friedrich Wilhelm Joseph: Die Weltalter, Erstes Buch, Die Vergangenheit, DRUCK I, 1811. In: *Die Weltalter. Fragmente in der Urfassungen von 1811 und*

マ　行

ヤ　行

ラ　行

ワ　行

タ　行

ナ　行

ハ　行

人名索引

ア 行

カ 行

サ 行

著者略歴

中村徳仁（なかむら　のりひと）

1995 年、京都府生まれ。京都大学大学院人間・環境学研究科博士後期課程修了。博士（人間・環境学）。ドイツ・テュービンゲン大学博士研究員を経て、現在は三重大学人文学部助教。専門は近現代ドイツ哲学、社会思想史。批評誌『夜航』主宰、日本エルンスト・ブロッホ研究会発起人。主な論文に Das Unbehagen im Naturrecht（*Schelling Studien 10*, 第 64 回ドイツ語学文学振興会奨励賞）など。共編著・編著に *Miki Kiyoshi and the Crisis of Thought* (Chisokudo Publications)、（仮題）*Kenosis and its Power: The Kyoto School, Contemporary Philosophy, Political Theology*（Wipf and Stock Publishers, 近刊）など。共訳書に、クリストフ・メンケ『力：美的人間学の根本概念』（人文書院）、マルクス・ガブリエル『超越論的存在論』（人文書院）など。

シェリング政治哲学研究序説

――反政治の黙示録を書く者

二〇二五年三月一〇日　初版第一刷印刷

二〇二五年三月二〇日　初版第一刷発行

著者　中村徳仁

発行者　渡辺博史

発行所　人文書院

〒六一二‐八四四七

京都市伏見区竹田西内畑町九

電話〇七五・六〇三・一三四四

振替〇一〇〇〇‐八‐一一〇三

装幀　間村俊一

印刷所　モリモト印刷株式会社

ISBN978-4-409-03137-7 C3010

クリストフ・メンケ著／杉山卓史、中村徳仁、吉田敬介訳

力　美的人間学の根本概念

三三〇〇円
（本体＋税一〇％）

人間は美をいかに捉え、美は人間をいかに主体たらしめるのか。本書はバウムガルテンとカントの美学を出発点に、ヘルダーからニーチェ、フーコーまでの系譜を人間にそなわる「力」という観点から辿り直し、美学史の刷新を試みる。現代ドイツで最も重要とされるフランクフルト学派新世代の思想家による、美的人間学始まりの書。